ÉDUCATION ET INSTRUCTION EN CHINE

II. LES FORMATIONS SPÉCIALISÉES

BIBLIOTHÈQUE DE L'INALCO
N° 5

ÉDUCATION ET INSTRUCTION EN CHINE

II. Les formations spécialisées

édité par

CHRISTINE NGUYEN TRI
CATHERINE DESPEUX

CENTRE D'ÉTUDES CHINOISES

ÉDITIONS PEETERS
PARIS - LOUVAIN
2003

Légende photo de couverture:
Horloge astronomique (Song du Nord).
Illustration tirée du Lu Jiaxi 盧嘉錫, Xi Zezong 席澤宗, *Zhongguo kexue jishu shi caise chatu, Zhongguo kexue jishu shi* 中國科學技術史彩色插圖，中國科學技術史 (Histoire des sciences et des techniques en Chine, avec des illustrations en couleur), Pékin, Zhongguo kexue jishu chubanshe 中國科學技術出版社 , 1997, p. 169.

D. 2002/0602/129
ISBN 90-429-1207-3 (Peeters - Leuven)
ISBN 2-87723-676-5 (Peeters - France)

AVANT-PROPOS

Cet ouvrage est le second de trois volumes consacrés à l'éducation et à l'instruction en Chine, thème d'un colloque international qui s'est tenu au mois de juin 1999 à Paris, sous les auspices du Centre d'études chinoises de l'INALCO[1] avec le soutien du Prix de la Fondation franco-chinoise. Ce colloque avait pour objectif principal d'explorer des aspects de l'éducation délaissés par une recherche centrée sur les examens officiels et la formation des lettrés dans le cadre de l'orthodoxie confucéenne. Il est bon de rappeler que l'éducation qui est au cœur de cette pensée ne s'adressait pas seulement aux lettrés ou à ceux qui se destinaient à la fonction publique.

Les sujets et les titres respectifs des trois ouvrages sont les suivants:

1) Éducation élémentaire
2) Formations spécialisées
3) Aux marges de l'orthodoxie

Si les lettrés se retrouvent bien au cœur de ce volume, c'est sous des angles divers que leur «formation» est abordée. S'intéressant à des savoirs comme les mathématiques, la médecine ou le droit, les lettrés n'étaient pas seulement férus de poésie et le temps venu, ils ont su opérer une difficile reconversion. La période couverte va de la renaissance chinoise sous les Song aux périodes Ming et Qing, jusqu'au début du XXe siècle; l'influence occidentale commençant à se faire sentir, la Chine s'ouvre alors à une certaine modernité, grâce, entre autres, à l'introduction de nouvelles sciences dans un enseignement renouvelé.

Nombreux sont les lettrés et les fonctionnaires, surtout à la fin de la période traitée, qui se sont plaints de leur manque de formation pratique et des concours auxquels ils se préparaient ou qu'ils avaient subis. Le reproche le plus souvent exprimé était le fait qu'ils étaient fondés sur des connaissances purement livresques visant à tester les candidats sur leurs qualités morales avec une double conséquence: ne pas les préparer à remplir leurs futures fonctions, favoriser leur sclérose. Des historiens, chinois et occidentaux, n'ont pas hésité à reprendre à leur compte ces plaintes pour faire le procès non seulement des concours mandarinaux mais aussi de l'esprit lettré de manière générale. Et s'ils s'étaient trompés

[1] Institut National des Langues et Civilisations Orientales.

de cible? C'est un peu ce que tendraient à prouver les auteurs de ce volume, où il est abondamment démontré qu'il ne faut pas toujours prendre au pied de la lettre des témoignages s'inscrivant dans une rhétorique critique qui ne s'embarrasse pas de nuances.

Comment peut-on concilier le fait que leur formation ne préparait pas les lettrés à remplir leurs futures missions, et le fait que le système administratif chinois d'une extrême complexité avec des fonctions d'une très grande technicité a pourtant fonctionné? Les hommes qui en avaient la charge n'étaient pas seulement des érudits, des littérateurs, des poètes, mais des personnes possédant un degré élevé de compétence technique, celle-ci étant acquise par d'autres voies que les examens. Ce sont ces voies que Pierre-Étienne Will explore dans son article. L'auteur analyse ce qui se passe en amont et en aval des examens en termes d'apprentissage concret du métier d'administrateur, il décrit les moyens dont les futurs fonctionnaires disposaient pour s'initier aux éléments de leur métier: une littérature spécialisée (les manuels de fonctionnaires), le terrain. Certes les fonctionnaires modèles et les experts ne formaient qu'une élite, un «noyau dur», cependant ils ont servi d'exemple. L'idéal du parfait bureaucrate combinait une formation humaniste de base fondée sur la connaissance des Classiques avec des compétences techniques acquises par la culture des manuels et une formation sur le tas, l'environnement familial jouant également un rôle. Il était donc fréquent que les fonctionnaires «débutants» aient une expérience pratique étendue.

Les lettrés ne se sont pas seulement penchés sur les problèmes administratifs concrets, ils ont également porté leur attention aux «sciences dures» et plus particulièrement aux mathématiques. Deux articles, celui de Manfred Friedsam et celui de Han Qi, illustrent cet intérêt, le premier traitant des mathématiques à l'époque des Song et des Yuan, le second sous l'empereur Kangxi des Qing.

Entre 1104 et 1120, non sans quelques périodes d'interruption, une section de mathématiques fut ouverte au sein du Collège impérial. L'enseignement des mathématiques se faisait aussi dans des institutions astronomiques. Les Song ont su innover sur les bases jetées par les dynasties précédentes; ceci parce qu'il y avait un fort besoin de spécialistes, en raison du développement des connaissances astronomiques qui menèrent à l'élaboration de calendriers mieux adaptés, mais aussi du développement de l'économie et des besoins des commerçants. Manfred Friedsam s'interroge sur le rôle joué par les institutions publiques dans la transmission du savoir mathématique, les mathématiciens célèbres ayant été formés en dehors des écoles officielles. La rareté des sources empêche de se faire une idée précise du rôle des académies dans la transmission du savoir mathématique, il fut certainement plus important qu'on ne peut le percevoir. L'auteur propose la traduction intégrale des «Principes sommaires relatifs à l'étude des mathématiques» de Yang Hui (vers 1270), résultat d'une réflexion sur les méthodes d'enseignement et d'apprentissage. Yang Hui s'adresse aux débutants et leur propose une progression équilibrée. Avec Zhu Shijie, un autre mathématicien célèbre à la même époque, on va vers une systématisation des études.

Sous les Qing, l'empereur Kangxi lui-même manifeste un intérêt certain pour les mathématiques occidentales et c'est sous ses auspices qu'un enseignement des sciences est ouvert à la Cour impériale. Il patronne la compilation de manuels de mathématique et d'astronomie. Suite aux relations qui se nouent entre l'Académie royale des sciences et le département impérial d'astronomie, celui-ci est remplacé par l'Académie des mathématiques. Kangxi s'est fait initier par Ferdinand Verbiest (1623-1688). À partir de 1685, des jésuites spécialisés dans les sciences arrivent à la Cour. Ils dispensent leur enseignement non seulement à la Cour impériale et à l'Académie des mathématiques, mais aussi dans la demeure d'un érudit, ainsi que dans les églises. C'est à partir de 1689 qu'ils commencent à enseigner les mathématiques à l'empereur. Celui-ci les fait étudier par ses fils et entraîne à sa suite des érudits. Si l'Académie des mathématiques a pu jouer un rôle dans la diffusion de la science occidentale, cette diffusion aurait été freinée par Kangxi lui-même tant pour des raisons politiques (rehausser le prestige des Mandchous en leur réservant l'étude des mathématiques occidentales) que par goût du secret (il voulait garder à son seul usage certaines traductions).

Angela Ki Che Leung traite de l'instruction médicale et de sa vulgarisation sous les Ming et les Qing. Les lettrés qui se sont emparé du savoir médical ont contribué à l'établissement d'une nouvelle tradition médicale au détriment de certains aspects de la médecine ancienne marginalisés et relégués au rang de pratiques populaires. Les spécialistes de ces domaines (acuponcture, arts chirurgicaux, recours à la magie, etc.) sont considérés comme des techniciens, ils sont fréquemment issus des basses couches sociales et dans leurs rangs on trouve un grand nombre de femmes. Le savoir dans ces disciplines se transmettait oralement, les traces écrites sont donc rares. À l'opposé, la tradition lettrée quant à elle débouche sur un programme d'enseignement et favorise l'édition d'un nombre croissant de manuels d'introduction. Le programme est fixé par les maîtres, il n'y a pas de contrôle de l'enseignement médical. L'auteur analyse quatre ouvrages, les textes d'introduction à la médecine les plus fréquemment utilisés, ainsi que d'autres manuels médicaux destinés aux débutants. Trois des auteurs de manuels présentés avaient étudié les Classiques et aspiré à une carrière de fonctionnaire avant de se tourner vers la médecine. Ils organisent leur manuel selon le modèle des méthodes d'enseignement confucéen. Ils visent à la fois à satisfaire à la tradition érudite confucéenne et à un savoir pragmatique. L'un des manuels les plus influents (celui de Li Chan) introduit deux des aspects marginalisés de la médecine, l'auteur voulant avoir aussi une approche pragmatique de cette dernière.

Quel type de formation pouvait être donné dans le cas d'une activité nécessitant des connaissances purement pratiques? Dans l'article suivant, Paola Calanca ouvre quelques pistes de réflexion en traitant de la formation des forces navales chinoises sous la dernière dynastie, officiers aussi bien que simples marins. Les Qing ont tenté d'appliquer une véritable politique de défense côtière en mettant en place des unités militaires stables le long du littoral, non sans difficulté. Pour ce qui est des hommes, le recrutement pouvait prendre la forme d'un enrôlement forcé, tandis que pour disposer d'un personnel compétent et immédiatement opérationnel, on avait recours à des navigants civils. L'entraînement des troupes passait avant tout par l'expérience; comme dans bien d'autres domaines, les connaissances pratiques s'acquéraient sur le tas. L'auteur décrit cette formation et tente de comprendre les raisons de la faiblesse de la flotte militaire chinoise.

Si pour certains auteurs, en Chine, l'enseignement juridique n'aurait vraiment commencé qu'avec l'apparition de sociétés de juristes et la création d'écoles de droit et d'administration à partir de 1905, Jérôme Bourgon démontre qu'en réalité les emprunts faits au droit occidental au tournant du XXe siècle n'ont pas été introduits pour combler un vide absolu, mais ont été étroitement associés à la reconversion d'une tradition juridique chinoise bien vivante, tant sur les plans théorique que pratique. Se concentrant sur la Restauration de l'ère Tongzhi (1861-1875), l'auteur s'attache à décrire les efforts de certains gouverneurs provinciaux (essentiellement au Jiangsu et au Hubei) pour améliorer la formation juridique des magistrats de leur ressort. Malgré l'hétérogénéité de la profession et le statut incertain de la discipline, de véritables experts pouvaient faire office de secrétaires spécialisés auprès des magistrats en poste. Si les conseils juridiques aux particuliers avaient été proscrits dès le XIIIe siècle, des manuels destinés à des maîtres de chicane circulaient pourtant. Enfin, il y avait une véritable école de juristes formés dans les services spécialisés du ministère des Châtiments. La «corporation» était donc éclatée en trois catégories, une officieuse, la seconde proscrite, la troisième ne devant pas son statut officiel à la reconnaissance de sa compétence juridique. Il n'en demeure pas moins que la fin des Qing voit la promotion du savoir juridique sous des formes diverses, entre autres, par l'insertion du droit dans le bagage des lettrés, de nouveaux moyens étant mis à leur disposition comme les collections privées ou les académies. On assiste alors à une effervescence doctrinale accompagnée d'un effort de redécouverte et de remise en circulation d'ouvrages juridiques. Dans les premières décennies du XXe siècle, le droit occidental ne s'est donc pas écrit sur une page blanche.

Lorsqu'au tournant du XXe siècle le droit occidental a été introduit en Chine, il a emprunté divers canaux. Le Japon sert alors de passerelle entre l'empire chinois et l'Occident. L'influence japonaise s'est exercée dans les réformes juridiques chinoises au travers des nombreuses traductions d'ouvrages japonais ou grâce au recrutement de juristes japonais. Si cette influence est bien connue, il n'en est pas de même des conditions exactes dans lesquelles elle a opéré, en particulier des formations en droit et en sciences politiques proposées au Japon à des étudiants chinois. C'est après la défaite de la Chine face au Japon en 1895 que celui-ci devient la destination privilégiée des Chinois candidats à des études à l'étranger. Lilian Pudles décrit les conditions de cet engouement tant du côté chinois que du côté japonais. En effet, tandis que les autorités chinoises encouragent les départs, les Japonais lancent une politique d'assistance à la Chine. Jusqu'en 1911, dix-sept à trente mille étudiants chinois se rendent au Japon; pour les accueillir de nombreuses formations se mettent en place. Les cours de droit et d'administration remportent leur faveur. L'auteur s'est plus particulièrement attachée à décrire les cours accélérés de l'université de Droit et d'administration (Hosei) qui a formé plus de mille deux cents étudiants entre 1904 et 1908. Ses diplômés de retour en Chine ont alors entamé des carrières de juristes, fonctionnaires ou politiciens.

En Chine même, l'université de Pékin s'est très tôt ouverte à l'enseignement des sciences, critère essentiel de l'accès à la modernité. En se limitant presque exclusivement au mouvement du Quatre mai et à l'action de Cai Yuanpei, les recherches passées ont occulté le rôle tenu par ceux qui furent à l'origine du projet, que ce soit Li Duanfen inspiré par Liang Qichao, Sun Jianai ou Zhang Baixi. En analysant les textes fondateurs, Marianne Bastid montre que, dès sa création pendant la Réforme des cent jours en 1898, l'université de Pékin a servi de cadre à une réflexion théorique sur la nécessaire transformation de l'étude, c'est-à-dire aussi bien le système des connaissances que la méthode de formation. Certes pour ce qui est de la mise en pratique, il y eut quelques tâtonnements et les réalités n'ont pas toujours répondu à l'attente des fondateurs, faute de moyens. Il n'en demeure pas moins que les sciences sont alors entrées dans la formation universitaire générale à côté des matières littéraires et que leur étude est devenue indispensable pour aspirer aux hautes fonctions de l'État. Dans cet article, nous suivons pas à pas les étapes d'une mutation qui s'est opérée avant la Révolution de 1911. Autre innovation, la pédagogie des sciences associe étroitement les connaissances fondamentales avec leurs applications techniques, l'expérimentation et l'observation. Sun Jianai considérait la science comme une catégorie générale du savoir transcendant la distinction entre études chinoises et études occidentales, tandis que Kang Youwei et Liang Qichao, entre autres, les opposaient. Ainsi, plutôt que de «rupture», il vaudrait mieux parler de «transition» entre une époque où les connaissances littéraires basées sur les Classiques occupaient la première place et des temps modernes où la science comme développement naturel de la connaissance commence à leur disputer la primauté. Ces transformations se sont opérées sous l'égide de lettrés et fonctionnaires formés dans l'ancien système qui, s'ils n'avaient rien de révolutionnaires, n'en étaient pas moins ouverts aux innovations.

Les articles réunis dans cet ouvrage ne prétendent pas avoir fait le tour d'une question somme toute difficile à cerner. Cependant ils lèvent une partie du voile qui recouvre certains aspects de la «culture» lettrée, ils démontrent amplement que les lettrés chinois ont su trouver les moyens d'acquérir des savoirs spécialisés, scientifiques ou techniques, lorsque le besoin s'en faisait sentir et qu'ils étaient loin d'être voués à la seule culture des Classiques, celle-ci pouvant par ailleurs les avoir préparés à une approche pragmatique de problèmes très concrets.

Christine Nguyen Tri

L'APPRENTISSAGE DU MÉTIER DE FONCTIONNAIRE À LA FIN DE LA PÉRIODE IMPÉRIALE

Pierre-Étienne Will

Il n'est guère concevable qu'un système administratif complexe et ambitieux comme celui de la Chine impériale tardive (et pas seulement tardive) ait pu exister sans un personnel possédant un degré élevé de compétence technique — sans un corps d'administrateurs maîtrisant parfaitement le détail de l'organisation étatique et de la réglementation, et en même temps familiers des réalités socio-économiques sur lesquelles devait porter leur action.

Il y a donc, à première vue, un paradoxe. C'est une banalité d'affirmer que la formation des lettrés qui se présentaient aux examens avec l'espoir d'entrer dans la fonction publique ne les préparait pas à remplir des missions impliquant de telles qualifications; et cette banalité, comme nous le rappelleront ci-dessous quelques citations, ne date pas d'hier. Pourtant, le système administratif de la Chine impériale a fonctionné tant bien que mal des siècles durant, et, pendant de longues périodes, plutôt bien que mal: voilà qui *a priori* eût été difficile si les hommes qui en assumaient la charge n'avaient été que des érudits, des littérateurs ou des idéologues, comme on l'entend encore dire, des hommes talentueux et sincères, peut-être, mais fondamentalement ignorants des techniques de gestion et des réalités de la vie quotidienne[1]. Il faut donc croire qu'en dehors (ou plutôt, en plus) de la formation littéraire et philosophique partagée par l'ensemble des lettrés, nécessaire et pour l'essentiel suffisante pour passer les examens, existaient d'autres voies par lesquelles les administrateurs pouvaient acquérir les savoir-faire indispensables à l'exercice de leurs fonctions. Je me propose dans cette contribution d'évoquer quelques-unes de ces voies.

Technique et culture générale

Avant de poursuivre, je rappellerai toutefois qu'il est possible d'aborder de plusieurs façons, pas nécessairement contradictoires entre elles,

[1] Non seulement ignorants, mais volontiers dédaigneux. L'idée que s'occuper de «gérer les richesses» (*licai* 理財) est au-dessous de la dignité de l'homme de qualité fait partie du répertoire fondamentaliste confucéen et a été combattue par des générations de lettrés adeptes, au contraire, de l'art d'«administrer le siècle» (*jingshi* 經世).

le paradoxe qu'il y aurait eu en toute logique à confier la gestion d'un système techniquement complexe à des gens qui n'en avaient pas appris les tenants et les aboutissants, ou à tout le moins n'avaient pas été sélectionnés sur leur familiarité avec les aspects concrets du métier d'administrateur, mais uniquement sur leur connaissance supposée des grands principes.

On peut très bien considérer que la technique n'a pas d'importance et que ce qui compte, c'est, précisément, la «culture générale», la connaissance et l'intériorisation des principes philosophiques et éthiques qui légitiment l'exercice du gouvernement dans une culture donnée, l'aisance et l'élégance dans l'expression (l'appropriation du langage dominant), l'intelligence et l'aptitude à analyser les situations, à quoi s'ajoutent peut-être l'autorité naturelle et le sens du commandement — et qu'à partir de là les techniques proprement dites peuvent toujours être maîtrisées, au moins dans leurs grandes lignes, et leur mise en œuvre concrète sous-traitée à des spécialistes possédant le savoir-faire requis. Cette façon de voir informe ou a informé les systèmes de formation et de recrutement des agents de l'État dans de nombreux pays: le *civil service* britannique (en partie inspiré du système chinois), la haute fonction publique française sont, par définition, peuplés de «généralistes» supposés capables, grâce à la formation intellectuelle et morale que leur a donnée une éducation elle aussi généraliste, de s'adapter aux situations et aux disciplines les plus diverses.

L'idée qu'un homme bien formé peut s'adapter à toutes les fonctions de direction trouve une illustration inattendue dans les souvenirs de guerre de l'historien Marc Bloch. Mobilisé comme officier de réserve au moment de l'invasion allemande de 1940 et «devenu, du jour au lendemain, le grand maître des carburants, dans l'armée la plus motorisée de tout le front français», Bloch éprouve au début un sentiment de panique devant des responsabilités auxquelles il n'a pas été préparé; mais il peut s'y faire en quelques semaines: «Il n'est pas, je crois, de poste de direction que tout homme d'esprit un peu clair, s'il travaille d'arrache-pied, ne puisse se mettre en mesure de remplir convenablement[2].» Et dans un contexte totalement différent, mais qui nous rapproche de façon intéressante de notre sujet, j'évoquerais volontiers la pittoresque et très remarquable aventure d'Austin Coates, nommé administrateur à Hong Kong en 1949 avec pour tout bagage sa formation humaniste et quelques études d'art dramatique, ne possédant pas la moindre teinture de droit (alors que

[2] Bloch, 1990, p. 37-38.

c'était, apparemment, la seule compétence requise), et devenu trois ans plus tard un «magistrat» apprécié dans les Nouveaux Territoires[3].

Évoquant les examens chinois, dont il rappelait qu'«ils n'établissaient pas une qualification spécialisée, comme le font les systèmes d'examens modernes et rationnellement bureaucratiques pour nos juristes, nos médecins, nos techniciens, etc.», Max Weber parlait déjà d'une «qualification "culturelle", au sens d'une formation générale, à l'instar par exemple, mais en plus spécifique, de la qualification occidentale traditionnelle établie par une formation *humaniste*, laquelle procurait chez nous, et d'une façon quasi exclusive jusque récemment, l'accès à la carrière dans les fonctions qui étaient dotées d'un pouvoir de commandement dans l'administration civile et militaire». Et il ajoutait: «Pour autant que les devoirs donnés aux élèves durant les examens permettent d'en juger, ils ressemblaient à peu près aux sujets de dissertations que l'on donne dans une classe terminale d'un lycée allemand, ou plus exactement peut-être, dans la classe d'élite d'une école supérieure allemande de jeunes filles»! Weber remarquait bien sûr qu'«on pourrait trouver étrange que cette culture de "salon" sublimée, ancrée dans les classiques, devait habiliter à l'administration de vastes territoires», mais il admettait aussitôt que, «de fait, en Chine aussi, on n'administrait pas avec la seule poésie»: tel est bien en effet le problème qui nous occupe dans ces pages. Mais «le fonctionnaire prébendé chinois [peu importe ici ce que vaut cette notion] confirmait sa qualification statutaire, son charisme, par la correction canonique de ses formes littéraires auxquelles, pour cette raison, on accordait un grand poids, y compris dans les relations officielles»[4].

La question des examens — ou plutôt, des concours — est indiscutablement centrale pour tout ce qui précède. Point n'est besoin de rappeler toutes les critiques qui ont été adressées aux concours à la française, dont le concours d'entrée à l'École nationale d'administration est en quelque sorte l'apothéose, mais aussi les justifications qu'on continue de leur trouver: basés, certes, sur une culture générale souvent superficielle et mal maîtrisée, accordant une prime importante au conformisme intellectuel et à l'agilité rhétorique, et le plus souvent sans rapport avec les tâches concrètes qui attendent les lauréats; mais permettant aussi de juger de la facilité d'adaptation des candidats, voire de leur sang-froid et de leur résistance nerveuse.

[3] Coates, 1987.
[4] Ces citations sont extraites de Weber, 2000, p. 178-179, 193.

Les mêmes critiques et les mêmes justifications s'appliquent exactement au système des examens traditionnels en Chine[5]. Je citerai plus loin des auteurs qui tous déplorent l'absence de contenu concret des études qui conduisaient aux examens, ainsi que l'inexpérience des lauréats soudain confrontés aux réalités de la vie administrative. La majorité n'en continuait pas moins de considérer qu'il est plus important de sélectionner les futurs administrateurs sur leur culture, leur aptitude à manier les concepts, leur familiarité avec les valeurs qui président au système étatique, et leur «caractère», que sur des connaissances techniques nécessairement partielles et toujours susceptibles d'être remises en question. C'est plus ou moins ce qu'exprime Benjamin Elman lorsqu'il rappelle que le but des examens depuis les Song était de *sélectionner* les gens — entendons, que ce n'était pas de les *former à un métier* —, et que de ce point de vue le système a plutôt été une réussite: «Because elite education became almost totally identified with its primary goal of selection, it misses the point to evaluate the examination system, as so many contemporaries have, solely according to its economic or scientific sterility[6].» En tant que technique de sélection des futurs gestionnaires de l'État, le système chinois se serait en fin de compte avéré aussi efficace que les institutions d'enseignement humaniste et élitiste des nations européennes. Dès lors, le paradoxe que j'évoquais, de tâches administratives complexes confiées à des fonctionnaires qui n'ont pas été formés à cela, n'en serait pas vraiment un, car l'essentiel est ailleurs.

Même en admettant cela, pourtant, il reste difficile de faire comme si la complexité extrême du système administratif chinois et la très grande technicité de certaines fonctions n'avaient aucune importance. Comment, et par qui, ces fonctions étaient-elles assumées? Plusieurs possibilités peuvent être ici envisagées. L'une est effectivement un partage complet des tâches: l'autorité, le contrôle idéologique et la responsabilité politique aux fonctionnaires proprement dits — ceux qui ont été recrutés par les examens et qui modèlent leurs décisions et leurs comportements sur les injonctions de l'orthodoxie; la mise en œuvre et le contrôle technique à des spécialistes de rang subalterne, formés hors du cadre des examens littéraires (ou à tout le moins, comme dans le cas des «conseillers techniques» dont il sera question plus loin, ayant échoué à en acquérir les honneurs), et n'ayant qu'un strict statut d'exécutants. C'est cette

[5] On rencontre aussi d'autres critiques plus particulières au cas des examens chinois: le rôle du hasard et la tentation de la fraude, notamment.

[6] Elman, 1989, p. 382.

configuration qu'évoque John Watt, l'un des meilleurs auteurs sur l'administration locale à la fin de l'empire, lorsqu'il affirme que le magistrat a surtout besoin de qualités psychologiques et «humaines» — être perspicace, ne pas se laisser manœuvrer, faire montre d'autorité, etc. — et que l'expertise purement technique peut être fournie par des adjoints[7].

Mais c'est aussi une configuration dont le principe a toujours fait en Chine l'objet des critiques les plus vives. Le principal argument, bien connu, est que ceux qui détiennent le monopole de la technique sont toujours en position de confisquer la réalité du pouvoir à ceux qui sont supposés l'exercer et qu'il est facile de manipuler en raison de leur ignorance. On ne compte pas les textes se plaignant de la mainmise des commis (les *lixu* 吏胥) sur le fonctionnement des bureaux où ils sont employés et sur les décisions qui y sont prises — eux connaissent le détail des règlements et ont l'expérience des procédures à suivre, savent les précédents sur lesquels il faut s'appuyer, et sont familiers des particularités locales —, à tel point que, pour citer une fois de plus la célèbre apostrophe de Gu Yanwu, «ceux qui gouvernent l'empire, ce sont les commis et personne d'autre[8]!» Les anecdotes relatives aux bureaux de l'administration centrale, plus particulièrement, sont légion[9], mais le risque n'était pas moins grand dans les administrations locales. Comme on l'a depuis longtemps remarqué, les manuels pour fonctionnaires locaux, dont il sera question plus bas, consacrent une part notable de leurs considérations aux moyens préconisés pour contrôler étroitement les commis et ne pas se laisser manipuler par eux: on a là, de fait, tout un corpus *technique*, dans le domaine de la gestion des documents notamment, mais un corpus dont la raison d'être était moins l'administration de l'empire à proprement parler que le soupçon systématique dont étaient l'objet les agents subalternes de la bureaucratie, et la nécessité de les surveiller de près.

Les commis, rappelons-le au passage, n'étaient pas les seuls techniciens indispensables pour que des fonctionnaires «généralistes» pussent remplir leurs missions, et tout à la fois soupçonnés d'en vouloir détourner le pouvoir pour avancer leurs propres intérêts. Les conseillers techniques (ou «secrétaires privés», *muyou* 幕友) qui, à partir du début des Qing, figurent dans l'entourage de tous les fonctionnaires territoriaux,

[7] *Cf.* Watt, 1970, p. 23-24. Les vues de l'auteur sur l'administration locale sont développées plus en longueur dans Watt, 1972.

[8] Gu Yanwu, *Rizhi lu jishi*, 1976, 8, p. 187.

[9] Voir quelques exemples dans mon article «Bureaucratie officielle et bureaucratie réelle: sur quelques dilemmes de l'administration impériale à l'époque des Qing», *Études chinoises*, VIII, 1 (1989), p. 69-142.

depuis les gouverneurs de province jusqu'aux magistrats de sous-préfecture, font eux aussi l'objet de critiques occasionnelles allant dans le même sens. Mais leur cas est plus complexe que celui des commis. Comme on sait, les *muyou* appartenaient au même milieu social que leurs employeurs, dont ils partageaient la formation humaniste (c'étaient souvent des candidats malheureux aux examens); mais ils partageaient aussi avec le personnel subalterne des bureaux la connaissance des arcanes de la réglementation et l'expérience de la façon dont les choses se passaient sur le terrain: de fait, une de leurs missions essentielles était de contrôler le travail des commis et de veiller à ce qu'ils n'abusent pas de leur savoir et de leur implantation locale pour agir au détriment des intérêts des fonctionnaires en titre[10]. Contrairement aux commis des bureaux, cependant, les *muyou* n'appartenaient pas à l'administration et n'avaient pas d'existence légale aux yeux de l'État: ils étaient les employés personnels des fonctionnaires qui les invitaient comme «maîtres» (*shiye* 師爺) et auxquels ils devaient une loyauté absolue; leurs activités se déroulaient entièrement dans le cadre du cabinet privé de leur patron et ils n'étaient donc pas, en principe, en position de monopoliser une partie de l'activité administrative.

En réalité l'influence des *muyou* était très grande, et de plusieurs façons. D'un côté, c'étaient des experts dont le savoir était censé renforcer la position de leurs patrons — qui les payaient pour cela, et fort bien; et l'on verra plus loin qu'on leur doit une quantité d'écrits dont l'objet était précisément d'aider leurs employeurs à se familiariser avec les arcanes de la technique, ou au moins à en connaître les grandes lignes et être capables de ne jamais se laisser dépasser par les événements. Mais on trouve aussi, dès la première moitié du XVIIIe siècle, des textes dénonçant la propension des *muyou* à jouer leur propre jeu et à se constituer en cliques traitant les affaires par dessus la tête de leurs patrons[11]. Quoi qu'il en soit, les *muyou* de la dynastie des Qing ont puissamment contribué,

[10] L'apparition et la multiplication rapide des *muyou* dans l'administration territoriale au début des Qing est une manifestation importante de l'expansion et de la complexification de la machine bureaucratique à cette époque. Sous les Ming, les fonctions qu'ils assument à partir de la deuxième moitié du XVIIe siècle étaient partagées entre des fonctionnaires de rang subalterne (les *zuoza*) et les commis.

[11] Je pense, parmi d'autres exemples, à trois directives passablement véhémentes dues au fameux Chen Hongmou 陳宏謀 (1696-1771), rédigées en tant que gouverneur du Jiangxi (en 1743), du Henan (en 1752) et du Fujian (en 1754), respectivement; Chen y dénonce les fonctionnaires de rang supérieur imposant des *muyou* à leurs subordonnés (sur la recommandation de leurs propres *muyou*), et les réseaux qui se constituent de la sorte. *Cf.* Chen Hongmou, *Peiyuan tang oucun gao*, s.d., 16, p. 16a-17a; 31, p. 36a-37b; 34, p. 28a-29b.

aussi bien par leur travail au service de leurs employeurs que par leurs écrits, à un courant qui encourageait avec insistance les fonctionnaires titulaires à ne pas se laisser dépasser par la technique et par les techniciens, et donc à se former eux-mêmes aux réalités concrètes du travail administratif. Il semble en fait assez clair, à parcourir la littérature biographique ou même anecdotique, que les experts étaient admirés autant que les théoriciens ou les moralistes, et l'on n'a certainement pas attendu les Qing pour que la maîtrise technique et le savoir administratif aillent de pair avec l'autorité morale et la culture littéraire dans la représentation idéale du grand bureaucrate[12].

C'est là qu'il me faut peut-être rappeler la notion d'«élite administrative» que j'ai eu l'occasion d'introduire ailleurs, et que je crois importante pour comprendre l'économie générale du système bureaucratique sous les dernières dynasties impériales[13]. Le système ne pouvait perdurer, ni surtout répondre aux défis auxquels il se trouvait périodiquement confronté, sans compter parmi ses effectifs une certaine proportion d'activistes et d'idéalistes dont l'attitude et le comportement étaient à l'opposé de la prudence, de l'immobilisme, de l'indifférence et de la propension à se protéger mutuellement qui caractérisaient probablement une nette majorité de bureaucrates à la fin de l'empire (et bien avant), et qui dans tous les cas étaient l'objet de dénonciations incessantes et exaspérées de la part des empereurs mandchous et de leurs hommes d'État les plus éminents[14]. L'activisme et l'idéalisme, en l'occurrence, impliquaient la

[12] Mais on continuait de s'interroger, du côté du trône notamment — pour lequel les qualités éthiques et la loyauté des fonctionnaires étaient d'une importance vitale —, sur la valeur respective de la compétence prouvée et de l'autorité morale. Pour la fin de l'ère Kangxi, voir le chapitre «Mandchous et Chinois» dans Durand, 1992. Pour le début de l'ère Qianlong, Guy, 1986, propose une vignette intéressante dans laquelle il contraste Wang Shijun 王士俊 (tombé en disgrâce peu après l'accession de Qianlong au trône en 1735), l'exemple même des technocrates de l'époque Yongzheng (1723-1735) arrivés aux honneurs avec un simple titre (vénal) d'«étudiant impérial» mais en ayant fait brillamment leurs preuves sur le terrain, et Zhang Tingyu 張廷玉, qui était au contraire un fonctionnaire de cour typique, passé par les meilleures études et parfaitement représentatif de l'idéal «généraliste»; K. Guy dit à son propos: «Zhang Tingyu continued [*i.e.*, dans la tradition établie sous le règne de Kangxi mais quelque peu bousculée sous Yongzheng] to stand by the principle that education and the superior opportunities for moral development it afforded, rather than proven administrative competence, should be the main qualification for office» (p. 58).

[13] Voir mes considérations dans Will, 1997, et Will, 1999a.

[14] La dénonciation du cynisme et de l'indifférence chez le tout-venant des fonctionnaires est déjà un thème courant sous Yongzheng ou Qianlong, mais il apparaît bien plus en évidence encore pendant la première moitié du XIXe siècle, sous Jiaqing et Daoguang; voir à ce sujet Polachek, 1976, chap. 1, notamment p. 30-35. Le même auteur emploie aussi la notion d'«élite», mais dans un sens plus étroit qu'ici, à propos du réseau de

compétence et le savoir-faire, dans la mesure où le but recherché était précisément de restituer le contrôle effectif de l'administration aux hommes à qui la dynastie en avait confié la responsabilité. Le fonctionnaire d'élite, tel que le décrivent en particulier les ouvrages pédagogiques dont il sera question plus loin, joint à son *aura* (son «charisme») et à une infatigable dévotion au bien-être et au progrès moral du peuple une connaissance approfondie du Code pénal et des procédures administratives, il est capable de contrôler et même de manipuler la machine administrative qu'il a sous ses ordres, il est familier des techniques agricoles et de l'ingénierie hydraulique, c'est un grand policier et un juge d'instruction redouté, et même, dans les circonstances où cela s'avère nécessaire, un chef militaire qui se fait obéir des spécialistes.

L'élite, par définition, est l'exception. Mais l'exemple qu'elle donne, les normes qu'elle impose, son influence et son rôle d'entraînement sont essentiels. Ce qui me frappe dans une bonne partie de la littérature que j'ai parcourue en travaillant sur les manuels pour fonctionnaires, c'est la passion pour les problèmes concrets d'administration partagée par des individus — auteurs ou préfaciers — qui se trouvent parfois à une distance considérable les uns des autres dans la hiérarchie: ministres ou gouverneurs de province d'un côté, simples conseillers techniques dénués de tout statut officiel de l'autre. Or, ces gens n'ont de cesse de faire partager cette passion à leurs collègues et de diffuser parmi eux le savoir-faire et les conseils qui permettent de la transformer en action. De là ces ouvrages qu'ils publient et dont la multiplication, jusqu'à la fin du XIXe siècle, et pour certains d'entre eux la diffusion considérable, montrent assez le rayonnement de ce noyau dur de fonctionnaires modèles et d'experts qui incarnaient, en quelque sorte, les potentialités maximum du système.

Je commencerai dans ce qui suit par proposer quelques exemples des critiques dont était l'objet, de la part des membres de cette élite de techniciens en particulier, la formation littéraire des candidats aux examens en termes d'efficacité administrative, avant de tenter une première énumération des moyens par lesquels un futur fonctionnaire, ou un fonctionnaire débutant, pouvait se former aux aspects concrets du métier d'administrateur.

fonctionnaires réformateurs qui émerge avec l'encouragement de l'empereur Jiaqing après 1810: *ibid.*, p. 89 *sq.*

Les examens ne forment pas des fonctionnaires efficaces

Les quelques citations offertes ci-dessous pourraient être multipliées sans difficulté: la critique des examens et, plus généralement, celle de la formation purement littéraire des futurs administrateurs est un thème quasiment obligé dans une bonne partie de la littérature du temps sur la fonction publique.

Comme si souvent, surtout quand il s'agit de critiquer le gouvernement et les institutions, Gu Yanwu (1613-1682) offre un excellent point de départ. L'extrait qui suit porte en fait sur deux points: d'une part (celui qui nous intéresse ici), le manque d'expérience des lettrés qu'on envoie dans les provinces commencer leur carrière administrative; et d'autre part (ce qui est en fait le prétexte du passage), l'absurdité qu'il y a, d'après Gu Yanwu, à les nommer par tirage au sort, plutôt que de rechercher les hommes les mieux adaptés aux postes à pourvoir[15]:

> Aujourd'hui, eh bien, à partir du moment où l'on confère cette charge [de magistrat] à des lettrés[16] qui deviennent fonctionnaires pour la première fois, parmi eux ceux qui sont parfaitement au courant des problèmes d'administration ne sont qu'un ou deux sur dix, alors que les plaisantins et les incapables sont huit ou neuf sur dix. En plus, on ne choisit pas ces gens sur leurs talents individuels: pour toute méthode de sélection on se contente de leur faire attraper un jeton ou jeter l'hameçon[17]. Ainsi en vient-on à confier le sort [d'une circonscription vaste] de cent *li* à des hommes médiocres et dénués de talent. Non seulement c'est causer un préjudice au peuple, mais en fin de compte c'est aussi leur causer un préjudice à eux-mêmes. Dans de telles conditions, les régions où les affaires à traiter sont nombreuses et difficiles deviennent autant de pièges dont les fonctionnaires se retrouvent captifs; et tandis qu'ils se succèdent les uns aux autres année après année, les abus qui résultent [de cette situation] ne cessent de s'aggraver, au point qu'il n'y a plus moyen d'y remédier[18].

[15] Le système de tirage au sort des nominations instauré par le ministre de la Fonction publique Sun Peiyang 孫丕揚 en 1594 a donné lieu à force controverses jusqu'au début des Qing, avant d'entrer complètement dans les habitudes. Voir Will, 2000. Le présent extrait est tiré d'une longue section du *Rizhi lu* de Gu Yanwu consacrée au problème de la sélection des fonctionnaires, qui en plus des considérations de Gu lui-même rassemble des citations de divers auteurs.

[16] *Shusheng* 書生, avec la nuance de «rats de bibliothèque».

[17] L'expression «attraper un jeton et jeter l'hameçon» (*tanchou tougou*), c'est-à-dire tirer au sort, se trouve déjà dans le *Xunzi* (au chapitre *Jundao* 君道), où il en est question comme d'un moyen d'assurer l'équité (*gong* 公) — ce qui était précisément le but recherché par Sun Peiyang, lequel souhaitait mettre le système de sélection des fonctionnaires (*quanxuan* 銓選) à l'abri des pressions politiques et des trafics d'influence.

[18] Gu Yanwu, *Rizhi lu jishi*, 1976, *juan* 8, p. 191.

今則一以畀之初釋褐之書生。其通曉吏事者，十不一二。而耎弱無能者，且居其八九矣。又不擇其人之材，而以探籌投鉤，爲選用之法。是以百里之命，付之闒茸不材之人。既以害民，而卒至於自害。於是煩劇之區，遂爲官人之陷阱，而年年更代，其弊益深，而不可振矣。

Cela étant, Gu Yanwu n'a, comme on sait, jamais appartenu à l'administration: pour pertinentes et acérées qu'elles soient le plus souvent, ses remarques doivent être lues dans le contexte d'une contestation globale du système socio-politique de son époque (celui de la fin des Ming et son avatar des premières années du régime mandchou); elles se situent donc, inévitablement, à un certain niveau de généralité. En outre, la critique des examens dans ce texte n'est qu'implicite, et elle reste vague: les érudits (*shusheng*) éligibles pour entamer une carrière de magistrats sont dans leur grande majorité des gens qui ne connaissent rien aux problèmes d'administration. C'est le mode de sélection des administrateurs, plus que la formation des lettrés, qui est en cause.

La dénonciation des insuffisances de la formation suivie par les candidats aux examens pour produire des administrateurs compétents se fait plus précise lorsqu'elle émane de cette élite professionnelle à laquelle j'ai fait allusion, dont les membres s'exprimaient volontiers en ce sens dans les préfaces qu'ils rédigeaient pour leurs manuels d'administration ou pour ceux de leurs amis. En voici quelques exemples, choisis plus ou moins au hasard.

Le premier provient du *Weixin bian* 未信編 de Pan Shaocan 潘杓燦 (ou Pan Yueshan 月山), l'un des grands manuels pour magistrats du début des Qing, composé en 1675 et publié en 1684. L'ouvrage, dont l'auteur était un ancien conseiller technique (*muyou*), traite en longueur des détails les plus quotidiens et les plus techniques de l'administration des sous-préfectures[19]. L'un des préfaciers du *Weixin bian*, un certain Shen Guan 沈琯, lui aussi ancien conseiller technique, n'a pas trop de mots pour railler les étudiants qui se consument à travailler le *bagu wen* et considèrent le reste comme études subalternes:

> Pour ces gens qui dépensent toute leur énergie à se préparer à la lumière des lucioles ou de la lampe aux épreuves de prose en huit parties, les ouvrages sur l'art militaire, l'agriculture, les finances, la justice, les rites

[19] Les plus anciennes éditions conservées datent de 1704. Le *Weixin bian* (le titre est une formule de modestie: l'auteur affirme que ce qu'il a écrit «ne mérite pas qu'on y fasse confiance») semble avoir eu une diffusion bien moindre que le célèbre *Fuhui quanshu* 福惠全書 de Huang Liuhong 黄六鴻 (préface de 1694), qui lui est effectivement supérieur sur le plan de la qualité littéraire, mais dont l'auteur le cite comme un de ses modèles.

> ou les prévisions[20] ne sont jamais que de la littérature hétérodoxe. Ignorent-ils donc que d'après la *Grande étude*, c'est à réformer le peuple qu'il faut se consacrer, et que dans les *Rites des Zhou* la priorité est donnée à la gestion des richesses? Zhou Dunyi[21] pas plus que Confucius n'ont jamais considéré qu'il fallait exclusivement valoriser les compositions littéraires. Assurément, il faut être un Sage au dedans et un Roi au dehors: ce ne sont pas deux voies différentes!
>
> 螢窗膏火，肆力於八股之場者，每視兵農錢穀刑禮窺測諸書為曲學。不知大學以新民為效，周禮以理財為先。元公尼父，未嘗獨舉詞章。誠以內聖外王，無殊軌也。

«Notre Yueshan», justement, n'est pas comme les «célébrités de la dissertation en huit parties» *bagu mingliu* (八股名流), il combine les deux «études»: c'est à la fois (nous dit son préfacier) un grand érudit et un homme qui connaît tout des particularités et des problèmes de l'empire. En conséquence, son manuel est l'exemple même du savoir qui «ne peut pas simplement se discourir, mais peut réellement être mis en pratique» (不徒能言而實能行之).

Dans sa propre préface, Pan Shaocan affirme que les bases du savoir de l'administrateur, ce sont les traités fiscaux ([*Fuyi*] *quanshu* 賦役全書)[22] et le Code pénal (*lüli* 律例):

> Ce qui doit servir aujourd'hui de norme pour le gouvernement de l'empire, c'est d'abord et avant tout les traités fiscaux et le Code pénal. En effet, les traités fiscaux combinent le *Tribut de Yu* et les *Fonctionnaires des Zhou* pour une application concrète. Quant au Code, il se fonde sur les *Rites* et sur les *Printemps et automnes* pour déterminer les récompenses et les châtiments. Mais les futurs fonctionnaires dédaignent d'y accorder de l'attention et n'y jettent pas un regard; et une fois entrés dans la carrière, ils sont tellement harassés par les difficultés qu'ils n'ont plus un moment pour y jeter un regard. S'ils souhaitent gouverner de façon éclairée, à quel stratagème pourront-ils dès lors recourir?
>
> 今天下治法之所準繩者，莫踰全書律例二編。蓋全書者，合禹貢周官以為生用。律例者，本執禮春秋以為賞罰者也。奈未仕者，鄙於分心而不觀。既仕者，疲於鞅掌而不暇觀。欲明施守，何術之從？

[20] Je ne suis pas sûr du sens exact de *kuice* ici. Peut-être s'agit-il de divination: après tout il existe un manuel d'administration, le *Shixue beiyu* 仕學備餘 de Ji Dakui 紀大奎 (1746-1825), entièrement consacré aux innombrables circonstances dans lesquelles un fonctionnaire prudent doit consulter les sorts avant de prendre une décision.

[21] Yuangong est le titre posthume de Zhou Dunyi.

[22] Les «Livres complets des taxes et corvées» rassemblaient toutes les données sur la population, les terres et les impôts d'une localité ou d'une province, dont ils étaient en quelque sorte supposés livrer la photographie économique.

C'est donc bien à une glorification de la compétence professionnelle et du savoir spécifique de l'administrateur que l'on a affaire, dont les deux piliers sont le droit et la gestion économique, et qui sont mis ici (comme dans bien d'autres textes, et depuis longtemps) sous le patronage prestigieux du *Livre des rites*, des *Printemps et automnes* et des *Rites des Zhou*. On ne saurait en tout cas exprimer plus clairement l'inutilité des études censément plus nobles auxquelles se consacrent les candidats aux examens.

Ces thèmes sont souvent développés: la tâche des administrateurs locaux est d'une infinie complexité, et l'affronter avec efficacité suppose des connaissances spécifiques que non seulement la formation classique des lettrés n'apporte pas, mais encore que ces derniers tiennent volontiers pour vulgaires. Avant de poursuivre avec d'autres auteurs ou préfaciers qui s'expriment, en quelque sorte, depuis la base — qui appartiennent à cette élite professionnelle dont j'ai parlé —, je voudrais citer ces quelques lignes tracées par un plus auguste pinceau, celui de l'empereur Yongzheng lui-même:

> Le problème, c'est que toutes les tâches de l'administration territoriale trouvent leur origine dans les sous-préfectures. Là, les tenants et les aboutissants sont embrouillés, les irrégularités apparaissent de partout: or, les gens à qui l'on confie ces postes, ce sont en règle générale des hommes dont c'est la première affectation. On ne les a pas entraînés préalablement et on veut les mettre à l'œuvre du jour au lendemain: rien d'étonnant s'ils sont plongés dans l'indécision et regardent autour d'eux avec inquiétude, si la plus grande ignorance règne dans leur cœur et leur esprit! Et même s'ils vont se renseigner et consulter, il n'est pas sûr que leurs informateurs leurs expliqueront tout sans rien leur celer.
>
> 惟是地方事務皆發端於州縣。頭緒紛繁，情僞百出。而膺斯任者，類皆初登仕籍之人。未練習於平時而欲措施於一旦。無怪乎徬徨瞻顧，心志茫然。即採訪咨詢，而告之者未必其盡言無隱。

Même si Yongzheng n'a, par définition, jamais mis les pieds dans un *yamen* de sous-préfecture, peu d'empereurs sans doute se sont préoccupés autant que lui du fonctionnement concret de l'administration territoriale, qu'il a essayé, comme on sait, de réformer en profondeur pour en améliorer les résultats. Les propos cités à l'instant sont extraits d'un édit de 1730 dans lequel l'empereur ordonnait à deux gouverneurs provinciaux comptant parmi les plus fidèles partisans de ses réformes, Tian Wenjing 田文鏡 (1662-1732) et Li Wei 李衛 (1687?-1738), de rédiger un manuel pratique à l'intention des magistrats. L'ouvrage, qui en raison de son origine prestigieuse était considéré comme une sorte de «super-manuel», a connu de nombreuses éditions dont la plupart portent le titre

Qinban zhouxian shiyi 欽頒州縣事宜, et dont plusieurs reproduisent l'édit de Yongzheng en guise de préface[23].

Yongzheng, on vient de le voir, souligne le paradoxe bien connu qui veut que les magistratures soient les postes les plus difficiles de l'empire et qu'en dépit de cela on les donne à des débutants sans aucune formation. Dans les faits la réalité était moins simple: si un grand nombre de docteurs ou de licenciés débutaient effectivement comme magistrats, les sous-préfectures vraiment difficiles étaient réservées à des administrateurs ayant déjà fait leurs preuves et directement sélectionnés dans les provinces par les gouverneurs. En outre, comme on le verra plus loin, les magistrats débutants, même passés par les examens, n'étaient pas nécessairement des blancs-becs tout juste sortis de leurs études classiques. Yongzheng n'en introduit pas moins dans ce texte une notion que l'on retrouve un peu partout: celle du débutant mal préparé qui panique et qui se laisse manipuler par des conseillers pas toujours honnêtes.

En voici un autre exemple, un siècle et demi plus tard, où réapparaît le personnage du lettré pour qui les détails de l'administration ne sont que préoccupation vulgaire mais qui, une fois nommé sous-préfet, ne sait plus où donner de la tête, et où il est affirmé avec force que règlements et documents sont inséparables des missions les plus nobles du gouvernement:

> Les lettrés des générations récentes s'intéressent à l'Antiquité et ne comprennent rien au présent. Une fois qu'ils sont entrés dans l'administration et qu'ils siègent majestueusement dans leurs bureaux, les commis leur apportent quotidiennement une pile de documents épaisse de plus d'un pied en leur demandant des décisions; arc-bouté sur son bureau, le fonctionnaire signe au bas des documents sans avoir la moindre notion de ce qu'ils contiennent. Les malins savent comment en tirer avantage pour se livrer à leurs manœuvres frauduleuses. La décadence de l'art de gouverner a de lointaines origines! Comme cette situation me remplissait de pitié, j'ai compilé une collection rassemblant des modèles des divers types de documents administratifs, que j'ai fait publier par les bureaux du trésorier provincial du Yunnan et que j'ai baptisée *Ce que les magistrats doivent savoir*, afin d'informer ceux qui étudient l'art de l'administrateur. Et comme je ne

[23] Le *Qinban zhouxian shiyi*, cité ici d'après une édition de 1875 (publiée par la Hunan sheng Hechi shuju 湖南省荷池書局), et dont le contenu est comparable à celui de la plupart des manuels standard pour magistrats de la fin de l'empire, se compose de deux parties de longueur à peu près égale, la première due à Tian Wenjing et la seconde à Li Wei. L'un et l'autre auteurs pouvaient se prévaloir d'une longue expérience comme fonctionnaires locaux avant d'avoir accédé aux plus hautes charges grâce à la faveur de Yongzheng. L'ouvrage était à l'origine supposé se trouver sur la table de chevet de tous les magistrats de l'empire, mais son histoire éditoriale semble avoir connu des hauts et des bas. En 1836 un édit de l'empereur Daoguang ordonne à tous les gouverneurs de province de le réimprimer, et on en trouve plusieurs éditions dans la seconde moitié du XIXe siècle.

pouvais en emporter beaucoup d'exemplaires dans mes bagages, j'ai fait rééditer l'ouvrage au Shanxi en l'augmentant de considérations sur les divers aspects de l'arrivée en poste [24]. La gravure achevée, certains de mes visiteurs se sont emparés de l'ouvrage pour le critiquer: «Je crois avoir entendu dire que le gouvernement, c'est une affaire de cœur, et non pas d'actions[25]: c'est bien pourquoi Danfu jouait du *qin* et l'ordre régnait, Huaiyang restait allongé et l'ordre régnait aussi[26]! Les registres, les impôts, cela relève des compétences des commis, comment peut-on ainsi aller au devant des ennuis et ne pas reculer devant les troubles?» Entendant ces propos j'en étais tout affligé: «Hé là! Comment pouvez-vous parler de façon aussi absurde? Depuis les Trois Dynasties la société n'est plus à l'égal de l'Antiquité, la fourberie prolifère de partout, et c'est pour cela que les règlements sont eux aussi chaque jour plus nombreux. Même si Yao et Shun revenaient sur terre, ils seraient bien incapables de gouverner en pratiquant le non-agir! Les Han ont fait régner l'ordre en honorant leurs fonctionnaires subalternes, les Jin ont été perdus par les "causeries pures": telles étaient les circonstances du temps! De plus, le "cœur" se manifeste aussi dans les "actions"; les *Odes* et les *Documents*, ce sont les actions des Saints et des Sages; l'administration et les châtiments, ce sont les actions qui découlent de la vertu et des rites. Même avec des "actions" on peut mettre en valeur son "cœur", et l'on n'a pas vu que l'on pût négliger les actes et se laisser uniquement guider par son cœur!»

近世之士，稽古而不通今。身登仕籍，端坐堂皇，吏日抱尺許厚牘以請判，據案署尾，茫然不知其中爲何事。而黠者乘之以因緣爲奸。治術之頹廢，由來亦已久矣。予甚憫其所爲，曾手輯吏牘程式各種，刊之於滇南藩署，命之曰牧令須知，以告世之學仕者。比以行篋所帶無多，復續刊於晉，並增列居官蒞政各論。刻既竣，客有執卷以難之者曰。愚聞爲政以心不以跡。故單父鳴琴而治，淮陽臥而亦治。若簿書錢穀，特吏胥之能事耳。何僕僕不憚煩若是。予聞之蹙然曰。噫，客何論之傎也。三代而下世風不古，詐僞滋多。科條亦因以日密。雖堯舜復生，不能無爲而化。漢以尚吏而治，晉以清談而敗，時勢然也。況乃爲心之所寓。詩書者聖賢之跡也。政刑者德禮之也。即其跡可以推其心，未有廢其跡而獨師其心者。

Ce passage, que j'ai cité un peu longuement et qui est précédé d'un paragraphe soulignant une fois de plus à quel point les sous-préfectures sont les postes les plus importants et les plus difficiles de l'empire, est extrait de la préface rédigée par Gangyi 剛毅 pour son *Muling*

[24] *Lizheng* 蒞政: depuis l'époque des Song les diverses mesures à prendre pour asseoir son autorité dès l'entrée en fonctions, s'imposer au petit personnel et gagner la confiance de la population occupent toujours une place de choix dans les manuels pour magistrats.

[25] *Ji* 迹, opposé à *xin* 心: «comportements», ou plutôt «actions concrètes», qui laissent des «traces» visibles.

[26] Danfu: nom d'une localité du pays de Lu administrée par un fonctionnaire modèle admiré par Confucius. Huaiyang: allusion à un préfet modèle de Huaiyang sous les Han. Les deux toponymes sont devenus synonymes de «bon fonctionnaire».

xuzhi 牧令須知 de 1888 (cité ici d'après une édition de 1889). Gangyi (1834-1900), un Mandchou qui mériterait à lui seul une étude, est un de ces hommes d'État ultra-conservateurs de la fin des Qing qui ne s'en opposaient pas moins à un type d'idéalisme irresponsable fleurissant parmi les milieux les plus xénophobes — d'où sans doute l'allusion aux «causeries pures» des Jin et, par contraste, à l'honneur dans lequel étaient tenus à l'époque des Han les fonctionnaires subalternes du terrain qui connaissent leur métier. Gangyi est l'auteur ou l'éditeur de nombreux autres ouvrages qui tous participent du même effort pour revitaliser, voire simplement sauver, les valeurs traditionnelles de professionalisme, d'érudition technique et de dévouement qui caractérisaient l'élite administrative des Qing — et ce, particulièrement dans le domaine du droit, dont il était devenu un spécialiste réputé après une longue carrière au ministère des Châtiments. Ainsi lui doit-on l'édition d'une version du Code pénal réarrangée par types de châtiments, le *Da Qing lüli zonglei* 大清律例總類 (1884, rééd. 1887); un manuel intitulé *Guanchang bidu* 官場必讀, qu'il aurait fait compiler pour distribution aux fonctionnaires du Yunnan à l'époque où il en était le trésorier provincial, dans les années 1880; un autre manuel à l'intention des fonctionnaires locaux, le *Juguan jing* 居官鏡 (1893); un traité sur les Assises d'automne, le *Qiuyan jiyao* 秋讞輯要, basé sur des archives du ministère des Châtiments jusqu'alors tenues secrètes et destiné à former les fonctionnaires locaux à leurs tâches judiciaires; un autre traité pédagogique sur le code, le *Shenkan nishi* 審看擬式 de 1887; et enfin, l'une des recensions les plus soigneuses du *Xiyuan lu*, le fameux manuel de médecine légale, publiée en 1891 sous le titre *Xiyuan lu yizheng* 洗冤錄義證.

Je mentionne tous ces titres car leur accumulation même illustre le cas d'un haut fonctionnaire profondément attaché aux valeurs idéologiques qui fondaient le gouvernement traditionnel, et en même temps convaincu de la nécessité absolue pour les administrateurs du terrain de se familiariser *aussi* avec ses aspects les plus techniques. On remarquera à cet égard que Gangyi est l'initiateur d'une mesure qui ne doit pas avoir eu beaucoup d'autres exemples: la fondation à Taiyuan, après sa nomination comme gouverneur du Shanxi en 1885, d'une école de droit (Keliguan 課吏館) pour les fonctionnaires locaux, où le *Muling xuzhi* et le *Qiuyan jiyao*, entre autres, étaient utilisés comme manuels d'enseignement[27].

[27] Cet institut avait été créé avec l'approbation de la Cour, qui aurait donné l'ordre aux autres gouverneurs provinciaux de faire de même; il ne semble pas que beaucoup s'en soient préoccupés.

De fait, le droit est la spécialité par excellence où l'érudition livresque (la connaissance approfondie du code et de ses innombrables commentaires et extensions) connaît une application immédiate et urgente dans le quotidien de l'administration territoriale (la résolution des conflits et la punition des crimes). On ne compte pas — pour revenir à notre problème de départ — les auteurs et préfaciers se plaignant de ce que les lettrés étudient les Classiques et s'exercent à rédiger les amplifications qu'ils devront produire le jour de l'examen, mais ne lisent pas les légistes et le code.

Voici par exemple les propos tenus par un certain Wang Languang 王蘭廣 dans sa préface (datée de 1847) au *Mingxing guanjian lu* 明刑管見錄 de Muhan 穆翰 (préface de l'auteur 1845); comme son nom l'indique, l'ouvrage, qui a connu plusieurs rééditions jusqu'en 1904, est un manuel consacré aux problèmes judiciaires; il était explicitement destiné aux débutants:

> Un simple lettré confucéen passe ses journées à étudier la phonologie ou les copies d'examen. Mais quand un beau jour il dépouille l'habit du commun et se retrouve en charge des registres, il ne sait même pas ce que c'est qu'une enquête ou une audience; et même s'il a sous la main tous les ouvrages sur les châtiments et le code, sans avoir passé des années à étudier à fond les subtilités du sens des précédents on est incapable d'en maîtriser les grandes lignes. En plus, les cas judiciaires ne sont jamais les mêmes, il faut à chaque fois adopter une tactique différente. Avec un œil qui n'a pas encore acquis l'habitude de regarder, un cœur qui n'a pas encore pris l'habitude de se concentrer, se retrouver tout soudain jeté dans des affaires avec lesquelles on n'est pas encore familier: rares sont ceux qui n'en arrivent pas à prendre des mesures aberrantes et à commettre erreur sur erreur[28].
>
> 一介儒生日從事於聲韻帖括之學。一旦釋韋布理簿書，幾不知審聽爲何如事。即刑律之書具在，而例義精微非究心經年, 弗克窺其要領。況案情萬變，機宜各別。以素未經見之目，素未留意之心，猝投以素不相習之事，其不至措置乖方，一誤再誤者，幾希矣。

Le thème du fonctionnaire débutant qui se trouve tout d'un coup confronté à des situations auxquelles il n'a pas été préparé et qui risque de commettre des erreurs, voire de se ridiculiser, est banal[29]; il est ici

[28] *Mingxing guanjian lu* (dans *Xiaoyuan congshu*, *Linmin yaolüe*, s.d.), préface de Wang Languang (1847); Wang était un magistrat et paraît avoir été un des éditeurs du texte.

[29] Ainsi encore la préface de Shengtai 升泰 au *Fajue qiming* 法訣啓明 (1879), une adaptation rimée du Code, augmentée de commentaires, dont il était le *sponsor* : «Lorsque

mis en relief par le sentiment particulier qu'avaient les juristes de maîtriser un savoir unique et difficile. L'auteur de cette préface affirme d'ailleurs que même les fonctionnaires expérimentés trouveront leur profit dans l'ouvrage pour se remettre au courant.

Je citerai encore, dans la même veine, un certain Guo Boyin 郭柏蔭, gouverneur du Hubei, dans la préface qu'il donne en 1870 à une nouvelle mouture du *Mingfa zhizhang* 明法指掌, une mise en tableaux particulièrement populaire de la réglementation judiciaire[30]; on retrouve en outre dans ce passage l'idée que l'ignorance conduit à se faire utiliser par ses subordonnés, au lieu que ce soit le contraire (以我用人而不爲人用):

> L'État choisit les lettrés à partir de copies d'examen portant sur le sens des Classiques. Ils consacrent toute leur attention à réciter par cœur et à travailler la prosodie, et ne trouvent aucun loisir pour s'occuper d'autre chose. Ceux qui s'intéressent aux dires des légistes ne sont pas un ou deux sur dix. Mais quand ils se retrouvent fonctionnaires, en charge des populations, et qu'ils sont confrontés aux documents judiciaires qui s'entassent comme une montagne, ils les regardent en écarquillant les yeux et sont bien obligés de s'en remettre aux recommandations d'autrui: baissant la tête, ils signent leur approbation des deux mains tout en étant dans l'ignorance la plus complète de la gravité des crimes et de l'adéquation des sentences.
>
> 國家以經義帖括取人士。率壹意於記誦聲律之爲。而無暇旁涉。留意法家言者，蓋什不一二睹。逮登仕版膺民社，積牘山立，視之目瞠。然不得已則隨人俯仰手畫大諾，而於情罪之輕重出入究茫如也。

parvenus à l'adolescence nous étudions dans les livres, en dehors des Classiques du Saint et des commentaires des Sages on ne nous enseigne que la poésie et la prose approuvées par les décrets de l'empereur. Aussi, lorsque un beau jour nous nous retrouvons siégeant en majesté dans un tribunal à administrer les affaires du peuple, si nous voulons que les rusés révèlent leurs sentiments intimes et que les hésitants voient disparaître leurs doutes, alors, si notre esprit ne sait sur quoi s'appuyer, rares [parmi nous] seront ceux qui réussiront à ne pas regarder droit devant eux les yeux écarquillés et à attirer sur eux les critiques de l'assistance!»

吾輩束髮受書，聖經賢傳而外，惟功令之詩文。是急一旦坐堂皇，視民事。欲使黠者輸其心，惑者卻其疑，倘胸無所主，其不至瞠目直視而貽誚於觀瞻者，幾希。

[30] Préface de Guo Boyin au *Mingfa zhizhang tu* (Tableaux pour saisir la loi d'un seul coup d'œil), édité par Xu Hao, 1870. Les premières versions du *Mingfa zhizhang* datent de 1740 et 1743; elles étaient l'œuvre d'un conseiller technique spécialisé dans les problèmes juridiques, Shen Gengyu 沈耕于 (ou Shen Xintian 辛田). L'ouvrage a été plusieurs fois remis à jour et réorganisé au cours des cent trente années suivantes. Je reviendrai plus loin sur l'importance de ces présentations mnémotechniques du code et de la réglementation. On doit aussi à Guo Boyin une préface au *Muling shu jiyao* 牧令書輯要, la version abrégée du *Muling shu* réalisée par Ding Richang 丁日昌 en 1868, dans l'édition publiée au Hubei en 1869 sur ordre (et avec préface) de Li Hongzhang 李鴻章.

Et de façon plus simple, je citerai encore ces trois vers d'un certain «Lettré retiré de la rive de l'âme» (Xin'an jushi 心岸居士), donnés en introduction d'une adaptation rimée du Code: «Qu'on ait lu dix mille *juan* mais pas le Code, même un souverain parfait comme Yao ou Shun se retrouverait finalement impuissant — ces propos de Su Shi font vraiment sens!» (讀書萬卷不讀律。致君堯舜終無術。東坡此言眞有味)[31].

L'une des grandes affaires pour les juristes, et plus généralement pour tous les fonctionnaires territoriaux soucieux de remplir leur mission de juges avec efficacité, c'était les autopsies. Conduire dans les règles une autopsie ne prêtant pas à la contestation était essentiel pour établir clairement les circonstances entourant un homicide ou une mort suspecte, identifier les coupables et mesurer les responsabilités, et par conséquent ne pas se laisser commettre d'injustices. Le *Xiyuan lu*, déjà mentionné, dont le texte remontait pour l'essentiel à l'époque des Song mais dont une nouvelle version avait été officialisée en 1694, a donné lieu à partir de la fin du XVIIIe siècle à une longue série de recensions toutes plus érudites, précises et surtout soucieuses de faire progresser les connaissances les unes que les autres. C'est dans les préfaces à ces nouvelles éditions du *Xiyuan lu* que l'on rencontre occasionnellement des propos similaires à ceux que je viens de citer, sauf que la compétence en matière d'autopsie est une question non seulement de savoir — même si le savoir est essentiel et qu'en outre il est, dans le cas présent, extrêmement spécialisé —, mais aussi, si je puis dire, d'estomac.

Il ne faut pas oublier en effet que le métier de fonctionnaire local, outre qu'il supposait des connaissances très spécialisées et demandait beaucoup d'expérience, n'était pas toujours ragoûtant. Il y avait la torture et les violences, qui faisaient régulièrement partie de la procédure judiciaire; et il y avait les autopsies, auxquelles les magistrats étaient tenus non seulement d'assister, mais encore de participer de près en regardant en quelque sorte par dessus l'épaule des agents chargés de les pratiquer (les *wuzuo* 仵作), voire en procédant eux-mêmes à certaines palpations, en examinant les odeurs, etc.

Ainsi est-il parfois question de ces étudiants frais émoulus qui ne supportent pas la vue des cadavres, ni surtout leur odeur, qui se tiennent à distance prudente des opérations, et qui par conséquent se laissent aisément abuser par les *wuzuo* chargés de procéder à l'examen de la victime ou par les commis du bureau judiciaire qui les accompagnent sur les lieux de l'autopsie. Voici ce qu'écrit Xu Lian, un fonctionnaire local qui a aussi

[31] *Lüli jingyan gekuo* 律例精言歌括, éd. 1888 du Ronglu tang, p. 1a.

été l'un des grands experts en médecine légale du XIXe siècle, dans la préface (datée de 1854) de son *Xiyuan lu xiangyi* 詳義, l'une des recensions majeures du *Xiyuan lu* à la fin des Qing (cité ici d'après une édition de 1883):

> Depuis qu'on sélectionne les lettrés sur la base des dissertations en huit parties, ceux qui se retrouvent en charge des départements et des sous-préfectures apprennent tout du métier *après* être entrés dans l'administration. Ces gens n'éprouvent que répulsion devant tout ce qui est puant et sale. [Pendant les autopsies] ils font brûler de l'encens et vont s'installer sur un endroit élevé. Ils se gardent de discuter ce qui ressort des déclarations des agents d'autopsie. Certes, il existe des lettrés sincères qui tiennent à établir la réalité de ces tristes situations; mais ils ne se sont pas auparavant préoccupés de consulter [les textes de médecine légale], si bien que le moment venu ils sont incapables de discerner les choses clairement, sont pleins de doutes et n'arrivent pas à se décider: comment ceux qui se laissent abuser pourraient-ils être en petit nombre?
>
> 夫自八股取士以來，爲州縣者，事皆入官而後學。彼厭棄穢惡，熏香高坐，取辦于仵人之口者無論矣。即有肫懇之士，懷惻情之實，然平時未嘗研究。至臨事辨別不審，疑似回惑。因而受欺者，又豈尠哉！

On aurait donc, de la part de nos débutants frais émoulus des examens, une double résistance culturelle: au côté répugnant de certains aspects du métier de magistrat, et à l'étude de textes techniques considérés comme totalement dénués de distinction intellectuelle[32]. Or, aux yeux des vrais professionnels de l'administration, les autopsies sont une opération d'une importance fondamentale. La même préface rappelle qu'un jugement peut toujours être contesté et révisé, alors qu'une autopsie est faite une fois pour toutes — ou du moins elle devrait l'être, car le matériau (le cadavre de la victime) se dégrade très vite, et lorsqu'une autopsie faite à la va-vite, dont les résultats sont contredits par les dépositions des parties, doit être refaite, parfois à plusieurs reprises, c'est de plus en plus difficile, et c'est aussi de plus en plus pénible sur le plan moral puisqu'il faut se livrer à toutes sortes de manipulations revenant à démembrer la dépouille de la victime. C'est pourquoi la plupart des manuels, mais surtout ceux rédigés par des spécialistes du droit, déplorent l'ignorance des lettrés appelés à devenir des administrateurs non seulement dans le domaine du code, mais encore dans celui *a priori* moins noble de la médecine légale, alors que c'est la discipline par excellence qui permet

[32] De ce point de vue le statut des textes de médecine légale est tout à fait différent de celui des textes classiques de la médecine tout court.

d'«éviter les injustices» (*wuyuan* 無冤), ou, lorsqu'on n'a pu les éviter, de les «laver» (*xiyuan*)[33]. Tout ceci, comme le dit Xu Lian, «depuis qu'on sélectionne les lettrés sur la base des dissertations en huit parties...»

Il n'est pas inintéressant de constater qu'une bonne partie des propos hostiles aux examens que j'ai cités émane d'auteurs qui ne sont pas passés, précisément, par la voie royale du doctorat. Ceci reflète à la fois l'influence considérable des conseillers techniques dans le monde des administrateurs à l'époque des Qing (ainsi Pan Shaocan, l'auteur de notre première citation), et le côté relativement ouvert du recrutement des fonctionnaires titulaires, du moins par comparaison avec la dynastie précédente des Ming, où les *jinshi* monopolisaient pratiquement toutes les bonnes places. La facilité avec laquelle, sous les Qing, on pouvait mettre le pied à l'étrier en achetant un titre d'«étudiant du Collège impérial» (*jiansheng*) permettait aux plus doués — et à ceux qui avaient de bonnes relations ou appartenaient à un milieu privilégié, comme celui des bannières mandchoues et chinoises — de se faire remarquer sur le terrain et, pour certains, de faire de brillantes carrières.

L'empereur Yongzheng semble avoir été particulièrement en sympathie avec ce genre de parcours, qu'avaient d'ailleurs suivi les deux hauts fonctionnaires, Tian Wenjing et Li Wei, à qui il avait confié la tâche de rédiger l'équivalent d'un manuel officiel pour magistrats[34]. Gangyi, le gouverneur de l'époque Guangxu dont on a lu plus haut un long extrait, était un Mandchou des bannières et avait débuté avec le rang de clerc (*bitieshi* 筆帖式) au ministère des Châtiments. Chez certains, en fait, ces carrières effectuées à la force du poignet (et, accessoirement, du portemonnaie) et en faisant ses preuves à chaque étape induisaient une sorte de sentiment de supériorité, lequel se manifestait non seulement dans des considérations comme celles que nous venons de voir sur l'inutilité du savoir acquis pendant la préparation aux examens, mais encore dans un mépris affiché pour le monde des «liseurs de livres» (des *dushu ren* 讀書人). Ce mépris, Tian Wenjing est connu pour n'avoir pas manqué une occasion de le manifester, ce pourquoi il était cordialement détesté par une bonne partie de ses subordonnés qui avaient, eux, passé les examens. Et pour citer un exemple beaucoup plus tardif, j'ai eu ailleurs l'occasion

[33] Le *Wuyuan lu* est un traité de médecine légale de l'époque Yuan (préface 1308) qui n'a pas eu la même fortune que le *Xiyuan lu*.

[34] Tian Wenjing était membre d'une bannière chinoise et avait débuté avec le titre d'étudiant du Collège impérial; Li Wei, qui venait d'une famille de riches propriétaires du nord du Jiangsu, était entré dans la carrière en achetant une charge de sous-chef de bureau dans un ministère.

d'évoquer le cas de Wang Youling 王有齡, le gouverneur du Zhejiang mort en 1861 pendant la prise de Hangzhou par les Taiping: Wang avait lui aussi commencé sa carrière en achetant un titre de *jiansheng*, et l'une de ses biographies nous dit de lui qu'il «était d'un naturel hautain et appréciait particulièrement peu les lettrés titulaires du doctorat»; si bien que ceux qui s'aventuraient à contester ses décisions se faisaient injurier en ces termes: «Qu'est-ce que de minables confucéens peuvent comprendre aux tâches que nous devons affronter? Pourquoi faut-il qu'avec vos petits talents appris pour passer les examens vous veniez jeter la confusion dans les affaires archi-importantes dont votre aîné a la responsabilité?»[35]

Quoi qu'il en soit, la question qui se pose à nous est de savoir comment pouvait être rattrapée cette divergence entre les savoirs inculqués aux candidats se préparant aux examens et ceux dont ils auraient besoin le jour où ils assumeraient des fonctions administratives. Évoquant la formation des magistrats avant leur entrée en fonctions (pendant la période d'attente), John Watt mentionne la lecture des règlements, celle des manuels, ou encore les conseils des «anciens» connus pour leur compétence, notamment ceux qui ont commencé comme secrétaires privés — lesquels formeraient, d'après lui, la véritable classe de «professionnels» dans un environnement de généralistes essayant de s'en tirer comme ils peuvent[36]. Tout cela est vrai, et je vais en reparler tout de suite; mais il existait aussi d'autres voies par lesquelles les futurs fonctionnaires, même ceux — la majorité — qui n'étaient pas passés par le métier de *muyou*, arrivaient à acquérir un début d'expérience professionnelle avant de se retrouver *in medias res*.

Ce qui suit est donc consacré à l'évocation d'un certain nombre de *moyens pédagogiques* et de *parcours* susceptibles de venir enrichir et compléter la formation humaniste de base — purement théorique et idéologique en ce qui concernait les problèmes de gouvernement — reçue par l'ensemble des lettrés. Ceux qui recouraient à ces moyens ou suivaient ces parcours pouvaient très bien arriver à leur premier poste officiel avec de solides connaissances techniques, et même, pour certains d'entre eux, avec une expérience pratique étendue. Je crois en fait que c'était assez fréquent.

Comme je viens de le suggérer, on peut distinguer deux types principaux de formation professionnelle. Le premier est l'acquisition de

[35] *Cf.* la biographie de Wang Youling dans *Xu beizhuan ji*, 1893, 57, p. 12b. Sur le parcours de Wang Youling, voir Will, 1999b, p. 323-333.

[36] Watt, 1970, 27-28.

connaissances livresques portant sur les aspects techniques de l'administration: c'est ce qui me donnera l'occasion de revenir brièvement sur les ouvrages à vocation pédagogique que je regroupe sous le terme général de «manuels d'administration». L'autre type est représenté par divers types de circonstances dont le point commun est qu'elles permettaient de se *former sur le tas*, en d'autres termes d'être associé au travail de l'administration sous la direction de gens expérimentés, mais sans avoir encore à assumer de responsabilités politiques.

La culture des manuels

Les manuels d'administration constituent un ensemble bibliographique beaucoup trop vaste pour qu'il soit possible de le décrire en détail ici. Quelques distinctions essentielles devraient cependant suffire à donner une idée de la richesse et de la variété des ouvrages qui le composent.

La première distinction porte sur les contenus. Très sommairement, il me semble que deux grandes catégories se dégagent: d'une part, les textes (ou les parties de textes) qui portent sur le comportement du fonctionnaire; et d'autre part, ceux qui se concentrent sur l'activité administrative proprement dite et sur ses aspects techniques.

Le terme traditionnel pour désigner les manuels pour fonctionnaires est *guanzhen* 官箴, où *zhen* a le sens originel d'«admonestation»: il s'agit bien de dispenser aux administrateurs des conseils sur leur comportement éthique et social, sur leur attitude publique et privée, sur les relations qu'ils entretiennent avec leurs supérieurs, leurs collègues, le personnel subalterne, les membres de leur cabinet et de leur «maison», les notables locaux, et l'ensemble de leurs administrés. Les trois notions cardinales d'«intégrité» (*qing* 清), de «prudence» (*shen* 慎), et d'«énergie» (*qin* 勤) résument en quelque sorte ce domaine, et elles sont développées à travers une vaste littérature depuis l'époque des Song et avant[37].

Quant à la technique, elle n'est pas entièrement séparable du comportement: préserver son intégrité et se donner les moyens de déployer son énergie et son dévouement au bien du peuple suppose la mise en œuvre de certaines procédures organisationnelles, parfois fort complexes, voire le recours à certains stratagèmes indispensables pour empêcher le personnel subalterne de tout saboter et de tout détourner — du moins est-ce

[37] Les manuels pour magistrats en tant que genre (*cf. infra*) font leur apparition à la fin des Song du Nord. Les thèmes dont il vient d'être question leur sont bien entendu antérieurs. La triade *qing shen qin* ouvre le premier paragraphe d'un des premiers manuels connus, dont le titre est, précisément, *Guanzhen*, par Lü Benzhong 呂本中 (1084-1145).

ainsi que la plupart des auteurs de manuels perçoivent les choses. Mais au delà, il y avait tout le savoir spécialisé auquel j'ai déjà fait allusion: la connaissance du code et des procédures, celle des règlements (ou «précédents») nationaux et locaux, en particulier ceux relatifs à la discipline administrative (les «sanctions», *chufen* 處分), l'art de mobiliser le personnel et de le contrôler, plus tous les domaines spécialisés comme l'irrigation, la promotion de l'agriculture, la gestion financière et l'administration fiscale, sans parler de l'administration de la famine (*huangzheng* 荒政, ou *jiuzai* 救災), qui occupe toujours une place importante.

Dans la littérature qui nous occupe ici ces différents types de contenus se trouvent répartis de façon extrêmement variable suivant les *genres* — et c'est là la seconde distinction importante qu'il convient de faire. Il existait un certain nombre de genres purement techniques: des guides sur les méthodes d'enquête et la procédure judiciaire, des recueils de cas modèles, des traités fiscaux, des abrégés du Code pénal et de la réglementation administrative, et d'autres encore. Certains de ces ouvrages étaient présentés de façon mnémotechnique (ainsi les comptines rimées, souvent appelées *gejue* 歌訣, qui résumaient le Code pénal ou même le *Xiyuan lu*), ou rapidement consultable (comme les mises en tableaux du code et de la réglementation, désignées par des termes comme *zhizhang tu* 指掌圖 ou *biao* 表, dont il existe de nombreux titres). Ils étaient très fréquemment l'œuvre de *muyou* spécialisés, et tout indique qu'ils desservaient un vaste marché. À l'opposé, il existait des ouvrages portant exclusivement, ou essentiellement, sur le comportement et sur l'éthique du fonctionnaire: les anthologies, commentées ou non, consacrées aux faits et gestes de fonctionnaires modèles, ou à leurs dires, comme les *yigui* 遺規 compilés par Chen Hongmou au début des années 1740, en sont un bon exemple. On trouve aussi des manuels qui se concentrent avant tout sur les aspects sociaux et rituels, voire simplement mondains, des relations qu'un fonctionnaire doit entretenir avec ses différents entourages; ce type d'ouvrage se fait plus fréquent à la fin du XIXe siècle, et cela s'explique probablement par l'afflux d'une nouvelle couche de fonctionnaires entrés dans la fonction publique par la voie vénale, pas nécessairement incompétents mais maîtrisant mal les critères de «distinction» familiers aux membres authentiques de la classe lettrée.

Cela étant, la plupart des genres sont de nature composite et combinent en proportion variable les aspects comportementaux et les aspects purement techniques. Tel est le cas du format que je suis tenté d'appeler «standard»: le manuel pour magistrats, dont on trouve une quantité d'exemples depuis l'époque des Song et jusqu'à l'extrême fin de l'empire (et au delà), et dont certains titres étaient de véritables classiques, connus à travers de multiples éditions et probablement lus par tous les apprentis fonctionnaires. Dans ce format le comportement et la technique se répartissent de façon à peu près égale: les premières sections détaillent les étapes successives de la prise de fonctions, autrement dit la phase cruciale au cours de laquelle le fonctionnaire doit imposer son autorité et asseoir sa réputation d'intégrité et d'impartialité; le reste de l'ouvrage expose de façon plus ou moins circonstanciée comment gérer les différents domaines d'activité administrative[38].

Certains manuels pour magistrats, à l'époque des Qing surtout, peuvent être considérés comme des amplifications de ce format standard, quand ils ne tendent pas vers un certain encyclopédisme. Une forme d'amplification particulièrement intéressante est l'inclusion par l'auteur de documents administratifs rédigés par lui (ou en son nom) ès-fonctions, cités *in extenso* à titre d'illustration et d'exemple à suivre. C'est ce qu'on trouve dans un des manuels les plus populaires des Qing, le *Fuhui quanshu* 福惠全書 de Huang Liuhong 黄六鴻 (préface de 1694, première impression 1699), dont l'auteur, qui semble avoir été une forte personnalité, se met volontiers en scène[39]. À la limite il devient possible de ne plus citer que des documents, si bien que l'ouvrage, plutôt que de dispenser des conseils, montre l'administrateur en action à travers les correspondances échangées avec ses collègues et ses supérieurs, les directives adressées à ses subordonnés, les proclamations et annonces visant le personnel administratif ou la population, les réponses aux requêtes, et les sentences prononcées au tribunal[40].

On a alors un genre parfois appelé *gongdu* 公牘 (litt. «documents administratifs»), qui semble faire son apparition à la fin des Ming et qui a connu un succès croissant tout au long et jusqu'à l'extrême fin des Qing. L'un des manuels les plus prestigieux des Ming, énormément cité sous la dynastie suivante, le *Shizheng lu* 實政錄 de Lü Kun 呂坤 (préface de 1599), peut être considéré comme une sorte de *gongdu* : une grande partie des textes qui le composent sont des directives, des proclamations au

[38] L'ordre est parfois différent: le *Weixin bian* expose successivement, dans ses trois parties, les problèmes d'administration fiscale, les problèmes d'administration judiciaire, et enfin les règles de comportement s'imposant au magistrat et le parcours qu'il doit suivre depuis sa nomination.

[39] Le *Fuhui quanshu* a acquis une certaine notoriété en Occident à travers la traduction — partielle et souvent approximative — de Djang Chu, 1984.

[40] Ces matériaux sont en général publiés d'après les «brouillons» conservés par le fonctionnaire en question dans ses archives, d'où le terme de *gao* 稿 qui apparaît parfois dans les titres, ou encore *oucun gao* 偶存稿, litt. «brouillons qui se trouvent avoir survécu».

personnel et au peuple, et des «pactes» (*yue* 約), c'est-à-dire des règlements dont l'exécution correcte repose sur la collaboration des chefs ruraux avec l'administration.

Il est parfois difficile, dans ces anthologies documentaires dues à un auteur particulier, de faire le départ entre l'autoglorification et l'intention pédagogique; mais dans beaucoup de cas celle-ci est clairement manifestée, que ce soit par l'auteur lui-même ou par ses préfaciers, lesquels proclament que les textes ainsi recueillis serviront de «pont» (*jinliang* 津梁), de «boussole» (*zhinan* 指南), de «maître» (*shi* 師), de «modèle» (*fa* 法), ou encore de «miroir précieux» (*baojian* 寶鑑), aux apprentis fonctionnaires[41]. Il arrive aussi que les élites d'une localité donnée se cotisent pour compiler et publier les documents d'un fonctionnaire modèle, dont elles espèrent bien que l'exemple sera suivi par ses successeurs.

La somme de ces genres, dont je n'ai fait ici que citer les plus importants, et le très grand nombre d'ouvrages qu'ils rassemblent entre eux, constituent ce que je propose d'appeler la «culture des manuels». Il existait sur le marché, dès les Ming et plus encore sous les Qing — avec une explosion au XIXe siècle qui mériterait d'être analysée pour elle-même —, une vaste littérature, en partie répétitive, certes, même si pour le reste elle est d'une variété étonnante, dont étaient imprégnés tous ceux qui s'intéressaient de près ou de loin à l'administration comme profession et comme ensemble de techniques. La clientèle visée en priorité par ce marché, c'étaient bien sûr les débutants ou les lauréats aux examens qui souhaitaient ne pas se trouver dans la position de ces lettrés innocents dont parlaient les auteurs cités plus haut, jetés sans bouée — ou plutôt sans «boussole» — dans la «mer de l'administration» (*huanhai* 宦海); et certains auteurs s'efforçaient de conseiller leur choix.

Les bibliographies recommandées par ces auteurs — ou simplement citées en tête d'ouvrage — proposent en effet une sorte de sélection au sein d'un *corpus* qui à l'époque des Qing est devenu véritablement immense. On a l'impression que se constitue alors une sorte de canon où se retrouvent presque toujours les mêmes titres, la plupart du temps devenus des classiques très vite après leur parution. Plusieurs ont déjà été cités: Huang Liuhong et son *Fuhui quanshu*, Chen Hongmou et ses anthologies préfacées et commentées, composées au début des années 1740 et regroupées dans les *Wuzhong yigui* 五種遺規, qui devaient connaître une

[41] L'auteur, quant à lui, explique volontiers que c'est pour céder à la pression amicale de ses disciples et admirateurs qu'il s'est décidé à «fouiller dans sa malle» et à publier quelques modestes brouillons attestant de ses efforts pour être un bon fonctionnaire.

grande fortune au XIXe siècle; Wang Huizu 汪輝祖, probablement le classique entre les classiques, pour le *Zuozhi yaoyan* 佐治藥言 (1785), le *Xuezhi yishuo* 學治臆說 (1793), et leurs suites; Liu Heng 劉衡, auteur entre autres du *Yongli yongyan* 庸吏庸言 (1830); et quelques autres encore. Les auteurs de manuels des Ming, pourtant très nombreux eux aussi, sont quasiment absents de ce canon, à l'exception cependant de Lü Kun et de son *Shizheng lu*[42].

Je donnerai trois exemples de manuels, tous destinés explicitement aux magistrats, proposant de telles bibliographies. Le premier est le *Lizhi xuanjing* 吏治懸鏡 en huit chapitres, dont la date originale n'est pas connue mais dont nous savons que l'auteur, Xu Wenbi 徐文弼, avait passé l'examen provincial en 1741. L'ouvrage se présente comme une sorte d'encyclopédie pour débutants, ce que souligne d'ailleurs le slogan publicitaire rajouté sur la page de titre de certaines des éditions assez nombreuses que j'en ai vues — toutes de qualité médiocre et visiblement bon marché, ce qui suggère une large diffusion: «Traité complet [voire Traité complet n° 1] des éléments essentiels pour un premier poste» (*Churen beiyao* [*diyi*] *quanshu* 初任備要[第一]全書). Le premier chapitre, qui porte sur les mesures à prendre pour asseoir son autorité dès le moment de la prise de poste (*liren chugui* 蒞任初規) — un *must* dans tous les manuels pour magistrats depuis au moins les Ming — est précédé d'une bibliographie de base d'une quinzaine de titres, sur laquelle il s'appuie et dans laquelle on trouve une combinaison de recueils réglementaires, de recueils de précédents judiciaires, de traités purement techniques (comme le *Xiyuan lu*), et de ce que j'appelle les «classiques»: Huang Liuhong, Chen Hongmou, ainsi que le *Weixin bian* de Pan Shaocan, déjà cité, ou encore le *Tumin lu* 圖民錄 de Yuan Shouding 袁守定 (préface de 1756).

Deuxième exemple, Liu Heng (1776-1841), l'auteur des «Propos ordinaires d'un fonctionnaire ordinaire» (*Yongli yongyan*) mentionnés plus haut, qui avait acquis une réputation considérable comme fonctionnaire local et comme juriste au Sichuan au début du règne Daoguang. Dans son

[42] Les titres qui constituent ce canon se retrouvent aussi dans quelques petits *congshu* spécialisés dont certains semblent avoir eu une indéniable fortune éditoriale: ainsi le *Huanhai zhinan wuzhong* 宦海指南五種 (*Cinq ouvrages pour servir de boussole dans la mer de l'administration*), compilé en 1859 par un certain Xu Naipu 許乃普, dont j'ai vu une demi-douzaine d'éditions et où l'on trouve le *Qinban zhouxian shiyi* de Tian Wenjing et Li Wei, ainsi que des ouvrages de Wang Huizu et de Liu Heng. Cette pratique éditoriale remonte au moins à la fin des Ming, comme l'atteste une collection nettement plus importante (on y trouve entre onze et vingt-neuf textes suivant les éditions) intitulée *Guanchang zhengyao* 官常政要, dont subsistent trois éditions différentes allant de 1585 aux dernières années de la dynastie.

Shuliao wenda 蜀僚問答 (également de 1830), Liu Heng a un paragraphe intitulé «Les livres qu'il faut lire en plus du Code pénal» (*Lüli er wai shang you ying du zhi shu* 律例而外尚有應讀之書). Ce paragraphe est intéressant au sens où, toujours concret, Liu Heng accompagne chacun des titres mentionnés d'une note sur son accessibilité: ainsi, nous explique-t-il, existe-t-il une édition récente du *Shizheng lu* de Lü Kun réalisée par le gouverneur du Henan, Yang Guozhen 楊國楨, dont les planches sont conservées dans les bureaux de la préfecture de Kaifeng (où l'on peut donc en commander des tirages)[43]; de même pour le *Chouji bian* 籌濟編, une compilation importante sur l'administration de la famine, préparée par Yang Jingren 楊景仁. Le *Congzheng yigui* de Chen Hongmou a, lui, été regravé sous l'égide du gouverneur général des deux Guang, et les planches se trouvent à la Librairie du Guangdong 廣東書肆[44]; le même gouverneur général a aussi patronné une réédition des manuels de Wang Huizu[45]. Le *Fuhui quanshu*, pour sa part «est facile à acheter, on le trouve partout dans les librairies», et il en va de même pour le fameux recueil de jugements de Lan Dingyuan 藍鼎元, le *Luzhou gong'an* 鹿洲公案 (1729)[46].

Liu Heng n'essaie donc pas d'écraser son lecteur (ou plutôt, en l'occurrence, «celui qui l'interroge») de conseils bibliographiques. En revanche Fang Dashi 方大湜, l'auteur du *Pingping yan* 平平言, un manuel pour magistrats dont le *fanli* date de 1878 et qui a connu plusieurs éditions ultérieures, a vraiment beaucoup de choses à faire lire au fonctionnaire en attente d'une nomination (*houbu* 候補) à qui il s'adresse, et qu'il adjure de ne pas se laisser influencer par ce qu'il qualifie de «propos hétérodoxes», en l'occurrence les discours sur la table et le vêtement du fonctionnaire, sur le style à cultiver, les visites mondaines, les intrigues pour se placer, ou encore la notion que «le métier de fonctionnaire repose

[43] *Cf.* Liu, *Shuliao wenda*, 1868, *juan* 2, p. 10a-b. Yang Guozhen a été gouverneur du Henan de 1827 à 1834.

[44] Il s'agit probablement d'une des maisons d'édition semi-officielles qui se trouvaient dans la plupart des capitales provinciales. Le gouverneur général en question, Jiang Youxian 蔣攸銛, qui a occupé ce poste entre 1811 et 1817, était un des chefs de file des réformateurs de la seconde moitié du règne Jiaqing.

[45] Liu Heng précise que parmi tous ces excellents ouvrages qu'il cite le *Xuezhi yishuo* de Wang Huizu est «particulièrement proche [des préoccupations du magistrat], et en outre simple et facile à appliquer» (尤爲切近且簡便易行).

[46] Dont Miyazaki Ichisada 宮崎市定 affirme, dans l'introduction à la traduction qu'il a en donnée (Tokyo, Heibonsha, 1967), qu'«il n'y a pas d'ouvrage plus intéressant sur la société traditionnelle». On pourrait en dire autant de la plupart des recueils de jugements publiés pour l'exemple par leurs auteurs, qui offrent des tranches de vie d'un intérêt au moins égal aux matériaux extraits des archives judiciaires du gouvernement central utilisés dans plusieurs travaux récents.

entièrement sur les clients et serviteurs [qui travaillent pour vous]» (*zuoguan quanzhang mending* 做官全仗門丁)[47]. On ne réussira pas sans lectures; et en dehors des Classiques et de l'histoire, dont une relecture à l'âge adulte permet toujours de tirer des enseignements, ce sont des ouvrages sur la discipline bureaucratique (*lizhi* 吏治) qu'il faut lire, et de préférence datant de la dynastie régnante. Suit une liste de 37 items, trop longue pour être reproduite ici, mais où l'on peut mentionner les catégories suivantes, distinguées par l'auteur lui-même:

(1) Les recueils de biographies de fonctionnaires modèles (3 titres)

(2) Les manuels pour fonctionnaires (24 titres), où l'on rencontre, après l'ouvrage fondateur de Lü Kun, suivi de l'anthologie *Huangchao jingshi wenbian* 皇朝經世文編 (1827), tous les classiques du genre publiés à l'époque des Qing: le *Fuhui quanshu*, le *Tumin lu*, les œuvres complètes de Wang Huizu et de Liu Heng; à quoi s'ajoutent encore divers ouvrages sur l'agriculture, sur l'administration de la famine, sur l'hydraulique, sur la défense et sur la justice.

(3) Trois grands recueils institutionnels — le *Da Qing huidian* 大清會典 (sur les institutions), le *Da Qing tongli* 大清通禮 (sur les rituels) et le *Xuezheng quanshu* 學政全書 (sur l'éducation et les examens), dont l'auteur affirme que les étudier aujourd'hui, c'est comme lorsque Confucius étudiait les *Rites des Zhou*.

(4) Et enfin, une série de sources sur les problèmes juridiques: le Code pénal, le *Xiyuan lu*, les grands recueils de cas homologués, le *Chufen zeli* 處分則例 (Règlements sur les sanctions administratives), auxquels s'ajoute la *Gazette impériale* («Si on ne lit pas la Gazette on ne peut rien comprendre aux affaires courantes»), sans compter, pour faire bonne mesure, le *Haiguo tuzhi* (le traité sur les pays étrangers compilé par Wei Yuan après la guerre de l'Opium, à vrai dire bien dépassé à l'époque où écrivait Fang Dashi) et les traités commerciaux signés avec les diverses nations étrangères[48].

[47] Comme on l'a vu, certains manuels pour fonctionnaires, à la fin du XIXe siècle précisément, accordaient une très grande place à toutes les questions de protocole, de visites de politesse et de mondanités.

[48] *Pingping yan*, 1892, *juan* 1, p. 3a-5a, «houbu yi dushu» 候補宜讀書. Voir aussi Watt, 1972, p. 268, note 59. À en croire au moins l'une des préfaces, l'expression *pingping* dans le titre suggérerait que la tâche spécifique du magistrat — s'occuper des problèmes courants du peuple — est bien plus «ordinaire» que les exploits de héros fondateurs comme Yu le Grand ou le Duc de Zhou. Parlant de bibliographie, je pourrais encore mentionner un court mais intéressant manuel à l'usage de ceux qui quittent les bureaux de la capitale pour devenir préfets, le *Shiyi xuzhi* 事宜須知, dû à un certain Yanchang 延昌 (postface de 1885; la bibliothèque de l'Académie des Sciences de Chine en possède aussi un manuscrit intitulé *Zhifu* 知府 *xuzhi*, pratiquement identique), qui a été nommé au Guangxi, un véri-

On peut évidemment se demander si beaucoup d'apprentis fonctionnaires éprouvaient la nécessité ou trouvaient le temps de se consacrer à d'aussi longues lectures, et si pareille science était très répandue chez le commun des aspirants aux charges publiques à la fin du XIXe siècle. En fait il est indispensable de distinguer entre plusieurs niveaux. Les manuels pour magistrats «standard» étaient suffisamment courts, compacts et clairement organisés pour pouvoir être lus *in extenso* et en détail avec un profit immédiat. Il en existait en fait bien plus que les quelques classiques mentionnés par l'auteur du *Pingping yan*, et dans la deuxième moitié du XIXe siècle au moins, quiconque souhaitait se faire une idée plus complète des conseils qui y étaient dispensés, sans pour autant se lancer dans de longues recherches bibliographiques, pouvait se tourner vers une anthologie d'utilisation extrêmement commode, qui fait d'ailleurs partie de la liste de Fang Dashi: le *Muling shu* 牧令書 (le «Livre des magistrats») compilé par Xu Dong 徐棟 en 1838, qui proposait des extraits de cent trente-sept auteurs d'époque Qing organisés en dix-huit grandes sections, et dont on relève plusieurs éditions ainsi que des versions abrégées[49].

En revanche, ni les *Institutions et précédents*, ni le *Code des Qing*, ni les *Règlements sur les sanctions administratives*, ni même le *Huangchao jingshi wenbian* — où d'ailleurs la réflexion sur les missions et les choix du gouvernement et sur les problèmes institutionnels l'emporte nettement sur les conseils pratiques et immédiatement applicables —, sans parler des vastes collections de «cas homologués» (*cheng'an*), n'étaient des ouvrages faciles à consulter et de nature à aider le fonctionnaire débutant à s'initier au métier, surtout lorsqu'il était pris dans le tourbillon de l'administration quotidienne. Ces *corpus* réglementaires et pénaux étaient plutôt destinés au spécialiste, voire à l'érudit, et c'était précisément au spécialiste qu'il incombait d'en distiller les éléments essentiels et indispensables sous une forme directement accessible et facilement consultable.

table désert culturel, emmène avec lui toute une bibliothèque où les grandes collections institutionnelles côtoient les Vingt-quatre histoires, les recueils de cas homologués, les principaux manuels pour magistrats, les œuvres complètes de Chen Hongmou, celles de Yuan Mei, le *Honglou meng* (dont on a effectivement pu affirmer que c'était une sorte d'initiation au monde bureaucratique), des ouvrages de pharmacopée et de médecine, etc. etc. Le même ouvrage, qui s'appesantit beaucoup sur les obligations sociales et mondaines du fonctionnaire, propose en outre une longue liste de vêtements et de chaussures à emporter.

49 La plus populaire à la fin du XIXe siècle, intitulée *Muling shu jiyao* 輯要 (préface de 1869), est due à Ding Richang 丁日昌 (1823-1882). Maints ouvrages cités dans le *Muling shu* sont aujourd'hui difficiles ou impossibles à trouver.

À cette exigence répondaient un nombre assez considérable d'ouvrages purement techniques, dont l'objet était d'initier le lecteur aux complexités du code et de la réglementation sans qu'il ait à se perdre dans les méandres des grands recueils réglementaires; mieux même, non seulement ces ouvrages étaient des abrégés mais encore, comme on l'a vu, certains étaient conçus de telle manière que leurs utilisateurs pussent immédiatement y trouver le renseignement qu'ils cherchaient et dont ils risquaient d'avoir besoin dans l'instant pour résoudre tel ou tel problème: ce renseignement, on pouvait le repérer du premier coup d'œil, ou encore — pour user d'une expression qui apparaît souvent dans les titres — en «pointant du doigt dans la paume» (*zhizhang* 指掌). Ces genres exclusivement pratiques et factuels n'étaient de toute évidence pas considérés comme des genres nobles, et il est notable qu'on ne trouve que très rarement trace de tels ouvrages dans les bibliographies ou les conseils de lecture cités plus haut. Et pourtant tout indique, là aussi, qu'ils répondaient à une véritable demande et bénéficiaient d'un vaste marché. C'est en particulier ce que suggèrent les éditions répétées (occasionnellement piratées) des recueils de réglementation mis en tableaux dont on trouve encore des exemplaires dans nos bibliothèques, régulièrement remis à jour pour tenir compte des derniers précédents intégrés à la législation, ou redessinés pour être plus pratiques et plus attractifs.

Les formations sur le tas

Cela étant, chacun sait qu'aucune bibliographie ne remplacera jamais le contact direct avec les réalités ni l'apprentissage sous l'égide de personnes expérimentées: tout au plus viendra-t-elle appuyer cet apprentissage et permettra-t-elle d'acquérir un savoir théorique et des perspectives que ne donnent pas toujours les formations sur le tas. Or, les futurs fonctionnaires (ou fonctionnaires potentiels) avaient de multiples occasions de se frotter aux réalités de la gestion administrative et de se familiariser avec les aspects les plus concrets de leur futur métier, longtemps et parfois très longtemps avant d'être en position de débuter une carrière. Les pages qui suivent sont consacrées à l'évocation de quelques-unes de ces circonstances.

Le milieu et la famille

L'environnement familial, tout d'abord. Il va sans dire qu'une réflexion sur le degré de reproduction interne du milieu des administrateurs à la fin de l'empire dépasserait largement les limites de cet exposé; au reste il s'agit d'une question difficile, et dont l'on ne saurait discuter de façon satisfaisante qu'en se basant sur une vaste enquête prosopographique qui n'a jamais été tentée, sinon sur de maigres échantillons et en se limitant à des populations particulières, comme celle des «docteurs», qui est très loin de représenter l'ensemble du corps bureaucratique. Il n'en demeure pas moins que la lecture cursive des recueils biographiques, et plus encore celle des préfaces des manuels pour fonctionnaires, suggère très fortement le poids des traditions familiales dans la carrière et surtout — ce qui nous intéresse ici — dans la formation de beaucoup d'administrateurs. Il y avait des familles où le service de l'État, avec tous les problèmes pratiques qu'on y rencontrait, était une préoccupation transmise de père en fils — et cela ne vaut pas seulement pour quelques dynasties de hauts fonctionnaires. Plus concrètement encore, maints auteurs nous expliquent comment, bien avant d'être eux-mêmes devenus fonctionnaires et parfois tout jeunes, ils ont en quelque sorte baigné dans le quotidien de la vie administrative en suivant qui un père ou un grand-père, qui un oncle paternel ou maternel, dans ses pérégrinations de poste en poste et en se mêlant aux activités des secrétaires et des serviteurs qui travaillaient dans le «*yamen* intérieur» au service du fonctionnaire en titre.

Je n'en citerai ici qu'un seul exemple, mais qui me semble bien illustrer ce qui précède. C'est celui d'un certain Dai Zhaochen 戴兆辰 (1810-1890), auteur entre autres ouvrages d'un court manuel pour magistrats intitulé *Qiuzhi guanjian* 求治管見 (préface de l'auteur 1849, première édition connue 1851) considéré par ses préfaciers comme un digne complément au célébrissime *Xuezhi yishuo* de Wang Huizu (1793), dont il reprend en effet la forme. Le parcours de Dai, tel qu'il ressort des préfaces de l'ouvrage et de certains autres matériaux[50], apparaît typique de la formation sur le tas dont pouvaient se prévaloir les lettrés ayant grandi dans un milieu de bureaucrates: sa famille, qui était de Dantu 丹徒 (Zhenjiang) au Jiangsu, avait produit des fonctionnaires depuis quatorze générations, et Dai lui-même avait appris les techniques de l'administration en suivant un grand-oncle nommé magistrat au Hunan en 1833. Bien qu'il ait eu le plus grand mal à passer l'examen provincial (il le rate cinq fois), il avait continué de fréquenter les milieux administratifs et de se «pré-spécialiser», en quelque sorte, dans les problèmes de gouvernement local, en remplissant notamment des fonctions subalternes dans l'administration de la gabelle des deux Huai pendant une dizaine d'années à partir de 1841.

[50] Voir les données biographiques recueillies in *Dantu Dai shi yishu*, *ce* 1.

Le *Qiuzhi guanjian* avait été rédigé en 1849 à la demande, nous est-il dit, d'un collègue s'apprêtant à gagner son premier poste. Or, à cette date, Dai Zhaochen était pour sa part toujours en attente d'une magistrature: il faut donc croire que sa familiarité avec les milieux de l'administration locale était suffisamment connue pour qu'on lui accorde l'expérience d'un vieux routier. À vrai dire, et en dépit des éloges décernés par ses préfaciers, le contenu du *Qiuzhi guanjian* ne brille pas particulièrement par son originalité; mais il révèle assurément quelqu'un qui s'est frotté très tôt aux réalités concrètes du terrain, et dont on peut supposer qu'il sera opérationnel dès son premier «vrai» poste. C'est d'ailleurs ce que confirme la suite de la carrière de Dai Zhaochen, qui remplira en particulier plusieurs postes de préfet avec beaucoup de panache[51].

La formation sur le tas comme notable engagé dans des opérations administratives

Point n'était besoin, cependant, d'appartenir soi-même à une dynastie d'administrateurs pour se trouver directement exposé aux réalités concrètes de la gestion sur le terrain. Les activités philanthropiques des notables de la fin des Ming et des Qing, dont on a récemment fait grand cas en y voyant une version chinoise de la «sphère publique» dont l'apparition en Europe aurait marqué l'avènement de la modernité, procédaient en fait d'une osmose étroite entre le monde des fonctionnaires et celui des élites locales. Cette osmose apparaît particulièrement en évidence à l'occasion de certains épisodes de lutte contre la famine, ou de maintien de l'ordre, lorsque la collaboration des élites était effectivement indispensable à une administration disposant de trop faibles moyens, ou simplement débordée par les événements.

D'une manière générale, et sans entrer ici dans le détail de variations régionales certainement importantes, les responsabilités dévolues aux notables dans ce genre de circonstances et la marge d'initiative qui leur était laissée paraissent avoir été, comme on peut s'y attendre, plus importantes pendant les périodes de relatif affaiblissement de l'État, lorsque la bureaucratie n'était pas capable de déployer les mêmes

[51] Nommé préfet de Dengzhou au Shandong en 1861, Dai fait reconstruire la muraille de la ville et soutient avec succès un siège de quarante jours contre les Nian. Les documents relatifs à la défense de Dengzhou ont été publiés dans un ouvrage de forme *gongdu*, le *Conggong lu* 從公錄 (préface de 1862). Deux «suites» préfacées en 1870, le *Conggong xu lu* 續錄 et le *Conggong san lu* 三錄, de forme comparable, reproduisent des ensembles extrêmement intéressants de documents rédigés par Dai alors qu'il était préfet au Guangdong.

capacités de mobilisation à grande échelle et les mêmes moyens en ressources et en personnel que pendant des périodes plus fastes comme, typiquement, le XVIIIe siècle. Cette configuration est très en évidence dans les années 1640 à la fin des Ming, pendant les terribles famines provoquées par une combinaison de sécheresse, d'épidémies et de sauterelles dans le Sud-Est. Joanna Handlin Smith a pu analyser en grand détail, en se basant sur le journal de Qi Biaojia 祁彪佳 (1602-1645), l'ampleur et, si l'on peut dire, le professionalisme des opérations de secours dirigées par celui-ci à Shaoxing entre 1640 et 1642[52]. Qi Biaojia lui-même pouvait, certes, se prévaloir d'une assez large expérience de fonctionnaire: si dans ces années il agit hors du cadre bureaucratique, c'est uniquement parce qu'il s'est mis en congé pour prendre soin de sa vieille mère et réside dans sa préfecture natale comme simple notable; et c'est un fait qu'il n'est pas rare de rencontrer des fonctionnaires retirés du service, ou résidant chez eux pendant une période de deuil, à la tête de ce genre d'opération. Mais la masse de manœuvre était composée de notables, titrés ou pas, qui n'avaient jamais assumé de charge publique.

L'important dans de tels épisodes, du moins pour le sujet qui nous concerne ici, c'est que les notables qui participaient aux opérations étaient conduits à mettre en œuvre des techniques d'organisation, de gestion des hommes et des moyens, de communication interne et de traitement des documents qui étaient extrêmement proches de celles déployées en temps normal par l'administration. En outre, cette dernière, même lorsqu'elle n'avait pas les moyens de prendre entièrement les choses en charge et de maintenir les notables locaux dans un simple rôle d'auxiliaires ou de bâilleurs de fonds, restait toujours présente comme instance de supervision et de légitimation, et les organisations charitables étaient constamment en contact et en négociation avec elle[53]. C'est en cela qu'on peut parler d'«osmose» — plus précisément pour ce qui nous concerne, d'une culture gestionnaire partagée. Quel que fût le degré d'autonomie qui leur était concédé, et même si elles mettaient à contribution leurs structures propres — lignagères, en particulier —, les organisations charitables fonctionnaient en quelque sorte comme un prolongement de l'appareil administratif formel. Les lettrés qui y œuvraient participaient à un travail d'*administration*, pour le compte d'un État défaillant, ou ayant besoin

[52] Voir Joanna Handlin Smith, 1995.

[53] J'ai analysé de manière détaillée ce type de circonstances à propos d'une famine survenue en 1849 à Jiading (ainsi que dans le reste du Jiangsu, et au delà): voir Will, 1994.

d'être épaulé, ou simplement cherchant à sous-traiter certaines de ses fonctions; et c'est bien ainsi qu'ils le percevaient.

De fait, les exemples ne sont pas rares de notables locaux remarqués pour leurs aptitudes de gestionnaires et leurs qualités de *leadership* à l'occasion d'opérations comme celles auxquelles je viens de faire allusion, et entrés grâce à cela dans la bureaucratie. Les qualifications formelles n'avaient pas besoin d'être très élevées pour effectuer le passage de la sphère philanthropique à la sphère administrative: le titre vénal de *jiansheng*, qui, sous les Qing en tout cas, permettait de postuler à un poste de fonctionnaire, suffisait, ou alors un «vrai» titre académique, mais de valeur inférieure, comme celui d'«étudiant présenté» (*gongsheng*) ou de «licencié» (*juren*), dont bien souvent les titulaires passaient leur vie sans recevoir le moindre poste. Peut-être est-ce ce qui serait arrivé à Gao Tingyao 高廷瑤 (?-1830), un *juren* de la promotion 1786 originaire du Guizhou, s'il ne s'était, précisément, distingué en conduisant la répression d'une révolte de Miao dans sa province natale, en 1800, ce qui lui avait valu une nomination comme préfet assistant (*tongpan* 通判) au Anhui deux ans plus tard, avec le sixième rang de la hiérarchie mandarinale. Gao aura donc attendu plus de quinze ans avant d'entrer dans la bureaucratie, et il n'y est entré qu'après avoir eu l'occasion de faire la preuve de ses talents sur le terrain. Les vingt ans de carrière qu'il poursuit ensuite, qui le conduiront jusqu'au poste assez considérable de préfet de Canton, lui donneront amplement l'occasion de démontrer l'expérience acquise antérieurement. Si l'on en croit son autobiographie professionnelle, et même en admettant une tendance assez naturelle, dans ce genre d'écrit, à se donner le beau rôle, Gao Tingyao semble en effet avoir été un fonctionnaire talentueux et efficace, exceptionnellement énergique, et en tout cas très admiré, même longtemps après sa mort[54].

Toutes les carrières engagées de la sorte n'étaient peut-être pas aussi brillantes; mais elles illustrent la façon dont certains notables étaient susceptibles d'acquérir sur le terrain compétence et expérience sans posséder le moindre statut bureaucratique, en participant à des opérations conduites en liaison avec l'administration pour maintenir l'ordre ou restaurer la sécurité économique. Ces collaborations étaient favorisées par la proximité sociale et idéologique entre fonctionnaires et notables;

[54] Cette autobiographie professionnelle, le *Huanyou jilüe* 宦游紀略, est en fait l'un des témoignages les plus vivants et les plus concrets que j'aie rencontrés sur l'administration territoriale chinoise dans les circonstances difficiles du début du XIXe siècle. J'en ai vu pour le moment huit éditions différentes, toutes publiées pendant la seconde moitié du XIXe siècle ou au début du XXe. La postface d'une de ces éditions, datée de 1881, affirme que Gao Tingyao avait été un modèle pour Lin Zexu, Hu Linyi et Zeng Guofan.

elles l'étaient aussi par la communauté manifeste d'intérêts qui les rapprochaient, au moins dans les circonstances de crise sociale. On peut légitimement parler d'un continuum entre la bureaucratie et les entreprises charitables, tant par les buts poursuivis que dans le domaine des techniques de gestion et de mobilisation. De ce fait, maints aspects de l'administration territoriale chinoise étaient familiers à ces lettrés et à ces notables dont certains seraient appelés un jour à devenir fonctionnaires. Que l'on parle de culture gestionnaire ou (dans un sens plus large) de «culture administrative», il s'agit dans tous les cas d'un corpus de savoirs, de pratiques et de comportements dont le cercle strict des administrateurs de l'État était loin d'avoir le monopole.

La formation sur le tas comme secrétaire privé

Cela étant, les lettrés les plus immédiatement au contact de la vie administrative sans pour autant être eux-mêmes des fonctionnaires étaient bien sûr les secrétaires privés, ou conseillers techniques (*muyou*). On l'a vu, les *muyou* sont considérés par beaucoup d'historiens comme les véritables professionnels de l'administration territoriale chinoise à l'époque des Qing. Ce n'est qu'en partie vrai, au sens où l'on rencontrait aussi de grands techniciens dans les rangs des fonctionnaires en titre. Il faut en outre se souvenir que les cabinets des hauts fonctionnaires, à partir de la fin du XVIIIe siècle surtout, comptaient un nombre parfois respectable de *muyou* recrutés pour leurs qualités de littérateurs ou d'érudits et non pour leur connaissance des techniques fiscales ou du Code pénal. Ces «*muyou* littéraires», qui étaient souvent des licenciés ou même des docteurs n'ayant pas (ou pas encore) reçu de charge publique, participaient aux entreprises éditoriales de leur patron et jouaient occasionnellement le rôle de conseillers politiques. Ils baignaient donc dans le milieu bureaucratique, mais, s'ils possédaient de ce fait une certaine familiarité avec le travail administratif, c'était plus comme témoins que comme acteurs. Hong Liangji 洪亮吉 (1746-1809), fameux pour ses démêlés avec l'empereur Jiaqing en 1799 et pour ses considérations sur la surpopulation de la Chine, en est un exemple typique[55]. Hong Liangji a beaucoup écrit sur l'administration et sur ses problèmes à la fin du XVIIIe siècle, mais c'est sur le ton de la critique politique bien plus qu'en professionnel discutant

[55] *Cf.* Susan Mann Jones, 1972, notamment p. 53 *sq.* sur ces *muyou* littéraires qu'elle compare à des «artistes résidents»; également, toujours autour du personnage de Hong Liangji, Mann Jones, 1975.

de problèmes techniques, ou alors envisageant les problèmes politiques (la décadence des moeurs bureaucratiques) sous l'angle technique, comme le font les authentiques *muyou* administratifs dans leurs manuels — par exemple Wang Huizu, à coup sûr le plus illustre d'entre eux, mais aussi une quantité d'autres. Cela étant, lorsque l'un de ces érudits employés dans les *mufu* finissait par devenir lui-même fonctionnaire, il entrait de plain-pied dans un métier dont il avait depuis longtemps fréquenté les couloirs et discuté les problèmes.

Mais la «formation sur le tas» dont je parle ici concerne plutôt les *muyou* qui avaient été engagés comme experts dans les différentes disciplines administratives. Experts ils étaient, sans aucun doute, mais le plus souvent dans des spécialités passablement étroites, et eux aussi avaient beaucoup à apprendre s'ils voulaient devenir des fonctionnaires maîtrisant tous les aspects du métier. Le même Wang Huizu, par exemple, explique quelque part qu'il a tout appris avec son premier patron, au service de qui il est resté six ans, alors que pendant les deux années précédentes, qu'il avait passées auprès d'un oncle fonctionnaire, il n'avait pas appris grand chose[56]. Il est dans tous les cas certain que les *muyou* qui réussissaient à entrer dans le corps des fonctionnaires, que ce fût après avoir acquis un titre vénal ou après avoir passé le doctorat, étaient les mieux préparés de tous et qu'ils étaient immédiatement opérationnels le jour où ils touchaient enfin un vrai poste. Ils avaient été des années durant confrontés au quotidien de l'administration[57], le mode de fonctionnement des bureaux et des *yamen* n'avait pas de secret pour eux, ils étaient familiers des arcanes de la réglementation et du code, ils avaient eu l'occasion de rédiger pour leurs patrons quantité de rapports et de correspondances, et bien souvent ils avaient eux-mêmes préparé les décisions dont ces documents rendaient compte. Tel est notoirement le cas des propositions de sentences judiciaires que leurs employeurs soumettaient aux autorités supérieures: pour citer Wang Huizu une dernière fois, il est remarquable de voir à quel point, au moment de son entrée (à vrai dire fort tardive) dans la carrière bureaucratique, il avait

[56] *Cf.* Wang Huizu, *Xu zuozhi yaoyan* 續佐治藥言, article «Choisir un patron dont on retire du profit» (擇主人獲益).

[57] Et parfois pendant de très longues périodes: Wang Huizu, encore, a dû présenter l'examen provincial neuf fois (entre 1750 et 1768) avant de le réussir, puis quatre fois l'examen métropolitain (entre 1769 et 1775); après quoi il lui a encore fallu attendre onze ans avant d'être nommé à sa première magistrature, à l'âge de 55 ans! *Cf.* Balazs, 1968, p. 269-270, qui s'indigne d'un tel gaspillage de talent: à quoi l'on pourrait objecter que les talents de Wang Huizu ont au contraire été très bien employés dans ses fonctions de conseiller technique, et sans qu'il en coûte rien à l'État.

eu le temps d'accumuler une vaste expérience de juge par procuration, si l'on peut dire, en élaborant pour ses employeurs successifs des interprétations du code et en rédigeant des sentences dont son autobiographie, le *Bingta menghen lu* 病塌夢痕錄, nous livre de nombreux exemples.

La formation sur le tas comme «stagiaire»

Comme on le sait, seuls les nouveaux docteurs sortis dans les meilleurs rangs de l'examen métropolitain devenaient tout de suite fonctionnaires; encore, en dehors de rares exceptions, étaient-ils nommés (en tant que stagiaires dans un premier temps) dans certaines institutions de la capitale, comme l'Académie Hanlin, où leurs fonctions étaient de nature purement littéraire et n'impliquaient par conséquent aucune connaissance ni aucun apprentissage des techniques de l'administration proprement dite. Le reste des nouveaux docteurs — la majorité — étaient renvoyés dans leurs foyers, où ils devaient attendre de longues années avant d'être admissibles à la procédure de tirage au sort qui leur vaudrait leur premier poste dans l'administration territoriale, en général une magistrature[58]. Les délais d'attente étaient encore plus longs pour les titulaires de l'examen provincial, même si les Qing ont pris diverses mesures pour accroître leurs chances d'entrer dans l'administration[59].

Comme on vient de le voir, ils pouvaient mettre à profit ces années passées dans leurs communautés d'origine pour acquérir l'expérience des procédures administratives en travaillant comme conseillers techniques, en participant à des entreprises locales comme la lutte contre la famine ou la construction d'infrastructures, ou encore en négociant avec la bureaucratie locale pour le compte de leurs communautés — autant d'activités pour lesquelles ils étaient particulièrement sollicités en raison de leur nouveau rang.

Mais il faut aussi mentionner un autre mode de formation sur le tas dont les modalités et l'histoire mériteraient d'être examinées plus en détail que je ne puis le faire ici, et qui doit avoir joué un assez grand rôle dans la formation professionnelle des futurs fonctionnaires: je veux parler des périodes parfois assez longues passées comme «stagiaires» dans diverses administrations, avant l'attribution d'un poste en pleine responsabilité.

[58] Cette attente durait de dix à vingt ans d'après Watt, 1972, p. 20.

[59] Il semble en particulier qu'il y ait eu beaucoup de *juren* parmi les fonctionnaires subalternes nommés par tirage au sort dans l'administration centrale des six ministères (Luca Gabbiani, communication personnelle).

Dans les provinces, il est clair que ces stagiaires constituaient un volant de main-d'œuvre administrative important dans lequel pouvaient puiser les gouvernements provinciaux pour remplir toutes sortes de missions *ad hoc*, assumer des suppléances, etc. Il semble bien — et c'est un point important à noter — qu'il s'agisse là d'une innovation des Qing: en effet les sources d'époque Ming ne mentionnent jamais ces fonctionnaires «en attente de nomination» (*houbu* 候補) ou ces «chargés de mission» (*weiyuan* 委員) qui semblent au contraire avoir proliféré dans les capitales provinciales à l'époque des Qing[60]. Cette prolifération, soulignons-le au passage, est une autre manifestation de l'expansion *de facto* de l'administration sous les Qing que j'ai déjà mentionnée, portant à mettre en doute les considérations de certains auteurs sur le retrait de l'État et la diminution relative du personnel bureaucratique pendant les derniers siècles de l'empire.

Je ne puis ici faire plus que présenter quelques éléments dont la plupart correspondent d'ailleurs au règne Yongzheng et aux premières années de Qianlong, période pendant laquelle le problème semble de fait avoir été assez discuté dans les sphères gouvernementales[61].

L'idée (probablement empruntée aux Ming) d'envoyer un certain contingent de nouveaux *jinshi* se former dans les ministères pour «observer le gouvernement» (*guanzheng* 觀政) avant d'être nommés à un poste date du premier règne des Qing. Alors qu'à l'origine ces stages d'initiation devaient durer trois mois, ils auraient été rapidement réduits à quelques jours, à la suite desquels les stagiaires demandaient un congé et rentraient chez eux. En 1689 il est question de stages de trois ans dans les ministères, et un mémoire daté de 1717 suggère de faire tourner les stagiaires entre les différents ministères, par périodes de trois mois, en accordant une priorité de nomination comme magistrat à ceux qui se sont distingués par leur zèle.

Il semble cependant qu'il faille attendre le règne de Yongzheng pour que ce type de mesure soit envisagé de façon plus rigoureuse. On aurait ainsi institué en 1730 un système de «secrétaires stagiaires en formation hors quota» (*ewai zhushi xuexi xingzou* 額外主事學習行走), sélectionnés parmi les nouveaux *jinshi* à la suite de chaque session d'examen et faisant des séjours de trois mois par groupes dans les ministères, en tournant d'un service à l'autre, pour s'y initier au gouvernement. Une quinzaine d'années plus tard, un mémoire des deux chefs du Grand Conseil, Zhang Tingyu et Nuoqin 訥親, qui fait d'ailleurs remonter cette mesure à 1725,

60 Thomas Nimick, communication personnelle.
61 Ces éléments sont en partie extraits de Lui, 1971.

indique qu'à la suite des sessions d'examens de 1730, 1733 et 1736 entre cinquante et soixante lauréats avaient été de la sorte désignés pour des stages de trois ans dans les différents ministères[62]. Ceux qui s'étaient le mieux classés étaient ensuite gardés dans l'administration centrale, et les autres étaient reversés dans le contingent des *jinshi* en attente d'être tirés au sort pour une magistrature. Comme ils ne demandaient qu'à rester dans les ministères, ajoutent les mémorialistes, ils travaillaient d'arrache-pied, et du coup l'on obtenait de très bons fonctionnaires pour les services centraux. Cette mesure ayant été apparemment abolie après 1736, Zhang Tingyu et Nuoqin demandent qu'elle soit restaurée à l'occasion de la prochaine session de l'examen métropolitain[63].

De la même façon avaient été institués des stages dans les provinces, également pour les nouveaux docteurs. Un mémoire de Eertai 鄂爾泰 daté de 1725 fait état d'un débat portant sur la question de savoir s'il est préférable de les envoyer en stage dans les préfectures — c'est l'opinion du trésorier provincial du Guangxi, un certain Yuan Zhancheng 元展成: ainsi ils seront plus près des réalités du terrain — ou dans les bureaux des chefs de la province — c'est l'opinion de Eertai, qui estime que dans les capitales provinciales ils auront une vue plus large des problèmes[64]. Eertai comme Yuan Zhancheng semblent d'ailleurs d'accord sur le fait que les *yamen* des gouverneurs et des trésoriers et juges provinciaux sont des lieux dangereux pour les nouveaux docteurs: ils risquent d'y passer plus de temps à s'acoquiner avec les *muyou* et les commis et à chercher à se faire des relations qu'à travailler à leur formation professionnelle. Aussi Eertai préconise-t-il toute une liste d'activités à leur imposer: étudier certains documents, préparer des projets de réponses ou de mémoires, procéder à certaines enquêtes, collaborer à la perception des impôts, participer aux réunions débattant de problèmes judiciaires.

Apparemment le système a été formalisé en 1730 sous la forme de stages de trois ans dans les bureaux des gouverneurs et des autres *yamen* de niveau provincial, suivis d'une année probatoire après proposition pour nomination — *i.e.*, dans la même province (*fenfa gesheng xuexi tibu*

[62] Pékin, Archives n° 1, *Yifu dang* 議覆檔 (délibérations du Grand Conseil), microfilm, bobine 6, mémoire daté QL 10/3/28 (1745).

[63] D'après Lui, 1971, p. 86, citant le *Tongdian* 通典, Nuoqin aurait fait adopter une mesure du même genre en faveur de titulaires de l'examen provincial choisis sur recommandation des gouverneurs provinciaux pour des stages d'un an avant nomination des meilleurs à un poste de magistrat. Plus tard dans le règne la durée du stage aurait été portée à trois ans.

[64] *Huangchao jingshi wenbian*, 1964, *juan* 17, p. 13b-14a; traduit en partie (et mal) par Lui, 1971, p. 89.

分發各省學習提補). Les deux censeurs auxquels répond le mémoire de Zhang Tingyu et Nuoqin demandent de la même façon qu'on envoie quelques dizaines de nouveaux *jinshi* dans les provinces, mais cette fois pour y remplir des missions (*weiyong* 委用). Pour Zhang et Nuoqin, cependant, «envoyer ainsi des gens dans les provinces ne se compare pas à l'emploi de stagiaires dans les ministères, où il y a vraiment du travail à faire pour eux: [dans les provinces] leur travail se limite à aller se présenter aux bureaux du trésorier et du juge provincial et à y rester à disposition; en général ils n'apprennent rien en matière de fiscalité ou de justice, il est très difficile ensuite de les proposer pour une nomination, et même pour leur donner du travail comme stagiaires on est embarrassé (行走亦屬拮据)».

En 1743 Zhang Tingyu et Nuoqin recommandent l'abandon de ces stages en province. Ce qui en est résulté me reste pour le moment peu clair (le mémoire cité ne porte pas de rescrit). Une chose est sûre en revanche, c'est que, quelles qu'aient été dans leur détail les décisions prises par la suite, les fonctionnaires en attente de nomination (*houbu*) ont continué d'être nombreux dans les capitales provinciales, et même de plus en plus nombreux; et que de là, comme on l'a vu plus haut, on les envoyait fréquemment comme «chargés de mission» (*weiyuan*) pour remplir toutes sortes de tâches et rendre toutes sortes de services. Adam Lui note que ces missions, qui permettaient de se faire des relations et sans doute aussi quelque argent, étaient très recherchées et que ces gens qu'on peut continuer d'appeler, au sens large, des stagiaires étaient motivés à bien les remplir s'ils voulaient s'en voir confier d'autres. Le problème, au XIXe siècle notamment, semble avoir été qu'avec le nombre de plus en plus élevé de titulaires du doctorat envoyés de la sorte dans les provinces pour y patienter dans l'attente d'un véritable poste, les nominations à un tel poste étaient précisément de plus en plus difficiles et longues à obtenir, et qu'en même temps il y avait plus de concurrence pour le même nombre de missions. Il reste que cette pratique des stages pour fonctionnaires en attente ne pouvait que favoriser la formation sur le tas des futurs titulaires de postes pleins, en tout cas ceux qui étaient soucieux de se préparer pour le jour où ils auraient à assumer en leur propre nom les responsabilités et les risques attachés à l'exercice des magistratures[65].

*

[65] Dans son autobiographie, publiée en 1981 sous le titre *Dao Xian huanhai jianwen lu* 道咸宦海見聞錄 (Choses vues et entendues dans l'univers des fonctionnaires sous les règnes Daoguang et Xianfeng), Zhang Jixing 張集馨 (1800-1878) raconte comment, nommé préfet de Taiyuan au Shanxi en 1838, il voit arriver — sous-entendu, comme stagiaires —

Pour disparates et incomplets qu'ils soient, les éléments présentés ci-dessus devraient être suffisants pour montrer que si la préparation aux examens ne servait sans doute pas à grand chose pour l'apprentissage concret du *métier* d'administrateur, en revanche, il existait avant comme après l'examen une quantité de moyens pour s'initier aux éléments de ce métier. On pouvait tirer parti de la vaste littérature spécialisée à laquelle j'ai fait allusion, et le succès éditorial d'un grand nombre de titres suggère que beaucoup s'y référaient. Surtout, les occasions ne manquaient pas d'acquérir une expérience préalable sur le terrain, qui chez certains aspirants-fonctionnaires paraît avoir été assez considérable. L'intérêt pour les problèmes d'administration — et pas seulement pour les considérations théoriques sur le gouvernement des hommes, pour autant qu'elles puissent être séparées de l'administration réelle — était partagé par des milieux débordant largement le cadre limité des *yamen* et des personnels administratifs rétribués par l'État; chez certains cet intérêt était plus qu'engagé, c'était une véritable passion. Les textes non administratifs discutant de problèmes d'administration sont souvent vagues ou rhétoriques; mais ils sont parfois aussi extrêmement informés et précis: ils illustrent de façon éloquente ce que j'ai appelé l'osmose entre le milieu des administrateurs professionnels et le public plus large des lettrés. L'image de l'érudit naïf projeté sans défense dans l'univers impitoyable de la bureaucratie risque fort d'être une figure du discours, bien plus que la représentation d'une réalité dominante.

une vingtaine de magistrats nouvellement nommés au Shanxi et qui ont tout à apprendre. Plutôt que de les laisser à eux-mêmes, comme il est apparemment d'usage, il les soumet à un entraînement sévère, en particulier pour leur faire étudier le Code pénal. Par la suite, affirme-t-il, tous sauront dominer la situation et ne pas se laisser manipuler par leurs subordonnés. *Cf.* Zhang Jixing, 1981, p. 42.

L'ENSEIGNEMENT DES MATHÉMATIQUES SOUS LES SONG ET LES YUAN

Manfred Friedsam

La période des Song a connu un essor de l'enseignement qui se manifeste non seulement par l'augmentation du nombre d'écoles et d'étudiants, mais aussi par la qualité de l'enseignement et une plus grande spécialisation des sujets enseignés. On doit noter par exemple, l'existence épisodique d'une section de mathématiques (*suanxue* 算學) sous les Song du Nord (960-1127). Inaugurée en 1104 au Collège impérial, *Guozijian* 國子監, cette section fut fermée deux ans plus tard en 1106, ouverte à nouveau la même année, fermée à nouveau quatre ans après en 1110, réouverte en 1113, et enfin fermée en 1120[1]. Mais comme le gouvernement avait un besoin permanent de fonctionnaires spécialisés, l'enseignement dans ces domaines continua durant les périodes de fermeture, sans toutefois être institutionnalisé et organisé par le Collège impérial[2]. On enseignait d'ailleurs les mathématiques aussi dans d'autres institutions, notamment les institutions astronomiques telles que la Direction des observations astronomiques (*Sitian jian* 司天監) et le Bureau d'astrologie (*Taishi ju* 太史局) [3].

Nous ne pourrons donner ici qu'une vision d'ensemble de l'enseignement des mathématiques sous les Song et les Yuan, car les documents sur ce sujet sont assez rares, notamment en ce qui concerne les académies (*shuyuan* 書院). Néanmoins, les *Principes sommaires relatifs à l'étude des mathématiques* (*Xisuan gangmu* 習算綱目) de Yang Hui 楊輝 (vers 1270), dont nous présenterons ci-après une traduction intégrale, fournissent une description détaillée du déroulement de l'enseignement des mathématiques sous les Song (il s'agit d'un texte analogue à un programme scolaire tel que ceux que l'on utilise actuellement dans les écoles).

[1] Lee, 1985, p. 102; voir aussi *Songshi, juan* 157, p. 3686.

[2] Lee, 1985, p. 94.

[3] Pendant certaines périodes, l'enseignement de la médecine et des mathématiques se trouva sous le contrôle du Collège impérial; *cf.* Miao Chunde, 1992, p. 184. Comme les fonctions du *Taishi ju* étaient plutôt de nature astrologique qu'astronomique, nous avons traduit ce terme par «bureau d'astrologie».

L'enseignement des mathématiques au Collège impérial

Sous la dynastie des Sui, la Chine réunifiée établit un nouveau système d'enseignement chapeauté par la Cour des fils de l'État (*Guozi si* 國子司). À l'échelon central, ce système comportait cinq écoles différentes: le Collège des fils de l'État (*Guozi xue* 國子學), l'Université (*Taixue* 太學), le Collège des quatre disciplines (*Simen xue* 四門學), le Collège de calligraphie (*Shuxue* 書學) et le Collège de mathématiques (*Suanxue* 算學)[4].

Les candidats aux examens officiels de mathématiques venaient du Collège de mathématiques ou des écoles locales. Ils devaient résoudre des problèmes de mathématiques sous forme de questions appelant une réponse (*wenda* 問答) et on les interrogeait sur des citations *(tie* 帖) des *Dix classiques mathématiques* (*Suanjing shishu* 算經十書) apprises par cœur. Il existait deux types d'examens. Pour le premier, les candidats devaient résoudre trois problèmes des *Neuf chapitres de procédés calculatoires* (*Jiuzhang suanshu* 九章算術)[5], un problème du *Classique mathématique de l'île en mer* (*Haidao suanjing* 海島算經)[6], du *Classique mathématique de Maître Sun* (*Sunzi suanjing* 孫子算經)[7], du *Classique mathématique des cinq sections* (*Wucao suanjing* 五曹算經)[8], du *Classique mathématique de Zhang Qiujian* (*Zhang Qiujian suanjing* 張邱建算經)[9], du *Classique mathématique de Xiahou Yang* (*Xiahou Yang suanjing* 夏侯陽算經)[10], du *Classique mathématique du gnomon des Zhou* (*Zhoubi suanjing* 周髀算經)[11], et de *l'Art mathématique des Cinq classiques (Wujing suanshu* 五經算術), respectivement. Pour réussir l'examen, il fallait avoir au moins six réponses justes comportant la méthode

[4] *Cf.* Lee, 1985, p. 57.

[5] Le *Jiuzhang suanshu*, dont le texte initial remonte aux Han, joua un rôle déterminant dans l'histoire des mathématiques chinoises. Nous y ferons désormais référence sous l'appellation abrégée de *Neuf Chapitres*.

[6] Le *Haidao suanjing*, le *Wucao suanjing* et les autres ouvrages mentionnés ici font partie de la collection des *Dix classiques mathématiques.*

[7] Le *Sunzi suanjing* de Sunzi apparut probablement au Ve siècle.

[8] Le *Wucao suanjing* est une œuvre anonyme non datée. Le fait que les «cinq sections», *wucao,* soient une institution des Wei indique que ce livre serait apparu entre 220 et 589.

[9] Le *Zhang Qiujian suanjing* date probablement de la fin du Ve siècle. *Cf.* Qian Baocong, 1966, p. 80-83.

[10] Le *Xiahou Yang suanjing* remonte au Ve siècle, mais l'ouvrage portant ce titre qui nous est parvenu n'est probablement pas antérieur au VIIIe. (Qian Baocong, 1964, p. 79).

[11] Le *Zhoubi suanjing* date probablement de la fin des Han, mais il contient aussi des éléments qui semblent remonter aux Royaumes combattants (*cf.* Needham, 1959, vol. 3, p. 20). Sur le plan mathématique, il est particulièrement intéressant par l'usage qu'il fait

de résolution et le raisonnement mathématique (*shuli* 數理)[12]. De plus il fallait savoir par cœur au moins neuf passages sur dix extraits des *Mémoires sur les traditions de l'art arithmético-numérologique (Shushu jiyi* 數術記遺) ainsi que de l'*Art des trois degrés* (*Sandeng shu* 三等術) — les «trois degrés» désignent probablement une technique de notation des nombres selon trois échelles différentes —. Les épreuves de mathématiques étaient obligatoires dans un second type d'examen, dans lequel il fallait résoudre sept problèmes tirés du *Zhuishu* 綴術[13] et trois du *Classique mathématique dans la ligne des anciens* (*Jigu suanjing* 繼古算經). Ceux qui étaient reçus à l'ensemble de ces examens pouvaient être nommés à des postes de fonctionnaires. Même si ces postes ne correspondaient qu'au plus bas degré de la hiérarchie, le neuvième, cela favorisa sans doute un intérêt pour les mathématiques car les examens officiels de mathématiques avaient lieu chaque année[14].

Sous les Song furent introduites un certain nombre d'innovations sur les bases jetées par les dynasties précédentes.

La façon dont les cours étaient organisés dans la section mathématique du Collège impérial nous est connue par le texte d'un décret édité par Bao Huanzhi 鮑澣之 (début du XIIIe siècle) figurant en annexe des *Mémoires sur les traditions de l'art arithmético-numérologique*, ouvrage attribué à un certain Xu Yue 徐嶽 des Han Orientaux[15]. Ce décret concernant l'ère Chongning (1102-1107) donne des indications précieuses sur le contenu des textes, les examens, les enseignants, le personnel, le nombre d'étudiants, et les postes de fonctionnaires auxquels pouvaient prétendre les candidats ayant réussi les épreuves. Voici le texte du décret:

> Tous les étudiants seront interrogés sur les idées [sous-jacentes aux procédures] des *Neuf chapitres* et *du Classique mathématique du gnomon des Zhou*. Ils devront résoudre des problèmes, c'est-à-dire en trouver les réponses numériques à partir de données fictives qu'ils contiennent. Ils devront aussi connaître le *Classique du calcul de l'île en mer,* le *Classique mathématique de maître Sun,* le *Classique mathématique des cinq sections,* le *Classique mathématique de Zhang Qiujian* et le *Classique mathématique de Xiahou Zhang.* De plus ils devront satisfaire à un examen

du théorème de Pythagore, le calcul des fractions (multiplication, division et recherche d'un dénominateur commun) et l'extraction des racines (mentionné, mais pas expliqué en détails). *Cf.* Cullen, 1996.

[12] *Cf.* Martzloff, 1987, p. 17.

[13] Le *Zhuishu* n'est pas parvenu jusqu'à nous et la signification exacte du terme *zhuishu* n'est pas connue. *Cf.* Martzloff, 1987, p. 39 note 3.

[14] *Cf.* Ma Zhonglin, 1991, p. 61; Des Rotours, 1932, p. 154-156.

[15] Qian Baocong, 1966, p. 92-93.

sur l'astronomie, sur les trois techniques de divination (*sanshi* 三式)[16] et sur l'astronomie.

Deux appréciations seront données: 'bien' (littéralement: «expérimenté») ou 'passable'. Deux 'passables' compteront pour un 'bien'. Sera reçu tout candidat ayant obtenu l'appréciation 'bien' à plus de trois questions sur dix aux épreuves relatives au sens des textes et aux problèmes de calcul. En ce qui concerne l'astronomie, le candidat devra déterminer les mansions célestes dans lesquelles se trouvent les cinq planètes et prédire les éclipses ainsi que l'importance des éclipses de soleil et de lune pour la saison suivante. Les points seront attribués selon la précision du calcul. En ce qui concerne les trois tables de divination, les candidats devront prouver leurs connaissances en «jeu de combinaisons» (*shefu* 射覆)[17], [déterminer la circulation du] *yin* et du *yang*, et prédire le temps pour les trois jours à venir. En astronomie ils devront prévoir les phénomènes fastes et néfastes pour les mois ou les saisons à venir à l'aide de la théorie des correspondances entre les régions célestes et terrestres (*fenye* 分野). Pour réussir à l'examen, les réponses devront être conformes aux méthodes et aux étapes détaillées des processus de calcul (*xicao* 細草)[18]. De plus, toutes les réponses jugées 'bien' seront telles qu'elles devront aussi être conformes au contenu des textes canoniques.

(2) Règlement relatif aux études de mathématiques au Collège impérial durant l'ère Chongning (1102-1107)

Personnel titulaire: quatre professeurs, dont deux enseignants pour les *Neuf chapitres* et le *Classique mathématique du gnomon des Zhou* et deux enseignants pour le comput, les trois tables de divination et l'astronomie.

Autre personnel: un scribe d'étude, chargé de noter les infractions au règlement des étudiants; un répétiteur, devant transmettre les informations concernant les études aux étudiants; un comptable, responsable de l'alimentation et de la rémunération; un censeur des études, chargé de s'occuper des documents et de surveiller la sortie et l'entrée des étudiants; un bibliothécaire, responsable des livres; un maître de classe, pour surveiller le respect des règlements de la classe; un par classe; un répétiteur de classe, secondant le maître de classe et transmettant ses ordres aux étudiants; un par classe.

[16] En général, le terme *sanshi* (lit.: «les trois formes») désigne trois techniques différentes de divination pratiquées au bureau d'astrologie: le *taiyi* (le grand un), le *liuren* (les six jours *ren)* et le *dunjia* (le cycle caché). Mais comme l'indique la citation, Bao Huanzhi renvoie ici à l'arithmétique et au calcul en général ainsi qu'aux prévisions météorologiques. Néanmoins, sous les Yuan, le *Sitian jian* comportait une section appelée *Sanshike* spécialisée dans les trois techniques de divination en question (*cf.* Hucker, 1985, p. 401).

[17] *Shefu* est un jeu de combinaisons. Il fallait deviner un objet caché ou un caractère chinois qui pouvait être lié à deux caractères donnés. Le terme apparaît déjà dans le *Hanshu* et il y est précisé que les mathématiciens s'y entraînaient (*Hanshu,* 1994, *juan.* 65, p. 1955).

[18] Dans les textes anciens la solution d'un problème mathématique était souvent présentée en deux parties: «la méthode de résolution» *(fa)*, et «l'indication détaillée du processus» (*xicao*). La seconde partie répétait seulement ce qui était déjà décrit dans la méthode de résolution, mais avec tous les détails des étapes des calculs.

Étudiants: trente étudiants dans la section supérieure; quatre-vingts étudiants dans la section intérieure[19]; cent cinquante étudiants dans la section extérieure[20].

Examen des fonctionnaires: trois questions sur le sens des *Neuf Chapitres*; deux problèmes de calcul.

Examen partiel le premier mois de chaque saison, pour être admis à la section intérieure, première partie: trois questions sur le sens des *Neuf Chapitres* et du *Classique mathématique du gnomon des Zhou*; deux problèmes de calcul.

Examen partiel, le deuxième mois de chaque saison, pour être admis à la section intérieure deuxième partie: un problème de comput;

Examen partiel, le troisième mois de chaque saison, pour être admis à la section intérieure troisième partie: un problème sur les techniques des trois tables de divination ou d'astronomie.

(3) Règlement sur le recrutement des fonctionnaires de la section mathématique du Collège impérial pour l'ère Chongning (1102-1107)

Ceux qui ont été reçus aux examens provinciaux d'automne et qui sont passés dans le niveau supérieur de la section de mathématiques sont nommés aux postes suivants en fonction de leur classement:

Rang supérieur du niveau supérieur: *tongshi lang* 通仕朗 [21];
Rang moyen du niveau supérieur: *dengshi lang* 仕朗 [22];
Rang inférieur du niveau supérieur: *jiangshi lang* 將仕朗 [23].

Ce décret de Bao Huanzhi montre de manière évidente que l'enseignement officiel des mathématiques était à cette époque bien organisé. On remarque aussi que les manuels de mathématiques les plus importants pour les cours restaient — comme sous les Sui et les Tang — les *Dix classiques mathématiques*, et principalement les *Neuf chapitres* et le *Classique mathématique du gnomon des Zhou.*

Les modifications du système des examens sous Wang Anshi 王安石 ont eu une incidence favorable sur l'amélioration de l'enseignement des mathématiques. Le célèbre réformateur avait établi un système de trois classes au sein de l'Université. La première classe comprenait deux mille étudiants. Chaque année, les deux cents meilleurs d'entre eux pouvaient

[19] La section «intérieure», c'est-à-dire celle qui s'occupe des calculs ésotériques.

[20] La section «extérieure», c'est-à-dire celle qui s'occupe des calculs exotériques (ni secrets ni divinatoires mais relatifs à l'économie, au commerce, aux terrassements et autres domaines d'application pratique des mathématiques).

[21] *Tongshi lang:* titre de fonctionnaire du sixième degré.

[22] *Dengshi lang*: titre de fonctionnaire du neuvième degré supérieur.

[23] *Jiangshi lang*: titre de fonctionnaire du neuvième degré mineur. Ces trois titres *tongshi lang, dengshi lang* et *jiangshi lang* ne sont traduits ni dans *Les fonctionnaires des Song, Index des titres* de Chang Fu-jui, 1962, ni dans *A Dictionary of Official Titles in Imperial China,* Hucker, 1985. Selon Lee, 1985, ils correspondraient à des postes de sous-préfet, d'inspecteur exécutif ou à d'autres postes de l'administration des sous-préfectures. (*Cf.* Lee, 1985, p. 95, voir aussi *Songshi, juan* 169, p. 4050).

passer en deuxième classe. Puis les cent meilleurs de deuxième classe pouvaient passer en classe supérieure. À chaque niveau d'étude il existait un système régulier d'examens mensuels et annuels. Les meilleurs étudiants de la classe supérieure qui réussissaient l'examen final pouvaient devenir fonctionnaires sans prendre part aux concours mandarinaux. Ce système de trois classes admettait obligatoirement tous les étudiants de talent, sans tenir compte de leur origine sociale. L'enseignement devenait ainsi ouvert aux personnes talentueuses originaires de familles humbles, et ce principe fut aussi appliqué à la section des mathématiques. Les examens de mathématiques comportaient une partie théorique (*suanyi* 算義) et une partie pratique (*suanwen* 算問)[24].

Les candidats ayant réussi aux examens de mathématiques devenaient des fonctionnaires mathématiciens. Ceux-ci bénéficièrent à partir de l'ère Chongning d'une meilleure reconnaissance qu'auparavant: alors qu'ils étaient avant cette date nommés fonctionnaires du neuvième degré, à partir de l'ère Chongning, ceux qui avaient obtenu les meilleurs résultats purent obtenir un poste de fonctionnaire de sixième degré, soit le même type de poste que les étudiants qui avaient été admis au Collège impérial. En comparaison, ceux qui passaient les concours de fonctionnaires n'obtenaient au début que des postes du huitième degré (ou d'un degré moindre)[25]. On note également pour cette période une augmentation considérable des étudiants de la section des mathématiques (*suanxue* 算學) qui comportait deux cent soixante étudiants[26], soit neuf fois plus que sous les dynasties des Sui et des Tang.

Bien que la plupart des mathématiciens chinois qui sont restés célèbres aient été formés en dehors des écoles officielles, l'enseignement dans les institutions publiques joua sans doute un rôle important dans la transmission des mathématiques. Le fait que leur enseignement ait été institutionnalisé montre aussi que l'on avait alors un réel besoin de personnes compétentes en ce domaine. Par ailleurs, l'enseignement de l'astronomie (*tianwen* 天文), du comput (*lifa* 歷法) et de quelques techniques de divination jadis sous le contrôle de la Direction des observations astronomiques (*Sitian jian* 司天監)[27] fut incorporé au cursus de mathématiques. L'enseignement des mathématiques fut désormais supervisé par le Bureau

[24] *Cf.* Miao Chunde, 1992, p. 185-186.

[25] *Cf.* Lee, 1985, p. 95.

[26] Le *Songshi* (*juan* 157, p. 3686) donne 210 au lieu de 260 étudiants. Ce nombre est malgré tout plus élevé que sous les dynasties des Sui et des Tang.

[27] Le Bureau de l'observation du ciel porta dans l'histoire de Chine des noms différents: *Sitian jian, Sitian ju, Sitian tai, Qintian jian* etc. (*Cf.* Huang Kewu, 1982, p. 300; Needham, 1959, vol. 3, p. 191).

d'astrologie (*Taishi ju* 太史局), subdivisé en trois sections: la section du comput, la section des observations astronomiques et la section de chronométrie. Chaque section comportait un poste de fonctionnaire chargé tout particulièrement de l'enseignement[28].

L'enseignement des mathématiques au Collège impérial connut son heure de gloire pendant les Song du Nord. Il dura jusqu'en 1120. À la chute de l'empire des Song du Nord, l'enseignement sous le contrôle de l'État perdit subitement sa notoriété et son importance ne cessa de diminuer sous les Song du Sud[29].

Les académies (*shuyuan*)

Les académies devinrent une institution d'enseignement importante sous les Song, et plus particulièrement sous les Song du Sud[30]. Les premières, fondées à la fin des Tang, étaient à l'origine des bibliothèques entretenues par l'État comme bibliothèques de la cour impériale, mais aussi des institutions qui recommandaient et présentaient au palais des hommes de talent[31]. Avec le déclin des écoles officielles sous les Cinq Dynasties, l'importance des académies augmenta et, si nombre d'entre elles étaient fondées ou financées par l'État, il en est d'autres, privées, qui devinrent de véritables institutions d'enseignement. Au début des Song, la plupart des académies furent fondées par de riches lettrés ou fonctionnaires locaux. Leur fondateur les dotait de propriétés foncières qui leur permettaient d'être financièrement indépendantes et de garder leur liberté. Sous les Yuan, en revanche, la majorité des académies furent soutenues par l'État au service de l'enseignement[32].

Nous savons qu'il existait un enseignement des mathématiques dans les académies, car la plupart des mathématiciens célèbres des Song y ont exercé une activité. Li Zhi 李治[33] (1192-1279) des Jin enseigna les mathématiques dans l'Académie du Ruisseau central (*Zhongxi shuyuan*

[28] *Cf.* Huang Kewu, 1982, p. 306–311.

[29] *Cf.* Miao Chunde, 1992, p. 27-28.

[30] Le livre de Linda Walton, 1999, est très documenté sur les académies (*shuyuan*). Il développe les aspects suivants: la géographie intellectuelle des *shuyuan,* leur situation économique, leur contexte socio-culturel, leur relation avec l'élite locale, le culte de Zhu Xi. Mais il ne traite pas du tout de l'enseignement des mathématiques dans les académies.

[31] Cf. Mao Lirui et Shen Guanqun, p. 55.

[32] Selon Mao Lirui et Shen Guanqun, 1987, p. 316, environ 25% des académies des Yuan furent fondées directement par l'État.

[33] Souvent on voit le nom de Li Zhi écrit Li «Ye». Après qu'il eut appris que son nom était identique à celui de l'empereur Gaozong (649-683) des Tang, Li Zhi ôta une des trois

中溪書院) et dans celle de la montagne Fenglong (*Fenglong shuyuan* 封龍書院)[34]. Qin Jiushao 秦九韶 (vers 1202-1261) précise dans l'avant-propos de son *Livre des nombres en neuf chapitres* (*Shushu jiuzhang* 數術九章) (1247), qu'il apprit les mathématiques auprès d'un ermite[35]. Auteur de deux ouvrages conçus spécialement pour l'enseignement des mathématiques (nous y reviendrons plus loin), les *Méthodes mathématiques de Yang Hui* (*Yang Hui suanfa* 楊輝算法)[36] et l'*Explication détaillée des Neuf chapitres sur les méthodes mathématiques* (*Xiangjie Jiuzhang suanfa*)[37], un des plus célèbres mathématiciens de l'époque, Yang Hui 楊輝[38], aurait selon Yan Dunjie enseigné à l'Académie Wanshan (*Wanshan shuyuan* 晚山書院)[39]. Zhu Shijie 朱世杰[40], l'auteur de l'*Introduction à la science du calcul* (*Suanxue qimeng* 算學啓蒙) (1299), était engagé dans l'enseignement privé. On sait que «maître Songting 松庭[41] de Yanshan 燕山[42], mathématicien de grande réputation, voyagea plus de vingt ans dans le monde entier, voyant chaque jour une foule d'élèves accourir de toutes parts vers lui.» Liu Bingzhong 劉秉忠 (1216-1274) est un autre exemple de professeur de mathématiques réputé qui exerça probablement à titre privé bien que l'on ne sache pas exactement où; mais Wang Xun 王恂, Zhang Qian 張謙 et Guo Shoujing 郭守敬, qui élaborèrent le comput *Shoushi* (授時), furent tous trois ses élèves[43].

Il est toutefois difficile de savoir quel rôle les académies jouèrent dans l'enseignement des mathématiques et quel rôle celles-ci jouèrent dans ces académies. Il n'est pas aisé de répondre à cette question, car les académies étaient en général liées à une école philosophique et que les informations

gouttes d'eau de son nom, ce qui transforma le *zhi* 治 en *ye* 冶. (*Cf.* Kong Guoping (1), p. 1, Martzloff (1), p. 135).

34 *Cf. Yuanshi xianzhi, juan* 4, p. 28; voir aussi Qian Baocong 1964, p. 321.

Ces deux académies étaient localisées dans la sous-préfecture Yuanshi 元氏 de la province du Hebei.

35 *Cf. Shushu jiuzhang, xu,* 1994, p. 1b.

36 Le *Yang Hui suanfa* est un recueil comprenant les trois ouvrages suivants: le *Xiangjie Jiuzhang suanfa* (Explication détaillée des «Neuf chapitres sur l'art mathématique») (1261); le *Cheng chu tong bian suan bao* (Trésor mathématique des variations de la multiplication et de la division) (1274); le *Xugu zhaiqi suanfa* (Méthodes mathématiques curieuses dans la ligne des anciens) (1275); ce dernier ouvrage a été intégralement traduit en anglais par Lam Lay Yong (voir bibliographie).

37 Le troisième ouvrage de Yang Hui, le *Riyong suanfa* (Méthodes mathématiques d'usage quotidien) est perdu.

38 Les dates de Yang Hui sont inconnues. Il publia ses ouvrages entre 1259 et 1275.

39 *Cf.* Yan Dunjie, 1965, p. 46.

40 Les dates de Zhu Shijie sont inconnues. Il publia ses ouvrages entre 1299 et 1303.

41 Songting est un des *hao* de Zhu Shijie.

42 Yanshan se trouve près de l'actuelle Pékin.

43 *Cf.* Qian Baocong, 1966, p. 323.

les concernant traitent plus des grands maîtres et de leur pensée que des mathématiques. Nous ignorons par exemple si les mathématiques jouèrent un rôle quelconque dans la pensée des grands maîtres tels que Zhu Xi 朱熹 (1130-1200) ou Lu Jiuyuan 陸九原 (1139-1193)[44]. Nous savons toutefois que Hu Yuan 胡瑗 (993-1059) qui fut le maître du philosophe Cheng Yi 程頤 enseignait les mathématiques dans son académie[45]. Cet expert en mathématiques commença sa carrière comme professeur à l'école de Suzhou, la poursuivit comme directeur de l'école de Huzhou et devint finalement professeur à l'Université[46]. Comme Hu Yuan avait élaboré ses méthodes d'enseignement pendant ses années d'activité à Suzhou et Huzhou, on les appela plus tard les méthodes de Su[zhou] et de Hu[zhou] (蘇湖).

Hu Yuan s'opposa à la mode qui consistait à donner de l'importance à la poésie. Pour lui, le sens des Classiques et les connaissances pratiques étaient plus importants que les capacités de création poétique. Il avait divisé son école en deux départements: dans l'un on enseignait l'interprétation des Six classiques et dans l'autre on était initié à des matières pratiques, comme l'art de diriger des troupes militaires, les techniques hydrologiques et même les mathématiques. Les étudiants pouvaient choisir un département selon leur préférence. La méthode d'enseignement de Hu Yuan était très différente de celles utilisées antérieurement car il cherchait toujours à susciter l'intérêt des étudiants pour la matière étudiée et s'efforçait d'éviter le par cœur. Il encourageait ses étudiants à acquérir des connaissances aussi vastes que possible. Lorsqu'il fut professeur à l'Université, ses méthodes eurent une grande influence sur l'enseignement officiel, mais aussi sur l'enseignement privé. On sait en effet que l'académie de la Grotte du cerf blanc (Bailu dong shuyuan 白鹿洞書院), une des académies les plus importantes de l'époque, reprit son système de division en deux départements[47].

L'enseignement des mathématiques eut aussi son importance pour certains maîtres partisans de techniques utiles, dont les plus éminents représentants furent Chen Liang 陳亮 (1143-1194) et Ye Shi 葉適 (1150-1233). Dans les académies relevant de ce courant de pensée, on tenait beaucoup à l'enseignement de matières pratiques comme l'économie, l'administration et les affaires militaires dépendant de problèmes de comptabilité, en

[44] C'est probablement aussi la raison pour laquelle Walton ne parle pas de l'enseignement des mathématiques dans les *shuyuan* des Song.

[45] *Cf.* Martzloff, 1987, p. 79.

[46] *Cf.* Li Guojun, 1994, p. 69.

[47] *Ibid.*

particulier du calcul des impôts ou de la corvée. Wu Deng 吳澄 (1249-1333) reprit et développa l'idée élaborée par Hu Yuan d'une école constituée de plusieurs départements. L'un de ces départements réglait les affaires pratiques (*zhi shi* 治事), les affaires de gestion financière (*shi huo* 食貨), la comptabilité ou le droit, l'hydrologie, les mathématiques, les cérémonies, la musique (*yuelü* 樂律), etc. Les mathématiques ont donc joué un rôle dans quelques académies sous les Song et les Yuan, bien que les informations dont nous disposions sur ce sujet soient maigres, à la différence de l'époque des Qing pour laquelle nous avons de plus amples informations[48].

Le programme des études mathématiques d'après Yang Hui

Certains ouvrages mathématiques qui nous sont parvenus fournissent des informations sur les méthodes d'enseignement des mathématiques sous les Song et les Yuan. Il convient de noter que, pendant cette période, trois ouvrages ont été conçus spécialement pour l'instruction des débutants: l'*Extension des calculs anciens* (*Yigu yanduan* 益古演段) de Li Zhi 李治 (1259), le *Trésor mathématique des variations sur la multiplication et la division* (*Cheng chu tong bian suan bao* 乘除通變算寶)[49] de Yang Hui (1274) et l'*Introduction à la science du calcul* (*Suanxue qimeng* 算學啓蒙) de Zhu Shijie 朱世杰 (1299). Le deuxième de ces manuels d'enseignement présente l'avantage de contenir un programme d'étude précis, dont nous donnons ci-dessous une traduction exhaustive[50]:

> «Principes sommaires relatifs à l'étude des mathématiques» [*Xisuan gangmu* 習算綱目]:
>
> [Premièrement, apprendre les tables de multiplication, de 1 [multiplié par] 1 fait 1, jusqu'à 9 [multiplié par] 9 fait 81; des petits nombres aux grands; (sans la pratique).
>
> Étudier les règles de multiplication [*xiang cheng* 相乘] et fixer le rang des unités [du résultat]; (un seul jour).
>
> Révision de la méthode de multiplication; commencer par un seul chiffre et augmenter jusqu'à plus de six chiffres, et fixer le rang des unités [du résultat]; (cinq jours).
>
> Étudier les règles de division [*shang chu* 商除] et fixer le rang des unités [du résultat]; (un seul jour).

[48] *Cf.* Martzloff, 1982, p. 79; Hummel, 1944, p. 152, p. 448 et p. 549.

[49] Il s'agit de la deuxième partie du *Yang Hui suanfa.*

[50] Les techniques de calcul présentées de façon allusive dans ce qui suit sont expliquées dans Lam Yong, 1977.

Révision de la méthode de division; commencer avec un seul chiffre et augmenter jusqu'à plus de six chiffres, ajuster et fixer le rang des unités [du résultat]; (un demi-mois).

Une fois les règles de multiplication et de division connues, on pourra étudier le *Classique mathématique des cinq sections* et les *Méthodes mathématiques appliquées (Yingyong suanfa* 應用算法). Effectuer, en se conformant à ces méthodes, deux ou trois problèmes par jour. Les méthodes des diverses écoles de mathématiques ne sont pas classées par ordre de progression. Ces deux manuels conviennent aux débutants.

Il n'est pas nécessaire de comprendre la logique des méthodes, mais il convient de savoir quelle méthode on doit appliquer pour résoudre tel ou tel problème, et de savoir utiliser la multiplication et la division. En moins de deux mois, on peut assimiler 70 à 80% du *Classique mathématique des cinq sections* et des *Méthodes arithmétiques appliquées.* La première section de l'*Explication détaillée des Neuf Chapitres sur les méthodes mathématiques* (*Xiangjie jiuzhang suanfa* 詳解九章算法)[51] comprend treize problèmes de multiplication et de division, et des références à leurs applications. Si l'on s'applique à leur étude, tout en prêtant intérêt aux commentaires, on les comprend automatiquement.

[Les applications dans les livres des différentes écoles mathématiques se limitent aux trois méthodes suivantes: la multiplication, la division et l'extraction de la racine carrée [*kai fang* 開方][52]. Les règles se limitent aux deux mots *ru* 如 [lit.: «comme, égal»] et *shi* 十 [lit.: «dix c'est-à-dire dix fois dix ou diviser par dix»]; le calcul se limite aux deux positions horizontale et verticale, mais celles-ci donnent des possibilités illimitées. La multiplication et la division sont des méthodes que l'on peut approfondir. Le *Guide des méthodes arithmétiques* (*Zhinan suanfa* 指南算法)[53] indique des méthodes rapides et indispensables pour les étudiants: celles de la «multiplication par addition» (*jia* 加), de la «division par soustraction» (*jian* 減), des «neuf retours» (*jiugui* 九歸)[54] et de la «recherche de l'unité» (*qiu yi* 求一)[55].

Étude des règles de la méthode de multiplication par addition (*jia*)[56] et de la façon de fixer le rang des unités [du résultat]; (un seul jour).

[51] Ouvrage de Yang Hui en grande partie perdu; seuls subsistent quelques fragments provenant du *Yongle dadian* (chapitres 16343 et 16344).

[52] *Kai fang* signifie littéralement, «ouvrir, disséquer le carré». Au début le problème d'extraction de la racine consistait à déterminer la longueur du côté d'un carré dont on connaissait la surface.

[53] Ouvrage perdu, rédigé entre 1078 et 1189.

[54] Technique de division qui ne s'applique que pour des diviseurs compris entre 2 et 9.

[55] Technique de décomposition du multiplicateur, pour obtenir un multiplicateur compris entre 11 et 19.

[56] Technique de multiplication qui est aussi connue sous le nom *shenwai jia* 身外加 (ajouter à l'extérieur du corps), c'est-à-dire en dehors du corps du nombre lui-même par opposition aux méthodes de calcul qui consistent à opérer sur un nombre en le transformant peu à peu, sans le conserver intact au cours du processus.

Révision des méthodes «addition d'un rang» (*jia yiwei* 加一位)[57], «addition de deux chiffres» (*jia erwei* 加二位)[58] et «addition de chiffres séparés» (*jia gewei* 加隔位)[59]; (trois jours).

Étude des règles de la méthode de «division par soustraction» (*jian* 減)[60] et de la façon de fixer le rang des unités [du résultat]; (un seul jour).

Avec la méthode de multiplication par addition (*jia*) les nombres augmentent, alors qu'avec la méthode de division par soustraction (*jian*), ils diminuent. Lorsqu'il y a multiplication par addition (*jia*), il y a aussi division par soustraction (*jian*). Quand on étudie la division par soustraction (*jian*), il convient de vérifier le résultat par la méthode de multiplication par addition (*jia*). D'où l'origine de ces méthodes. Cinq jours de répétition suffisent.

Pour l'étude de la méthode des «neuf retours» (*jiugui*), cinq à sept jours sont nécessaires afin de se familiariser avec la récitation des quarante-quatre formules rimées. Mais si on lit soigneusement les explications sur la technique des neuf retours dans l'*Explication détaillée des Neuf chapitres sur les méthodes mathématiques,* on comprend le sens interne de ce procédé et un seul jour suffit pour en mémoriser la récitation et la pratique.

Révision de la méthode des «neuf retours»; (un seul jour).

[La méthode] de la «recherche de l'unité» (*qiu yi*) est en principe semblable à celle de la multiplication par addition et division par soustraction (*jia* et *jian*). Mais comme on l'utilise avec la méthode de multiplication par deux et de division par deux, on lui donne le nom de «recherche de l'unité». En fait, il n'y a rien d'obscur[61]. Il faut seulement connaître le mode d'emploi [de cette méthode]. Dans le chapitre suivant certains sujets exigent l'usage de cette méthode. Il faut seulement un jour de répétition.

[La méthode] de «division par enfilade» (*chuan chu* 穿除), aussi appelée «retour fulgurant» (*fei gui* 飛歸), consiste simplement à garder le quotient et le diviseur à leur position initiale. Il est aisé de comprendre l'*Explication détaillée des Neuf chapitres*. Que ce soit la multiplication par addition, la division par soustraction ou la division par enfilade, il s'agit là de méthodes simples.

[57] Technique de multiplication qui s'applique lorsque le multiplicateur est compris entre 11 et 19. Aussi appelé *yiwei jia.*

[58] Technique de multiplication qui s'applique quand le multiplicateur est compris entre 111 et 199. Aussi appelé *erwei jia.*

[59] Technique de multiplication qui s'applique quand le multiplicateur est compris entre 101 et 109. Aussi appelé *gewei jia.*

[60] Technique de division qui est aussi connue sous le nom *shenwai jian* (soustraire à l'extérieur du corps), c'est-à-dire en dehors du corps du nombre lui-même par opposition aux méthodes de calcul qui consistent à opérer sur un nombre en le transformant peu à peu, sans le conserver intact au cours du processus.

[61] En divisant un nombre de manière répétitive par 2, le quotient finit par être égal à 1.

Après la division, s'il y a un reste, le diviseur [*fa* 法][62] devient dénominateur et le reste [*shi* 實][63] devient numérateur. En les multipliant, on récupère les données d'origine: c'est la méthode de «réajustement des fractions» (*tong fen* 通分). Quand le numérateur et le dénominateur sont trop encombrants, il faut les réduire (*yue fen* 約分). Quand les fractions ne sont pas uniformes, pour les additionner, il convient d'appliquer la méthode «d'union des fractions» (*he fen* 合分)[64]. Quand on a deux fractions à comparer, il faut appliquer la méthode d' «examen des fractions» (*ke fen* 課分). Pour équilibrer les fractions qui ne sont pas uniformes, appliquer la méthode de «nivellement des fractions» (*ping fen* 平分)[65]. [Les unités de mesures] telles que la livre (*jin* 斤), le *zhu* 朱 ou l'once (*liang* 兩), le rouleau de tissu (*pi* 匹), le pied (*chi* 尺) ou le pouce (*cun* 寸), sont utilisées comme des décimales (*fenzi* 分子)[66]. On n'arrive pas à maîtriser les fractions sans les multiplier et les diviser. Or la maîtrise des fractions est essentielle en mathématiques. Si l'on n'apprend pas cela on ne connaît pas bien les mathématiques. Une explication complète des fractions est donnée dans la section «Le [calcul de] la surface des champs» des *Neuf chapitres.* Si l'on s'entraîne à une méthode par jour, en dix jours on acquiert une compréhension globale du sujet. Après deux mois d'exercices, on devient capable de les expliquer. L'avant-propos du *Classique mathématique de Zhang Qiujian* dit: «Il est inutile de se préoccuper des difficultés de la multiplication et de la division, mais il convient en revanche d'être attentif aux difficultés des fractions.» [Moi], Yang Hui, je dis à ce propos: «Les fractions ne sont théoriquement pas très difficiles, ce qui est difficile, c'est leur mise en position. Il faut transformer et réduire les fractions pour éviter des fautes de calcul, c'est tout.»

L'extraction des racines [*kai fang* 開方] est l'un des grands sujets des mathématiques; elle est utile pour le triangle rectangle (*gou gu* 勾股), la détermination de distances de lieux inaccessibles (*pang yao* 旁要), la «procédure des morceaux» (*yan duan* 演段)[67] et les «volumes enfermés» (*suo ji* 鎖積)[68]. Elle se divise en sept catégories: la première est l'extraction de la racine carrée; la deuxième consiste à trouver le diamètre d'un cercle; la troisième est l'extraction de la racine d'un cube; la quatrième consiste à trouver le diamètre d'une sphère; la cinquième est l'extraction de la racine

[62] *Fa,* lit. «loi», «règle» ne signifie pas forcément «diviseur», mais désigne plutôt le nom de la position où on plaçait le diviseur sur la table à calculer.

[63] *Shi,* lit. «fruit», «plein» désigne la positon où on plaçait le dividende sur la table à calculer; si la division ne tombait pas juste, il y avait alors un reste sur cette position.

[64] C'est-à-dire de calcul de la somme de deux fractions.

[65] C'est-à-dire réduction au même dénominateur.

[66] C'est-à-dire que, dans le calcul, il faut traiter les unités de mesure de la même façon que des décimales.

[67] Il s'agit d'une technique de dissection de figures géométriques conduisant à mettre en évidence des relations entre les données d'un problème qui n'apparaissent pas initialement.

[68] Il s'agit de volumes dont on cherche à calculer les dimensions (extraction de la racine cubique) ou de produits connus dont on cherche à calculer les termes (racines d'ordre supérieur à 3).

carrée de fractions; la sixième est l'extraction de la racine de degrés supérieurs à trois et la septième est la résolution des équations quadratiques. Tout cela est rassemblé dans les chapitres «Petites et grandes largeurs» (*Shao guang* 少廣) et «Le triangle rectangle» (*Gou gu*). Il convient d'étudier une méthode par jour et de faire deux mois d'exercices sur ce sujet. Si de plus l'on discute l'origine de ces méthodes, on les retiendra pendant longtemps.

Les deux cent quarante-six problèmes des *Neuf chapitres* ne vont pas au-delà des méthodes de multiplication, de division et d'extraction de la racine. Grâce à des méthodes convenables, il est facile d'assimiler tout cela. La méthode de multiplication croisée, la multiplication du tableau des nombres proportionnels ou le calcul des matrices sont présentés sous forme de diagrammes au début des chapitres.

Après la révision des méthodes de multiplication, de division et d'extraction de la racine des deux cent quarante-six problèmes des *Neuf chapitres,* il reste encore à étudier les chapitres «Surface des champs» (*Fang tian* 方田) et «Millet et grain décortiqué» (*Su mi* 粟米). Leur étude peut s'effectuer en un seul jour. Le chapitre «Distribution en parties proportionnelles» (*Cui fen* 衰分) traite des parties proportionnelles. Le chapitre «Petites et grandes mesures» (*Shao guang*) ne concerne que l'addition des fractions, tandis que tout le chapitre «Estimation des travaux» (*Shang gong* 商功) est une application du principe de substitution [de volumes équivalents]. Le chapitre «Transport équilibré» (*Jun shu* 均輸) reprend la multiplication croisée des nombres proportionnels. Chaque chapitre nécessite trois jours d'apprentissage. Les chapitres «Excès et manques» (*Ying buzu* 盈不足)[69], «Les modèles en carré» (*Fang cheng*)[70] et «Le triangle rectangle» (*Gou gu*), plus compliqués, nécessitent quatre jours d'apprentissage chacun. Il convient, en plus de cela, d'étudier la *Nouvelle classification des Neuf chapitres de l'art mathématique (Jiuzhang suanshu zuanlei* 九章算術纂類)[71] pour connaître toutes les règles d'application. De cette façon on acquiert une compréhension complète du sens des *Neuf chapitres.*

Le *Livre sur l'origine des faits et des choses* (*Shiwu jiyuan* 事物紀原) dit que le triangle rectangle et le calcul de distances de lieux inaccessibles étaient à l'origine deux chapitres séparés, bien que de nos jours on les étudie ensemble. Si l'on examine la conception des méthodes de ces chapitres, on remarque en effet qu'il existe deux parties. Liu Hui 劉徽 (IIIe siècle) s'inspira de l'art du calcul de distances de lieux inaccessibles pour transformer les méthodes de «différence double» (*chong cha* 重差)[72] et «diminution de la surface» (*jian ji* 減積) en neuf problèmes dans le *Classique*

[69] Il s'agit de la méthode dite de «fausse position», laquelle consiste à donner des valeurs fausses à l'inconnue pour en déduire sa véritable valeur.

[70] Systèmes «matriciels» de nombres disposés en rangées parallèles formant un carré et constituant autant d'équations.

[71] C'est le dernier chapitre du *Xiangjie jiuchang suanfa* (Explication détaillée des Neuf Chapitres sur l'art mathématique).

[72] Il s'agit d'une technique pour déterminer la hauteur d'un objet éloigné (par exemple une île en mer) avec deux bâtons en utilisant les propriétés de similitude des triangles rectangles.

mathématique de l'île en mer. Liu Yi s'inspira de l'art du triangle rectangle pour maîtriser les méthodes de dissections de figures géométriques (*yan duan*) et calcul de volumes (*suo fang*) [73] dans ses *Discours sur l'origine ancienne* (*Yigu genyuan* 議古根源)[74], qui comportent deux cents problèmes et présentent les «extractions de la racine lorsque le premier coefficient est négatif» (*dai cong yi yu kaifang* 帶從益隅開方) — ce qui n'existait pas autrefois. Il est dit dans l'avant-propos des *Neuf chapitres*: «Ceux qui sont experts dans une ou deux matières peuvent fonder leur propre école.» C'est tout à fait vrai. Mais les méthodes pour résoudre les problèmes du *Classique mathématique de l'île en mer* restent obscures — leur mystère n'est pas résolu. Li Chunfeng 李淳風 (602-670) a écrit des commentaires, dans lesquels il explique les méthodes mais pas leur origine. Les *Discours sur l'origine ancienne* ne comportent pas d'explications détaillées. Après avoir effectué des calculs au moyen de ces techniques, on ne sait toujours pas ce qu'il veut démontrer. Ces deux livres sont fondés sur le chapitre «Le triangle rectangle» des *Neuf chapitres,* ils complètent les méthodes subtiles des livres précédents. Il est dit aussi dans l'avant-propos des *Neuf chapitres*: «Les *Neuf chapitres* sont [pour les mathématiciens] comparables aux *six Classiques* pour les confucianistes, au *Classique des difficultés* (*Nanjing* 難經) et aux *Questions essentielles* (*Suwen* 素問) pour les médecins, et à l'*Art de la guerre de maître Sun* (*Sunzi* 孫子) pour les militaires. Voilà pourquoi on encourage les étudiants à étudier les *Neuf chapitres.*» [75]

Yang Hui s'était bien rendu compte que l'étude des *Neuf chapitres* ne convenait pas aux débutants. Dans l'avant-propos de la *Continuation d'un choix de méthodes mathématiques anciennes curieuses* (*Xugu zhai qi suanfa* 續古摘奇算法)[76], il dit: «Sans une introduction aux techniques, un débutant [en mathématiques] aura des difficultés à comprendre [les *Neuf chapitres*].»[77] Il existait bien à l'époque d'autres livres de mathématiques[78] — et Yang Hui en mentionne d'ailleurs quelques-uns dans son programme d'étude —, mais il ne voulut pas renoncer aux *Neuf chapitres,* qui faisaient toujours autorité et restaient le premier ouvrage

[73] Comme ce livre est perdu, on ne peut pas savoir précisément de quoi il traitait.

[74] Cet ouvrage a disparu après les Yuan. Des notes bibliographiques du *Suanfa tongzong* (Source générale des méthodes mathématiques) nous apprennent que cet ouvrage a dû apparaître pendant une des ères Yuanfeng (1078-1085), Shaoxing (1131-1162) ou Chunxi (1174-1189).

[75] *Cf. Suanfa tongbian benmo, juan* 1, p. 1a–3b. Ce programme a été traduit en anglais par Lam Lay Yong.

[76] Ouvrage publié en 1378, édition qui constitue la source de l'édition coréenne.

[77] *Cf. Xu gu zhai qi suanfa, xu,* p. 1a.

[78] Le chapitre bibliographique de l'*Histoire des Song,* le *Suanfa tongzong* 算法統宗 (Source générale des méthodes d'arithmétique) (1593) et le *Bishusheng xubian dao siku shumu* 秘書省續編到四庫數目 nous ont conservé les titres de quarante-neuf ouvrages mathématiques aujourd'hui disparus.

étudié. Il s'efforça donc de rendre ce texte plus accessible aux débutants en y ajoutant une introduction relative aux techniques de multiplication et de division rapides, techniques qui avaient beaucoup évolué à l'époque des Song[79]. Cet apprentissage était long, mais il était nécessaire pour que l'élève puisse ensuite résoudre de «vrais» problèmes mathématiques: le but du programme d'étude de Yang Hui était d'enseigner de nouvelles techniques et de les appliquer aux problèmes anciens.

Les «Principes sommaires relatifs à l'étude des mathématiques» [*Xisuan gangmu*] de Yang Hui présentent ainsi le cursus des études avec une progression équilibrée, résultat d'une réflexion sur les méthodes d'enseignement et d'apprentissage. L'auteur indique précisément les points pour lesquels une compréhension superficielle s'avérait suffisante et ceux qui nécessitaient une compréhension plus approfondie. Il mentionne les règles qu'il fallait apprendre par cœur et les endroits où l'élève pouvait facilement commettre de petites erreurs, comme dans la «fixation de la position des nombres du résultat»[80]. En outre, ce programme d'études indique précisément ce que les étudiants devaient étudier par eux-mêmes, en dehors des cours, pour s'exercer et réviser ce qu'ils avaient appris. Le temps nécessaire à l'apprentissage de ces diverses techniques ou méthodes y est même noté précisément. On voit ainsi que Yang Hui fut probablement un pédagogue fort expérimenté en la matière.

Vers une systématisation des études avec Zhu Shijie

Comme nous l'avons déjà mentionné plus haut, outre Yang Hui, deux autres mathématiciens des Song et des Yuan, Li Zhi et Zhu Shijie, écrivirent des œuvres mathématiques conçues pour les débutants: l'*Extension des calculs anciens* (*Yigu yanduan*) et l'*Introduction à la science du calcul* (*Suanxue qimeng*). L'*Extension des calculs anciens* consiste seulement en une introduction très spécialisée à la méthode de calcul de l'inconnue céleste (*tianyuan*)[81], alors que l'*Introduction à la science du*

[79] Ces nouvelles techniques menèrent aussi à une vulgarisation des mathématiques. Les ouvrages de Yang Hui et son activité de professeur de mathématiques ont joué un rôle très important en ce domaine.

[80] Dans les mathématiques chinoises traditionnelles, la position des chiffres détermine la valeur d'un nombre. Souvent on effectuait une multiplication ou une division avant de déterminer ou de fixer la position. Par exemple, pour calculer $342 \times 0{,}11$ on calculait 342 fois 11 en additionnant 342 et 3420. Ensuite on «fixait la position de la valeur», en plaçant la «virgule», ce qui donnait 37,62.

[81] Le *tianyuan shu* (L'art de l'inconnue céleste) est beaucoup plus clair que son nom ne l'indique: en langage moderne la phrase «*li tianyuan yi wei banchengjing* 立天元一

calcul concerne les mathématiques en général. Nous nous proposons d'analyser ici ce dernier texte afin de comparer la vision de l'enseignement des mathématiques qu'il défend avec celle de Yang Hui.

L'*Introduction à la science du calcul* (1299) présente tout d'abord une table de multiplication, commençant par «1 [multiplié par] 1 fait 1» jusqu'à «9 [multiplié par] 9 fait 81», — ce qui est le sujet du premier jour du cursus de Yang Hui. Ensuite il établit la liste des vers que l'élève doit apprendre par cœur pour savoir effectuer une division par la méthode des «neuf retours» (*jiu gui*) et les vers qu'il doit apprendre pour savoir convertir la livre (*jin*) en once (*liang*). Puis il donne des explications sur la numérotation des barres numérales, les noms des grands et petits nombres, les relations entre les mesures, les différentes approximations des valeurs de π, les noms de quelques fractions spéciales[82], les règles d'addition et de soustraction des nombres négatifs, des définitions de termes techniques[83], les règles de multiplication des nombres négatifs et les noms des positions dans l'extraction de la racine.

La partie principale du livre se compose de vingt chapitres. Les cinq premiers introduisent le lecteur aux nouvelles méthodes de multiplication et de division rapide, très importantes pour les commerçants. Les trois suivants traitent du calcul par «la règle de trois», des prêts d'argent, du calcul d'impôts, et de la conversion des mesures, autant de techniques de calcul ayant un intérêt pratique, pouvant être utiles dans les transactions commerciales et qui ont donc dû attirer les commerçants vers les mathématiques. Ainsi, on y trouve des problèmes concernant le sel, le thé, les remèdes médicaux, le bois d'aigle, le fenouil, le camphre de Bornéo, la cannelle, la réglisse, le santal blanc, le gardénia, le ginseng ainsi que certaines épices comme le poivre. Les sept chapitres suivants traitent de problèmes liés à la comptabilité tels que le calcul de la superficie de champs de différentes formes, le stockage des céréales, l'échange d'une paire de données entre elles, de simples systèmes d'équations linéaires, des répartitions proportionnelles et l'estimation des travaux de construction.

爲半城徑» se traduirait par «soit x le rayon de l'enceinte». Dans la notation il existait deux variations, une indiquant le facteur de «x» à gauche de *yuan* 㖷 et l'autre utilisant le caractère chinois *tai* 太 pour marquer le terme constant dans l'équation. Le *tianyuan shu* n'est pas une technique de «calcul écrit» mais un procédé qui repose sur la manipulation d'un instrument de calcul, à savoir des baguettes à calculer.

82 On désigne par exemple «un demi» par *zhongban* 中半 [lit.: «moitié médiane»], un tiers par *xiao ban* 小半 [lit.: «petite moitié»] etc.

83 Comme «la somme de la longueur et de la largeur s'appelle *he* 合, le produit de la longueur et de la largeur s'appelle *ji* 積 etc.»

Après un chapitre sur le calcul de fractions, suivent trois chapitres exposant quelques formules ou méthodes spécifiques, comme les formules sommatoires[84], l'art du «trop et pas assez» (*ying buzu*)[85], des systèmes d'équations linéaires, l'extraction de la racine ou l'art de l'inconnue céleste (*tianyuan shu*).

La structure de *l'Introduction à la science du calcul* de Zhu Shijie suit donc un plan qui, tout en présentant des similitudes avec celui de Yang Hui, s'avère plus systématique. Mais ces deux mathématiciens tenaient beaucoup l'un et l'autre aux nouvelles techniques de multiplication et de division, toutes très importantes pour les commerçants et rendant possible le recours au boulier[86]. Les problèmes que l'auteur choisit dans ce dernier ouvrage sont liés aux nécessités de la vie courante de son époque. Sa conception de l'enseignement des mathématiques semble plus claire que celle de Yang Hui, qui, lui, utilise plusieurs livres pour atteindre le même but. C'est probablement grâce à cette plus grande concision et simplicité que l'*Introduction à la science du calcul* fut choisie en Corée et au Japon comme manuel d'initiation aux mathématiques[87]. En outre, Zhu Shijie s'appuyait beaucoup moins sur les textes anciens tels que les *Neuf chapitres* et les *Dix classiques mathématiques.* Il a certes repris les méthodes des *Neuf chapitres,* mais en les présentant à sa façon et en les ordonnant différemment. Ainsi, on peut dire que, dans un certain sens, l'*Introduction à la science du calcul* remplace les *Neuf chapitres* et devient à partir des Song le texte de référence. En Chine, il fut utilisé au moins jusqu'à la fin de l'époque des Yuan: le mathématicien Ding Ju 丁巨 s'en servit une cinquantaine d'années après, reprenant mot pour mot certains des problèmes de cet ouvrage. Toutefois, on n'en trouve plus trace sous les Ming où il disparaît à une date inconnue.

84 Sur les formules sommatoires, voir Martzloff, 1987, p. 318-325.

85 C'est-à-dire des applications de la règle de fausse position double.

86 Il n'est pas facile de déterminer si l'on effectuait ces techniques avec les baguettes à calculer ou avec le boulier, car dans la plupart des cas les deux possibilités sont imaginables. Ce qui est certain, c'est que le calcul avec le boulier était plus rapide et qu'il nécessitait l'usage de méthodes apparues entre les XIe et XIVe siècles. L'existence des nouvelles règles de multiplication et de division rendent l'usage du boulier à l'époque des Song très probable. Il suffit de comparer la différence de vitesse pour effectuer une division sur des grands nombres avec les baguettes à calculer et avec le boulier pour s'en persuader. La peinture «L'univers sur une épaule» (*Qiankun yidan* 乾坤一擔) qui date de 1310, témoigne de l'existence du boulier (dans la forme qui est aujourd'hui toujours utilisée au Japon) au début du XIVe siècle; *cf.* Hua Yinchun, 1987, p. 34 – 35.

87 En Chine il était déjà perdu quelques siècles plus tard – la version présente nous est parvenue par la Corée. En Corée il fut édité en 1433 (*cf.* Ho Peng-Yoke, 1971, p. 265); au Japon il parut vers la fin du XVIe siècle (*cf.* Horiuchi, 1994, p. 93).

Conclusion

Les nouvelles conditions économiques et sociales ainsi que le développement de l'imprimerie sous les Song entraînèrent un nouvel essor de la philosophie, de la littérature, des sciences et de toute la vie culturelle. Les mathématiques aussi prirent leur essor.

Comme pour les autres domaines du savoir, l'enseignement des mathématiques s'effectua plutôt dans les écoles privées. Cela transparaît dans le fait que nombre de traités de mathématiques utilisés comme manuels non officiels parurent sous les Song. Avec le développement du commerce, les commerçants devinrent une classe sociale de plus en plus importante, ayant besoin de techniques mathématiques pour effectuer plus rapidement les multiplications et les divisions. C'est ce qui explique l'apparition de manuels spécialisés dans les problèmes de commerce et de comptabilité tels que le *Rideau transparent des fins chemins de calcul* (*Toulian xicao* 透簾細草), (auteur et date de publication inconnus); le *Précis des méthodes mathématiques* (*Xiangming suanfa* 詳明算法), (réédition en 1373) de An Zhizhai 安止齋 ou encore les *Méthodes mathématiques de Ding Ju*[88] (*Ding Ju suanfa* 丁巨算法) (1355). Zhu Shijie s'était établi comme professeur de mathématiques à Yangzhou, un des centres commerciaux les plus florissants de la Chine des Song et des Yuan[89]. Il est fort probable qu'il a enseigné les mathématiques aux commerçants aisés ou à leurs enfants. Les conditions sociales des XIIIe et XIVe siècles permettaient de gagner sa vie comme professeur de mathématiques. «Jusque-là, les mathématiques étaient pratiquées par des fonctionnaires, alors que les ouvrages étaient essentiellement écrits par des lettrés. L'apparition d'un spécialiste comme Zhu Shijie est un fait inhabituel[90].» Ces changements doivent être considérés dans le contexte du déclin de la société aristocratique chinoise qui commença à la fin des Tang. La naissance d'une société plus moderne sous les Song eut pour conséquence une montée des mathématiques populaires[91].

L'essor de l'enseignement des mathématiques est aussi dû, en partie, au développement de l'imprimerie xylographique, qui multiplia le nombre de livres disponibles et permit un accès plus facile aux livres spécialisés: on a connaissance, par exemple, d'une édition xylographiée des *Dix classiques mathématiques*.

[88] Les dates de An Zhizhai et de Ding Ju sont inconnues.
[89] *Cf.* Yabuuti, 2000, p. 75.
[90] *Ibid.*
[91] *Ibid.*, p. 92.

Le développement de l'enseignement des mathématiques sous les Song s'est perpétué sous la dynastie des Yuan, atteignant son apogée dans la seconde moitié du XIIIe siècle. Comme la section de mathématiques du Collège impérial fut supprimée à la chute des Song du Nord, l'enseignement se poursuivit dans les écoles privées et les académies. On a quelques rares exemples d'académies où on sait qu'il y avait un enseignement des mathématiques, mais comme ceci se déroulait en général dans le contexte de l'enseignement des connaissances pratiques, comme la comptabilité, on peut douter du fait que le niveau des mathématiques dans ces institutions ait été élevé. Les seuls exemples d'enseignement des mathématiques d'un niveau très sophistiqué dans une académie sont ceux de Li Zhi et de Yang Hui. Quant à Liu Bingzhong et Zhu Shijie, on sait qu'ils ont enseigné les mathématiques à un haut niveau, mais on ignore dans quelle institution, où et comment cet enseignement se déroulait.

Sur le plan du développement de l'enseignement sous les Yuan en général, il ne faut pas oublier de mentionner que la doctrine de «l'étude du principe» de Zhu Xi (1130-1200) prit une place de plus en plus importante dans tous les domaines de l'enseignement, reléguant les mathématiques à une position inférieure. C'est probablement une des raisons pour lesquelles le développement des mathématiques sous les Song entra dans une phase de déclin après l'apparition du *Miroir de jade des quatre origines* (*Siyuan yujian* 四元玉鑒) de Zhu Shijie en 1303.

L'ENSEIGNEMENT DES SCIENCES MATHÉMATIQUES SOUS LE RÈGNE DE KANGXI (1662-1722) ET SON CONTEXTE SOCIAL

Han Qi

Le règne de Kangxi 康熙 (1662-1722) constitue l'une des périodes les plus importantes dans l'histoire des sciences en Chine. Cet empereur, fortement impressionné par le conflit qui opposa autour de l'an 1660 Yang Guangxian 楊光先 (1597-1669) aux jésuites, prit conscience de la faiblesse des sciences chinoises et se décida à apprendre les sciences européennes. Non seulement il se mit lui-même à la tâche, mais de plus il ordonna que ses fils soient éduqués dans ces disciplines par les jésuites. La relation qu'entretint Kangxi avec les sciences occidentales[1] a déjà été maintes fois étudiée, mais jusqu'à présent, ces études ont peu prêté attention au contexte social de l'enseignement des sciences mathématiques et des activités scientifiques de l'époque[2]. C'est cet aspect que nous voudrions analyser ici, en nous fondant à la fois sur les sources chinoises et européennes. Nous souhaitons présenter d'un point de vue institutionnel l'enseignement des sciences à la Cour impériale et examiner le rôle que le prince Yinzhi 胤祉 (1677-1732), troisième fils de l'empereur Kangxi, et les érudits de son entourage jouèrent dans la compilation de manuels de mathématiques et d'astronomie. Nous porterons plus particulièrement notre attention d'une part sur la relation entre l'Académie royale des sciences et l'Académie des mathématiques (Suanxueguan 算學館) qui avait son siège dans le Studio de la culture de la jeunesse (Mengyangzhai 蒙養齋), d'autre part sur le contexte social dans lequel a été fondée cette Académie des mathématiques. Enfin, nous tenterons d'expliquer les raisons pour lesquelles le Département impérial d'astronomie (Qintianjian 欽天監) fut remplacé par l'Académie des mathématiques.

[1] Sur les sciences mathématiques durant le règne de Kangxi, voir Peng Hsiao-fu, 1975, p. 349-422; Jami, 1991, p. 155-172; Han Qi, 1991.

[2] Dans son article «Learning Mathematical Sciences during the Early and Mid-Ch'ing» (1994, p. 223-256), Catherine Jami donne une vue générale de l'enseignement des sciences mathématiques du début jusqu'au milieu de la dynastie des Qing.

L'intérêt de Kangxi pour les mathématiques européennes

Autour de l'an 1660, le mouvement anti-chrétien lancé par Yang Guangxian[3] fut un événement politique, culturel et scientifique de grande importance qui influa grandement sur l'évolution de la science et de la religion occidentales en Chine. Le jésuite allemand Adam Schall von Bell (1592-1666) fut arrêté ainsi que ses confrères, et de nombreux astronomes chrétiens chinois furent condamnés à mort. Ce conflit a marqué Kangxi alors tout jeune enfant au point qu'il souhaita apprendre les sciences occidentales, comme il l'explique dans son *Traité sur la méthode du triangle* (*Yuzhi sanjiaoxing tuisuanfa lun* 御制三角形推算法論):

> Au début de notre règne, les gens se disputant à propos du calendrier s'accusèrent mutuellement, à tel point que des condamnations à mort furent prononcées. En l'an 7 de notre règne [1668], après que le calendrier eut été publié dans le mois intercalaire, le Tribunal de mathématiques présenta un mémoire demandant l'ajout d'un autre mois intercalaire au sein du douzième mois [du calendrier lunaire]. Les gens avaient à ce sujet des opinions divergentes et ne parvenaient pas à s'entendre, bien que tous s'accordassent à dire que depuis des temps immémoriaux personne n'avait entendu parler de deux mois intercalaires au sein d'une même année. Aussi de nombreux princes, ministres et fonctionnaires considérèrent-ils le sujet maintes et maintes fois, mais personne à la Cour impériale n'avait de connaissances suffisantes en matière de calendrier. Nous avons assisté de nos propres yeux à cela et en avons conçu des regrets. Aussi, à chaque fois que nous avions des moments de loisirs — et après avoir réglé les innombrables affaires de l'État —, nous nous absorbâmes dans l'étude de l'astronomie et des calendriers, et cela pendant plus de vingt ans. Voilà pourquoi nous en connaissons les grandes lignes et sommes en mesure de ne pas nous tromper[4].

Si le débat sur le calendrier suscita la curiosité de Kangxi à l'égard des sciences occidentales, l'empereur attendit toutefois des années avant de s'intéresser de plus près à ces sciences. Le premier jésuite à l'initier dans ce domaine fut le belge Ferdinand Verbiest (1623-1688) qui, à l'époque, s'inquiétait du manque de jésuites spécialistes des sciences, redoutant que cela entraîne un déclin de l'évangélisation en Chine. C'est pourquoi, en 1678, il lança un appel urgent dans une lettre adressée à tous les jésuites d'Europe. Mais c'est seulement sept ans plus tard, en 1685, que des jésuites spécialistes des sciences arrivèrent en Chine. Verbiest avait alors 62 ans, ses forces déclinaient, et l'Empereur comprit

[3] *Cf.* Huang Yilong, 1991, p. 1-20.

[4] *Yuzhi wenji* 御制文集 (Écrits impériaux collectés de l'empereur Kangxi), *Ji* 3, *juan* 19, p. 6-9.

qu'il fallait de toute urgence le remplacer au Département impérial d'astronomie. C'est pourquoi il pria ses ministres de demander à Verbiest s'il se trouvait à Macao quelque jésuite spécialisé dans les mathématiques et la médecine. Ce dernier répondit qu'en effet, un jésuite d'origine belge du nom d'Antoine Thomas (1644-1709), fort instruit en mathématiques et en astronomie, résidait à Macao. L'Empereur convoqua donc en audience Verbiest, Tome Pereira (1645-1708) et C. F. Grimaldi; c'est ce dernier personnage qui fut désigné comme l'émissaire impérial chargé d'aller à Macao souhaiter la bienvenue à Antoine Thomas[5].

Jésuite belge de Namur, Antoine Thomas joua un rôle très important dans l'histoire des mathématiques des XVIIe et XVIIIe siècles[6]. Il semble s'être préoccupé de la diffusion des mathématiques bien avant son arrivée en Chine. En effet, en 1679, alors qu'il vivait à Coimbra au Portugal, il enseignait déjà les mathématiques au Collège jésuite. C'est durant ce séjour au Portugal qu'il rédigea un ouvrage intitulé *Synopsis mathematica complectens varios tractatus quos hujus scientiae tyronibus et missionariis Sinicae candidatis breviter et clare concinnavit P. Antonius Thomas e Societate Iesu* (1685). Celui-ci était destiné aux débutants et aux jésuites en Chine, comme le laissait présumer le titre et comme cela est confirmé par la préface, dans laquelle il est écrit que ce livre avait pour but l'évangélisation de la Chine et, pour ce faire, l'enseignement aux jésuites de connaissances générales en mathématiques et en astronomie. Dès son arrivée à Pékin en 1685, Antoine Thomas fut choisi comme maître de l'Empereur.

Trois ans après l'arrivée en Chine d'Antoine Thomas, en 1688, un groupe mené par Jean de Fontaney (1643-1710) arriva en Chine, en réponse à la lettre de Verbiest de 1678. Les membres de ce groupe étaient envoyés par Louis XIV, en qualité de «mathématiciens du Roi». Devant faire rayonner la gloire du roi de France, et pour le profit de ce pays, ils avaient pour mission d'effectuer des observations astronomiques, d'étudier la flore et la faune locales et d'apprendre d'autres arts et d'autres techniques[7]. En même temps, ils devaient instruire l'Empereur dans les arts et les sciences européens.

[5] Le *Xi Chao ding'an* 熙朝定案 (24e année du règne de Kangxi) décrit d'une manière vivante cette affaire. *Cf.* Bibliothèque Nationale de France, Courant 1330.

[6] *Cf.* de Thomas de Bossierre, 1977; Bosmans, 1924, p. 69-179; Han Qi, «Antoine Thomas S.J. and his Mathematical Activities in China: A Preliminary Research through Chinese Sources», à paraître dans les actes du cinquième symposium international de la fondation Verbiest de 1995: «The History of the Relations between the Low Countries and China in the Qing Era (1644-1911)», Heverlee-Leuven, Belgique.

[7] *Cf.* Du Shi-ran et Han Qi, 1992, p. 265-275; Jami, 1995, p. 493-499; Han Qi, 1995, p. 489-492.

L'enseignement des mathématiques à la Cour impériale

L'enseignement des sciences en Chine était fondamentalement relié à deux institutions: le Département impérial d'astronomie et le Collège impérial (Guozijian 國子監)[8]. Mais sous le règne de Kangxi, l'enseignement des sciences s'effectuait également, indépendamment de ces deux institutions, dans les endroits suivants:

1) à la Cour impériale, pour l'empereur et ses fils. Les jésuites étaient les maîtres chargés de l'enseignement.
2) à l'Académie de mathématiques située au parc du Printemps luxuriant (Changchunyuan 暢春園) (une demeure impériale située à l'ouest de l'actuelle université de Pékin). Yinzhi était responsable de l'instruction dans le domaine des sciences; Kangxi et les jésuites en étaient les tuteurs.
3) à la demeure de l'érudit Li Guangdi 李光地 (1642-1718) à Baoding. Le célèbre mathématicien Mei Wending 梅文鼎 (1633-1721) y enseignait les mathématiques.
4) dans les églises. Les jésuites astronomes étaient les instructeurs; les astronomes, et plus particulièrement les astronomes chrétiens du Département impérial d'astronomie, étaient leurs élèves.

À partir de 1689, les jésuites commencèrent à enseigner les mathématiques à l'empereur. Joachim Bouvet (1656-1709) déclare dans son journal intime couvrant la période de 1689 à 1691, qu'après avoir suggéré à l'empereur d'utiliser comme manuel les *Élémens de Géométrie* du jésuite français I.G. Pardies (1636-1673)[9], il se mit, aidé de ses collègues jésuites Antoine Thomas, Jean-François Gerbillon (1654-1707) et Tome Pereira, à traduire ces *Élémens de géométrie* en chinois et en mandchou[10]. La traduction chinoise fut par la suite incorporée à une encyclopédie mathématique intitulée *Somme des principes mathématiques essentiels* (*Shuli jingyun* 數理精蘊). Ces jésuites se rendaient fréquemment à la Cour pour instruire l'empereur, et ce sont eux qui y introduisirent de nombreux instruments tels que la machine à calculer de Pascal, les baguettes de Napier ou le compas. Une table mathématique spéciale ainsi que des figures pour l'enseignement de la géométrie dans l'espace furent données à l'empereur afin qu'il puisse étudier les mathématiques européennes. La plupart

[8] Pour un aperçu général de l'éducation scientifique donnée dans ces institutions, *cf.* Jami, *op. cit.*, p. 236.

[9] *Cf.* Bibliothèque Nationale de France, Mss. fr. 17240; Landry-Deron, 1995.

[10] Les manuscrits de la traduction chinoise et mandchoue se trouvent à la Bibliothèque du Musée du Palais à Pékin.

de ces instruments ainsi que la table mathématique de l'empereur sont conservés dans le Musée du Palais à Pékin. En raison des connaissances scientifiques des jésuites ainsi que de leur rôle dans la conclusion d'un accord avec la Russie et dans la production des canons, un édit de tolérance à leur égard fut publié en 1692 grâce au soutien que leur accordait l'empereur. Cet édit se révèla être capital pour la propagation du christianisme en Chine. Cependant, de 1692 à 1702, il ne semble pas y avoir eu d'enseignement systématique des sciences à la Cour.

Cet enseignement de qualité permit à l'empereur de devenir fort instruit en matière scientifique. Il ne manquait d'ailleurs pas d'afficher ses connaissances scientifiques et de se vanter devant ses ministres, notamment dès qu'il recevait de la part des jésuites de nouvelles informations. Il finit par gagner l'admiration de son entourage et se trouvait, quant à lui, fort satisfait dès que ses sujets étaient ébahis par ses capacités scientifiques et son savoir érudit.

Il est intéressant de noter que Joachim Bouvet d'une part enseigna les mathématiques occidentales à l'empereur, et d'autre part étudia lui-même les mathématiques chinoises. Dans un mémoire présenté vers 1711 par Wang Daohua 王道化, un haut fonctionnaire de la maison impériale, il est mentionné que Bouvet étudiait les carrés magiques dans le *Traité systématique des méthodes mathématiques* (*Suanfa tongzong* 算法統宗) (1593), un ouvrage écrit par le mathématicien Cheng Dawei 程大位 des Ming[11]. Il est probable que l'étude de Bouvet aida l'empereur à mieux comprendre certains points des mathématiques traditionnelles chinoises du traité de Cheng, ce qui attira plus particulièrement son intérêt Au treizième jour du septième mois de la cinquante et unième année du règne de Kangxi (1712), l'empereur émit un édit reconnaissant l'utilité du *Traité systématique des méthodes mathématiques*. Il donna l'ordre aux fonctionnaires de la maison impériale de lui présenter cet ouvrage[12], ce qui fut fait trois jours plus tard. Après l'avoir lu, Kangxi déclara que «ce livre [était] excellent»[13]. La nouvelle se répandit rapidement que l'empereur s'intéressait à ce traité, et une nouvelle édition privée fut aussitôt imprimée. Dans la préface de cette dernière, Cheng Shisui 程世綏, un petit-fils (descendant de la seconde génération) de Cheng Dawei, écrit:

> Lorsque j'arrivai à la capitale, le Fils du ciel s'intéressait aux sciences de la musique et du calendrier. Il avait fondé une école de mathématiques ainsi qu'un bureau de compilation des ouvrages de mathématiques.

[11] Le *Suanfa tongzong* comporte quatorze carrés magiques.

[12] *Cf. Kangxi chao Manwen zhupi zouzhe quan yi* 康熙朝滿文朱批奏摺全譯, 1996, p. 805.

[13] *Ibid.*, p. 806.

> De nombreux érudits provenant de diverses régions du pays accoururent en foule à la capitale, et, dans mes moments de loisir, je les fréquentai. Ils parlaient avec sérieux et d'un ton approbateur du *Traité systématique des méthodes mathématiques*. Ils étaient d'avis que ce livre résumait excellemment bien les sciences mathématiques et précisaient que l'empereur en faisait de grands éloges. Érudits et grands dignitaires se disputaient pour se l'acheter, le considérant comme une chose fort précieuse. C'est pourquoi je m'en retournai avec cet écrit et le lus très attentivement. Je le trouvai fort bien organisé.[...] Les écrits classiques des *Neuf chapitres* ainsi que la méthode de multiplication et de division y étaient exposés de façon très claire[14].

Pendant que Kangxi apprenait des jésuites les mathématiques, quelques éminents fonctionnaires commençaient eux aussi à s'intéresser aux sciences occidentales, d'autant qu'ils étaient critiqués par l'empereur pour leur ignorance des sciences. Honteux de cela, un très haut dignitaire chinois, Li Guangdi 李光地, décida d'apprendre les mathématiques afin de répondre aux attentes de l'empereur. C'est à peu près à la même époque que Mei Wending 梅文鼎 arriva à Pékin afin d'apprendre de Verbiest les mathématiques et l'astronomie, ignorant que ce dernier était décédé. Lorsque Li Guangdi apprit l'arrivée de Mei Wending à la capitale, il l'invita avec empressement à venir enseigner les mathématiques dans sa demeure. C'est ainsi que Li Guangdi et quelques uns de ses élèves suivirent les cours de mathématiques de Mei Wending, qui séjourna à Pékin et à Tianjin pendant plus de quatre ans[15].

Les princes et leurs maîtres

On a déjà souligné le fait que Kangxi a voulu donner à ses fils la meilleure éducation possible, ce qui, pour lui, impliquait qu'ils apprennent les sciences occidentales. Quand son héritier présomptif, Yinreng 胤礽, atteignit l'âge de 6 ans, Kangxi lui choisit tout d'abord comme tuteurs Zhang Ying 張英 et Li Guangdi, deux ministres érudits, puis plus tard, Xiong Cilü 熊賜履, Tang Bin 湯斌 et Geng Jie 耿介, lesquels enseignèrent au jeune prince les classiques néoconfucéens.

Selon les rites de la maison impériale, les princes, une fois devenus adultes, devaient quitter la Cité interdite pour se tenir à l'écart de la Cour, et de nouveaux titres de princes leur étaient attribués. Ce moment venu,

[14] *Cf.* l'édition de 1716 du *Zhizhi suanfa tongzong* 直指算法統宗, imprimé par l'illustre petit-fils de Cheng Dawei.

[15] *Cf.* Han Qi, 1996, p. 421-445; Han Qi, 1997, p. 7-37.

l'Empereur Kangxi ordonna à quelques lettrés d'accompagner les princes pour continuer à leur enseigner différentes matières. En 1703, c'est à un célèbre lettré du Jiangnan, un dénommé He Zhuo 何焯, que fut confiée l'éducation du huitième fils de Kangxi. D'autres lettrés furent également appelés à Pékin pour enseigner aux fils de l'empereur. C'est ainsi que les princes reçurent dès leur plus tendre enfance et jusqu'à l'âge adulte une excellente éducation de la part d'érudits fort savants.

Les princes héritiers devaient traditionnellement recevoir un enseignement dans les matières suivantes: les Classiques, la poésie, la langue, l'écriture, la peinture etc. Les fils de Kangxi devaient en outre apprendre l'équitation, le tir à l'arc, la natation et l'utilisation des armes à feu, car l'empereur était soucieux de maintenir la tradition mandchoue de l'équitation, condition nécessaire pour garder le pouvoir. Mais il voulait aussi qu'ils apprennent les sciences occidentales et en explique d'ailleurs les raisons dans un de ses écrits:

> Vous savez seulement que je suis versé en mathématiques. Mais vous ne savez pas pourquoi j'ai étudié cette science. Alors que j'étais jeune, il arriva que fonctionnaires chinois et occidentaux du Département impérial d'astronomie soient en désaccord et s'accusent mutuellement. Certains furent même punis de la peine capitale. Lorsque Yang Guangxian et Adam Schall von Bell mesurèrent la longueur de l'ombre du soleil devant la porte Wumen, il ne se trouva malheureusement aucun ministre qui connût cette méthode de mesure. Je réalisai alors que si je ne la connaissais pas moi-même, je serais incapable de discerner le vrai du faux. C'est pourquoi je m'engageai avec détermination dans l'étude des mathématiques[16].

Lorsqu'il procédait à des observations astronomiques, Kangxi emmenait souvent ses fils avec lui. Son quatrième fils, le futur empereur Yongzheng 雍正, se rappela par la suite les observations des éclipses de soleil effectuées avec un télescope en compagnie de son père[17]. Au début du XVIIIe siècle, Kangxi ordonna à ses troisième, quinzième et seizième fils d'apprendre la théorie musicale auprès d'un missionnaire italien, T. Pedrini (1671-1746). Puis, ce furent les mathématiques qui leur furent enseignées, car Kangxi avait bien compris que celles-ci pouvaient être appliquées de manière extensive à l'arpentage. C'est ainsi que les tournées impériales servirent de «terrain de travail» pour les exercices d'arpentage; en 1711, par exemple, alors que Kangxi visitait le barrage d'une rivière à côté de Tongzhou 通州, sept de ses fils l'accompagnèrent et il leur montra comment mesurer la rivière.

[16] *Kangxi zhengyao* 康熙政要, *juan* 18, p. 35-38.
[17] *Cf. Qingshizong shilu*, *juan* 95, p. 23.

Yinzhi, troisième fils de l'empereur Kangxi, eut l'opportunité d'étudier avec les jésuites français dès leur arrivée en Chine. En 1691 et en 1692, alors que Kangxi se rendait dans le Nord pour rencontrer les princes mongols, il fut accompagné de son fils Yinzhi et de Gerbillon[18], qui put à cette occasion instruire ce troisième fils de l'empereur. Ce dernier, à peine âgé de 16 ou 17 ans (vers 1692), faisait déjà montre d'un génie remarquable pour les sciences européennes[19] et les jésuites français avaient une haute opinion de lui. C'est probablement la raison pour laquelle Kangxi le préféra aux autres et le chargea par la suite de superviser les travaux scientifiques. Antoine Thomas avait été son premier maître, des jésuites français avaient pris la suite et lui avaient enseigné la géométrie.

En 1698, Yinzhi, alors âgé de 22 ans, fut nommé prince de second degré (*junwang* 郡王). Kangxi rappela d'exil un illustre érudit du nom de Chen Menglei 陳夢雷 afin qu'il enseigne les mathématiques à son protégé. Chen Menglei, qui avait été exilé durant de nombreuses années pour des raisons politiques, put ainsi rester, grâce au soutien de Yinzhi, vingt ans à travailler à Pékin. De 1701-1706, toujours grâce à l'appui de Yinzhi, Chen Menglei fut responsable de la compilation de l'*Encyclopédie de livres et d'illustrations du passé et du présent* (*Gujin tushu jicheng* 古今圖書集成) qui reste à ce jour la plus volumineuse des encyclopédies chinoises (*leishu* 類書). De nombreux ouvrages sur l'astronomie et les mathématiques occidentales y furent inclus dans la section sur le calendrier (*lixiang* 曆象). Environ quatre-vingts érudits participèrent à cette compilation, pour laquelle des milliers d'ouvrages furent rassemblés dans la demeure de Yinzhi. La plupart d'entre eux traitaient de sciences européennes. Pour cette compilation, Kangxi avait offert à Yinzhi de nombreux livres de la collection impériale.

En 1708, Kangxi, s'inquiétant de sa succession, déposséda son deuxième fils de son titre d'héritier présomptif. En revanche, il se rapprocha encore plus de son troisième fils, Yinzhi, auquel il rendait depuis 1707 de plus en plus souvent visite. En 1709, il l'éleva au rang de prince de premier degré (*qinwang* 親王).

Les sources chinoises nous apprennent que Yinzhi fut très actif en matière de topographie[20]. Entre 1708 et 1717, il fut chargé de l'établissement d'une carte à grande échelle de l'empire. Ce projet avait été lancé par Kangxi, à la suggestion du jésuite français Dominique Parrenin.

[18] *Cf.* le journal intime de Gerbillon publié dans du Halde, *Description*, 1735.

[19] *Cf.* Witek, 1982, p. 182.

[20] *Cf.* Li Guangdi, *Rongcun yulu Rongcun xuyulu* 榕村語錄榕村續語錄, *juan* 17, p. 813-814.

Il avait été précédé par d'autres projets de relevés topographiques, auxquels avaient déjà pris part Yinzhi et certains jésuites, dont Antoine Thomas.

En 1713, un édit impérial décréta la fondation au Parc du printemps luxuriant (Changchunyuan) de l'Académie des mathématiques, qui devint un centre d'entraînement aux sciences mathématiques et dont la première fonction fut la compilation de la *Source de l'harmonie et du calendrier (Lüli yuanyuan* 律曆淵源), pour laquelle Yinzhi joua un rôle déterminant. Certaines observations astronomiques y furent effectuées afin de rassembler des données susceptibles d'être utilisées pour l'étude de sujets divers dont le plus notable était celui de l'obliquité de l'écliptique. Les activités scientifiques étaient supervisées par Yinzhi qui informait fréquemment l'empereur de l'état de la compilation des ouvrages mathématiques[21]. Yinzhi et ses frères y poursuivirent leur instruction dans les sciences mathématiques. Au vu de ces observations, les mathématiciens chinois révisèrent certaines données astronomiques et achevèrent la compilation du *Compendium d'astronomie calendaire* (*Lixiang kaocheng* 曆象考成).

L'origine de l'Académie des mathématiques et l'enseignement des mathématiques

C'est en 1689 que les jésuites français commencèrent à enseigner les sciences européennes à l'empereur Kangxi. On peut se demander pourquoi celui-ci attendit environ vingt ans avant de fonder l'Académie des mathématiques chargée de compiler la *Source de l'harmonie et du calendrier*. L'une des réponses possibles est à chercher dans le contexte social dans lequel cette institution s'est développée.

En 1692, après avoir étudié trois ans les mathématiques européennes, Kangxi critiqua certains hauts dignitaires chinois pour leur ignorance de cette science: à la Cour, aucun mathématicien n'était compétent dans cette discipline à l'exception de Mei Wending, dont les ouvrages de mathématiques ne furent publiés que huit ans après, à partir de 1700, de sorte qu'il était difficile, pour Li Guangdi, de le recommander à l'Empereur. À cette époque, les élèves versés en mathématiques étaient fort rares, et les jésuites ne commencèrent vraiment à arriver à la capitale qu'à partir de 1700.

En 1703, Kangxi fit don à Li Guangdi de deux livres de mathématiques, le *Suanfa yuanben* 算法原本 (Livre VII des *Élémens d'Euclide*) et

[21] *Cf.* les mémoires mandchous dans le *Kangxi chao Manwen zhupi zouzhe quan yi*.

le *Jihe yuanben* 幾何原本 (traduction des *Élémens de géométrie* de Pardies), et, en retour, s'enquit des livres que Li Guangdi publiait. Ce dernier en profita pour présenter à l'empereur les *Doutes et questions sur l'étude du calendrier* (*Lixue yiwen* 曆學疑問) de Mei Wending: c'était la première fois que les travaux de cet illustre mathématicien étaient portés à la connaissance de l'empereur. Li Guangdi envoya ensuite une lettre à Mei Wending, l'invitant à venir travailler dans son département de Baoding. Mei Wending qui se trouvait alors dans le sud de la Chine se rendit à Baoding en compagnie de son petit-fils Mei Juecheng 梅瑴成 (1681-1763), venant ainsi pour la seconde fois enseigner les mathématiques grâce à l'appui de Li Guangdi. Il comptait parmi ses élèves le fils de Li Guangdi et son propre petit-fils Mei Juecheng. La formation aux mathématiques à Baoding était sous le règne de Kangxi une préparation nécessaire pour les autres activités scientifiques, et plusieurs de ces apprentis en mathématiques furent choisis en 1713 pour travailler au Studio de la culture de la jeunesse (Mengyangzhai 蒙養齋), où ils jouèrent un rôle capital dans la compilation de la *Source de l'harmonie et du calendrier* (*Lüli yuanyuan*).

Un autre érudit mérite d'être mentionné ici. Il s'agit de Wang Lansheng 王蘭生, un disciple de Li Guangdi qui fut recommandé par ce dernier à l'empereur. Il reçut le degré de *juren* 舉人, puis fut admis à se présenter à l'examen du palais sans avoir au préalable passé l'examen métropolitain. Il joua un rôle fort important puisqu'en 1713 il proposa que fut entreprise une compilation de livres mathématiques et d'astronomie. Cette proposition fut rapportée à l'empereur par l'entremise de Yinzhi au service duquel se trouvait Wang Lansheng. Ravi par ce projet, Kangxi en confia la direction à Yinzhi.

L'attitude de l'empereur fut décisive et les grands érudits et spécialistes tels que Li Guangdi, n'auraient rien pu faire sans son soutien. En 1711, lorsque Kangxi s'aperçut des erreurs qui étaient commises dans l'emploi de la méthode européenne d'observation de l'ombre du soleil lors du solstice d'été, il souhaita apprendre auprès des jésuites la nouvelle astronomie mathématique. En 1713, un édit impérial décréta l'ouverture du Studio de la culture de la jeunesse (Mengyangzhai) ayant pour mission de traduire des livres occidentaux en chinois et de compiler le *Compendium d'astronomie calendaire* (*Lixiang kaocheng*) et la *Somme des principes mathématiques essentiels*. Voilà dans quel contexte social l'Académie des mathématiques fut créée au Studio de la culture de la jeunesse.

Afin de compiler la *Source de l'harmonie et du calendrier*, de nombreux érudits spécialisés dans les sciences mathématiques furent choisis pour travailler ou pour étudier au parc du Printemps luxuriant (Changchunyuan). Ce fut Yinzhi qui fut chargé de la sélection des érudits. Selon la préface de Chen Menglei à la *Courte introduction aux mathématiques* (*Shuxue juyao* 數學舉要) de Chen Dongqi 陳東啓, on entrait à l'Académie des mathématiques après avoir passé un examen. Voici ce que rapporte Chen Menglei:

> Dongqi étudia le *Classique sur le gnomon des Zhou (Zhoubi* [*suanjing*] 周髀算經), les *Neuf chapitres* ainsi que la géométrie occidentale dont il possédait une bonne connaissance. Lorsque des lettrés furent appelés [à la capitale] pour y passer un examen préparé par le Fils du ciel, il fut engagé et demeura dans la capitale pendant plus d'un an. À l'époque où Son Excellence *cheng-wang* 誠王 se vit chargé d'ouvrir l'Académie (*guan*), on dut refuser certains lettrés, car le nombre de candidats était trop élevé. Dongqi et Gu de Suzhou furent étonnamment de ceux-là. Ils essayèrent bien de se mettre en valeur mais leur tentative échoua. C'est ainsi qu'ils vinrent tous deux me rendre visite[22].

Ce passage montre que les lettrés versés dans la science étaient appelés à la capitale pour compiler les ouvrages de mathématiques. Ils devaient posséder une connaissance en mathématiques pour pouvoir passer l'examen, mais certains d'entre eux furent enrôlés pour la compilation sans s'être présentés à l'examen. Tel est le cas d'un mathématicien du nom de Yang Wenyan 楊文言, ami de Chen Menglei, qui fut recommandé à Yinzhi. Il eut ainsi la chance d'obtenir un salaire supérieur à celui de Chen Menglei. Un autre fait d'importance tient dans ce que certains érudits qui travaillaient sur la *Somme de livres et d'illustrations du passé et du présent* (*Gujin tushu jicheng*) participèrent également à la compilation de la *Source de l'harmonie et du calendrier*, et cela parce qu'ils étaient au service de Yinzhi.

Le jésuite français J.-F. Foucquet (1665-1741), enseignant de l'empereur, mentionne également la création de l'Académie:

> Une sorte d'école venait d'être établie. Un public trié sur le volet se présenterait devant [l'empereur] chaque jour et celui-ci leur expliquerait quelque proposition d'Euclide, profitant du plaisir procuré par l'étalage de ses connaissances en ces sciences abstraites et se délectant des éloges que ses nouveaux disciples ne manqueraient pas de lui adresser — la plupart du temps sans vraiment le comprendre. Mais cette école ne fut pas la dernière et n'était que le préambule à une sorte d'académie que l'empereur créa par la suite. Il avait envoyé chez les Chinois et les Tartares, à Pékin et en province, toute personne démontrant du talent dans les diverses branches des mathématiques[23].

[22] Chen Menglei, *Songhesanfang wenji*, *juan* 10, préface, p. 147-149.
[23] Cité par Jami, 1994, p. 238-239.

Cette description coïncide avec celles données par les sources chinoises. Ce fut Foucquet qui utilisa le premier le terme d'«Académie» pour désigner l'Académie des mathématiques du Parc pour la formation de la jeunesse[24].

À présent, l'auteur désire traiter de l'enseignement des sciences mathématiques tel que dispensé à l'Académie des mathématiques. Les jésuites qui y enseignaient étaient Pierre Jartoux (1669-1720), J.-F. Foucquet, F. Thilisch (1670-1715) et K. Slavicek (1678-1735). Aucune information précise n'est disponible concernant l'enseignement des mathématiques au Mengyangzhai. Toutefois, la *Somme des principes mathématiques essentiels* rapporte que les nouvelles connaissances mathématiques qui y furent introduites étaient la méthode de calcul des logarithmes décrite par le mathématicien anglais Henry Briggs dans son ouvrage *Arithmetica Logarithmetica* (1624)[25] ainsi que la table logarithmique du mathématicien néerlandais A. Vlacq, méthode de résolution des équations du plus haut degré. De toutes les traductions, la plus influente reste celle traitant des formules d'Isaac Newton et de J. Gregory afin de calculer les séries infinies. Ces formules furent introduites par Jartoux, un jésuite français fort célèbre dans l'histoire des mathématiques en Chine. Mei Juecheng traduisit ces trois formules dans les *Perles oubliées à la rivière Rouge* (*Chishui yi zhen* 赤水遺珍). Un mathématicien mongol, Ming Antu 明安圖 (?-1763?), ainsi qu'un lama du Tibet reçurent également un enseignement de sa part. En outre, la plupart des connaissances pratiques furent enseignées par les jésuites. Ainsi par exemple, Slavicek enseigna à Mei Juecheng la méthode pour déterminer l'altitude du Pôle Nord.

En plus des jésuites, l'empereur Kangxi enseignait lui-même les mathématiques. À partir de 1689, il apprit la géométrie et l'algèbre et au début du XVIIIe siècle, il commença à enseigner lui-même à quelques étudiants. Mei Juecheng fut l'un d'entre eux. Dans les *Perles oubliées à la rivière rouge*, il énonce:

> Par la suite, je travaillai à la Cour impériale. Je suis très obligé à l'Empereur bienveillant [Kangxi] pour m'avoir enseigné la méthode du *jiegenfang* 借根方. L'empereur me dit: «Les Occidentaux nomment cet ouvrage *a-er-re-ba-da* 阿爾熱八達 [algèbre], ce qui signifie «méthode venant de l'Est» (*dong lai fa* 東來法)». Je le lus avec grand respect. Cette méthode,

[24] De même que dans l'article de Jami cité ci-dessus, l'auteur utilise la dénomination d'«Académie des mathématiques» pour Suanxue guan.

[25] *Cf.* Han Qi, 1992, p. 109-119.

> à la fois mystérieuse et formidable, est vraiment le guide des méthodes mathématiques. Toutefois, dans mon humble for intérieur, je suspectai la méthode *tianyuanyi* 天元一 d'être similaire à celle-ci. Je lus à nouveau le *Shoushi licao* 授時曆草 et aussitôt mes doutes se dissipèrent: ces méthodes recouvraient bien la même réalité bien qu'elles portent des noms différents. Il ne serait même pas exact de dire qu'elles n'ont que des points similaires[26].

Un mémoire mandchou mentionne également que Kangxi enseignait la géométrie[27]. L'enseignement de l'empereur était cependant en grande partie symbolique, celui-ci voulant avant tout se mettre ainsi en valeur et s'afficher en tant qu'enseignant[28].

L'Académie royale des sciences et l'Académie des mathématiques

Pendant de nombreuses années, nous nous sommes demandé si Kangxi et ses fils avaient connaissance de l'Académie royale des sciences. Les activités de cette académie influèrent-elles sur celles du Mengyangzhai? Nous fondant sur les sources occidentales et chinoises trouvées en Europe et en Chine, nous essaierons de fournir quelques hypothèses afin d'expliquer le parallèle entre les activités scientifiques en Chine et en France.

En réalité, dès le début des années 1690, Kangxi eut connaissance de l'Académie royale des sciences du fait que Bouvet lui avait rédigé un livret à ce sujet. Dans sa biographie de Kangxi, Bouvet explique qu'il avait conseillé à Kangxi d'établir une académie qui ferait partie de l'Académie royale des sciences. Cependant, comme il ne se trouvait pas assez de scientifiques jésuites à cette époque en Chine, la topographie cartographique et la compilation des ouvrages scientifiques ne purent être accomplies avant 1700. Pendant le conflit entre les jésuites français et portugais en 1713-1714, Bouvet présenta un mémoire à Kangxi où il était écrit ceci:

> Avant notre départ, notre Roi nous confia trois tâches. [... Notre roi nous dit]: «De nombreuses académies de notre pays spécialisées en astronomie (*tianwen* 天文) et en investigation des choses (*gewu* 格物) ont rassemblé des connaissances exclusives en provenance de tous pays. L'empire du

[26] *Cf. Tianyuanyi ji jiegenfang jie*天元一及借根方解, dans *Meishi congshu jiyao* 梅氏叢書輯要, *juan* 61, *fulu* 附錄 1, p. 2-3.
[27] *Kangxi chao Manwen zhupi zouzhe quan yi*, p. 806.
[28] *Cf.* Jami, 1994, p. 239.

> Milieu [la Chine] détient une longue histoire en ce domaine ainsi qu'une abondance de principes [*daoli* 道理]. Ainsi avons-nous entendu que le brillant empereur de l'empire du Milieu est sage par nature et qu'il surpasse tous ses prédécesseurs. Une fois que vous serez arrivés dans l'empire du Milieu et que vous aurez rassemblé les [produits] les plus raffinés [en matière d'arts et de sciences chinois], veuillez nous les envoyer sans tarder et intégrer ces connaissances dans [nos] académies afin de les conserver pour toujours[29].

Comme on le sait, le jésuite français Foucquet fut un personnage de grande importance dans l'histoire du christianisme en Chine. Sur ordre de l'empereur Kangxi, il traduisit la plupart des découvertes astronomiques françaises en chinois. Dans son *Dialogue sur l'astronomie* (*Lifa wenda* 曆法問答), il mentionne deux institutions académiques françaises: la *Gewu qiongli yuan* 格物窮理院 (Académie pour l'investigation des choses, traduction chinoise pour l'Académie royale des sciences) et le *Tianwen xuegong* 天文學宮 (Palais académique d'astronomie, traduction chinoise pour l'Observatoire de Paris). Il y décrit les activités des astronomes de l'Académie royale des sciences comme suit:

> Dans les premiers temps, tous les astronomes de la *Gewu qiongli yuan* en *Fu-lang-ji-ya* 富郎濟亞 [France] travaillèrent sur ce sujet [à savoir l'obliquité de l'écliptique], parce que différentes théories coexistaient. Il est difficile de trancher parmi les diverses opinions. Cependant, c'est l'une des pierres angulaires de l'astronomie et il est impossible de ne pas en parler. C'est pourquoi, dans la dixième année du règne de Kangxi, les astronomes adressèrent une requête au roi et de nombreux astronomes furent envoyés séparément dans les lieux où les anciens astronomes avaient fait leurs observations afin de vérifier s'il existait des différences entre les anciens mouvements célestes et ceux actuels. Un célèbre astronome de l'Académie du nom de Ri-Shi-er [Richer] fut envoyé sur l'île de Ga-ye-na [Cayenne] située sous l'équateur à une distance de plus de dix mille *li*[30].

À partir du moment où la traduction chinoise de Foucquet du *Dialogue sur l'astronomie* (*Lifa wenda* 曆法問答*)* fut présentée à l'empereur et à Yinzhi, ceux-ci durent avoir connaissance de l'Académie royale des sciences. Il est assez intéressant de noter que les astronomes chinois passèrent beaucoup de temps à déterminer l'obliquité de l'écliptique au parc du Printemps luxuriant (Changchunyuan), ce qui nous montre que les activités scientifiques y subissaient l'influence de celles de l'Académie

[29] Biblioteca Apostolica Vaticana, Borg. Cin. 439.

[30] *Lifa wenda*, «Richan», p. 52, British Library. Sur le *Lifa wenda* de Foucquet, voir Hashimoto Keizo et Catherine Jami, 1997, p. 171-185.

royale des sciences de Paris et que les Chinois prenaient modèle sur l'Académie française.

Les jésuites français jouèrent un grand rôle dans la propagation de la connaissance de l'Académie royale des sciences en Chine. Il est à souligner que l'un de leurs projets initiaux était de créer en Chine une académie qui serait une branche de l'Académie royale des sciences. Afin de satisfaire les exigences de l'Académie royale des sciences, ils envoyèrent aux astronomes français de nombreuses observations astronomiques effectuées en Chine. Cela peut expliquer pourquoi ils supervisèrent la réalisation de la grande carte de la Chine.

Le conflit entre le Département impérial d'astronomie et l'Académie des mathématiques

L'enseignement de la science était aussi lié au Département impérial d'astronomie. Après le débat au sujet du calendrier autour de l'an 1660, de nombreux étudiants chinois et mandchous furent acceptés pour l'étude des sciences mathématiques. Alors que Verbiest était en charge du Département impérial d'astronomie, il mentionna avoir eu entre cent soixante et deux cents disciples venant de temps en temps assister à ses cours d'astronomie[31].

À partir de 1700, le jésuite portugais J. Suarez (1656-1736) suggéra que les jésuites procèdent à l'instruction des astronomes du Département impérial d'astronomie en matière de sciences mathématiques. Suarez et le jésuite allemand K. Stumpf (1711-1720) devinrent ainsi leurs enseignants. Au début, les étudiants se rendaient à l'église pour assister à leurs cours, mais par la suite l'empereur Kangxi fit l'acquisition d'une maison à proximité de l'église et la transforma en salle de classe. Il n'existe malheureusement pas de sources concernant les cours de ces étudiants.

La fonction principale du Département impérial d'astronomie était l'élaboration du calendrier et la prédiction des phénomènes célestes. On peut donc légitimement se demander pourquoi il a été remplacé par l'Académie des mathématiques en 1713. La réponse réside à notre avis dans le contexte social de l'époque.

Comme on le sait, le Département impérial d'astronomie fut une institution importante pendant la dernière partie de l'histoire impériale de la

[31] *Cf.* Jami, 1994, p. 237-238.

Chine. Soutenus par Xu Guangqi 徐光啓 et d'autres hauts dignitaires, les jésuites commencèrent à travailler au Département impérial d'astronomie sous le règne de Chongzhen 崇禎 (1628-1644). Ils prirent part à la traduction des livres de mathématiques et d'astronomie occidentaux. En raison des fréquents contacts avec les jésuites, de nombreux astronomes chinois se convertirent au christianisme[32]. Le Département impérial d'astronomie n'était donc pas uniquement un centre scientifique, il était devenu également un centre d'importance pour la chrétienté. Si l'on jette un œil sur le calendrier impérial *shixianshu* (時憲書) sous la dynastie des Qing, on y trouve une liste d'astronomes chinois et mandchous[33] dont la plupart étaient catholiques.

Les astronomes chinois chrétiens au Département impérial d'astronomie jouèrent un rôle important dans les activités scientifiques et dans la mission catholique. Ils n'effectuaient pas seulement des recherches scientifiques, mais participaient également à de nombreuses activités dans les églises. Ils rendaient en effet souvent visite aux jésuites du fait que ceux-ci vivaient près des églises et entretenaient de bonnes relations avec eux[34]. Certains astronomes chrétiens furent catéchistes et jouèrent un rôle actif dans la querelle des rites. Il se trouvait également de nombreuses familles chrétiennes au Département impérial d'astronomie. Elles transmirent la foi chrétienne de génération en génération[35], apprirent les sciences dans

[32] La plupart des astronomes étaient baptisés avant d'entrer au Département impérial d'astronomie.

[33] En outre, dans le *Lingtai yixiangzhi* 靈台儀象志 écrit par Verbiest en 1674, on trouve une liste de ses élèves et de ses collègues. La plupart d'entre eux étaient catholiques. Liu Yunde 劉蘊德 (1628-1707), un élève d'Adam Schall von Bell, était l'un d'eux. Il participa à la compilation de nombreux ouvrages d'astronomie.

[34] Comme avec le jésuite allemand Adam Schall von Bell, par exemple, qui devint le premier directeur du Département impérial d'astronomie (1644-1666). Verbiest, Grimaldi, Stumpf, Koegler (1717-1746), von Hallerstein (1746-1774), da Rocha (1774-1781) et de Espinha (1781-1788?) furent ses sucesseurs.

[35] On peut citer comme exemple les familles Bao 鮑 et Sun 孫. Bao Yingqi 鮑英齊 était l'astronome le plus illustre dans sa famille. Même sous le règne de Shunzhi, il resta actif au Département impérial d'astronomie. Il aida Schall dans la compilation des livres d'astronomie. Entre 1678-1686, il devint le second vice-directeur du Département impérial d'astronomie, puis le premier vice-directeur entre 1687 et 1707. En plus de Bao Yingqi, on peut trouver dans le *Lingtai yixiangzhi* plusieurs autres membres de sa famille comme Bao Yinghua 鮑英華 et Bao Xuan 鮑選. Comme on peut le voir à partir des calendriers impériaux, Bao Kecheng 鮑可成, qui était *qiuguanzheng* 秋官正 entre 1701 et 1717, ainsi que Bao Qinhui 鮑欽輝, lequel fut *dongguanzheng* 冬官正 entre 1733 et 1755, sont issus de la même famille. Sun Youben 孫有本, quant à lui, fut *chunguanzheng* 春官正 entre 1671 et 1702, alors que Sun Erhui 孫爾蕙 fut *xiaguanzheng* 夏官正 entre 1707 et 1734. Dans la même famille, on peut aussi noter Sun Yourong 孫有容. En 1702, il y avait au moins trente-trois astronomes chinois. *Cf.* Han Qi, 1999, p. 85-95.

les églises et représentèrent les points de vue des jésuites. Il est intéressant de souligner que certains astronomes chrétiens devinrent vice-directeurs du Département impérial d'astronomie. En fait, ce comité était contrôlé par les jésuites et les astronomes chrétiens.

Le débat au sujet du calendrier avait grandement influé sur la diffusion du christianisme. Bien que l'empereur tolérât la diffusion des doctrines chrétiennes, les érudits chinois restaient extrêmement frileux et parlaient peu du christianisme dans leurs travaux. Au Département impérial d'astronomie, il y eut des conflits entre astronomes chrétiens et non-chrétiens. Dans ce contexte, une Académie des mathématiques fut spécialement créée afin de remplacer le Département impérial d'astronomie. À travers l'Académie, Yinzhi essaya de contrôler la compilation de la *Source de l'harmonie et du calendrier*. Il confia aux érudits chinois le soin de mener le travail scientifique indépendamment des jésuites[36]. Comme Catherine Jami l'écrit: «The creation of the Academy of Mathematics in 1713 seems to have been part of a policy of appropriation of Western knowledge, or in other words an attempt to end dependence on the Jesuits for scientific matters. The fact that there were no Jesuits among the compilers of the *Lüli yuanyuan* should also be intrepreted in that light[37].» Cela peut aider à expliquer les raisons pour lesquelles He Guozong 何國宗 (?-1766) et Mei Juecheng furent choisis comme éditeurs principaux de la *Source de l'harmonie et du calendrier*.

He Guozong était issu d'une famille d'astronomes. Celle-ci était originaire de Hangzhou et s'était installée à Daxing 大興 dans la préfecture du Shuntian 順天. Le père de He Guozong, He Junxi 何君錫, était un fonctionnaire du Département impérial d'astronomie. Il fut probablement l'élève de Yang Guangxian, ce qui laisse penser que He provenait d'une famille anti-chrétienne. Ce fait est confirmé par les sources européennes qui montrent bien qu'il n'aimait pas les jésuites et qu'il essaya de recommander Mei Juecheng en tant que directeur du Département impérial d'astronomie en remplacement des jésuites. On s'aperçoit par ailleurs que le nombre d'érudits chinois opposés aux jésuites était relativement élevé. À notre connaissance, He Guozong fut le seul fonctionnaire du Département impérial d'astronomie à recevoir un enseignement des mathématiques directement de la part de l'empereur. Sa carrière progressa

[36] Il est prouvé que Yinzhi et ses partisans essayèrent de se débarrasser du contrôle jésuite en matière scientifique. *Cf.* la lettre de l'astronome jésuite portugais A. Pereira en date du 20 novembre 1732, publiée dans Francisco Rodrigues, 1990. Le Dr. Catherine Jami a envoyé à l'auteur une copie de ce livre.

[37] *Cf.* Jami, 1994, p. 241.

d'ailleurs très rapidement. Ayant obtenu le titre de docteur (*jinshi* 進士) en 1712, il devint la même année académicien Hanlin, puis l'année suivante il fut nommé comme éditeur principal de la *Source de l'harmonie et du calendrier*[38]. He Guozong fut le seul des astronomes du Département impérial d'astronomie à bénéficier d'un rang aussi élevé. Par contraste, les astronomes chrétiens ne purent jouer un rôle fondamental quelconque dans l'Académie des mathématiques. Ce fait montre bien qu'il existait un conflit entre le Département impérial d'astronomie contrôlé par les jésuites et par les astronomes chrétiens, et l'Académie des mathématiques supervisée par Yinzhi et par ses partisans. Cette dernière était une institution indépendante du Département impérial d'astronomie dont les astronomes furent d'ailleurs remplacés par des mathématiciens érudits, chargés de la compilation de la *Source de l'harmonie et du calendrier*. Ce furent donc les mathématiciens de l'Académie des mathématiques qui, en participant à cette compilation, fixèrent les normes impériales en matière de mathématiques et d'astronomie. En fait, le Département impérial d'astronomie était destiné à être remplacé par l'Académie impériale des mathématiques. Les jésuites ne jouaient plus un grand rôle dans cette compilation et ce changement de politique fut crucial à la fin du règne de Kangxi.

Si, traditionnellement, l'éducation classique était plus prestigieuse que l'étude des sciences mathématiques, la situation avait peu à peu évolué du fait que nombre de jeunes érudits maîtrisant parfaitement les anciens classiques étudiaient au Mengyangzhai ou travaillaient pour Yinzhi. La plupart d'entre eux étaient recommandés par le Grand secrétaire Li Guangdi, et des personnages prestigieux tels que Mei Juecheng, Wang Lansheng et Xu Yongxi 徐用錫 étaient du nombre. Après avoir participé à la compilation de la *Source de l'harmonie et du calendrier*, ils furent nommés à un très haut grade de fonctionnaire, obtenant ainsi un statut social supérieur à celui des astronomes du Département impérial d'astronomie.

Conclusion

Le règne de Kangxi fut une période cruciale pour l'enseignement des sciences mathématiques en Chine. L'intérêt de Kangxi pour les mathématiques exerça une grande influence sur les érudits chinois qui, afin de satisfaire l'empereur, se mirent à étudier les mathématiques et à former de jeunes mathématiciens. L'utilisation des sciences mathématiques par

[38] *Ibid.*

les lettrés chinois amena à la reconnaissance de cette discipline et cette reconnaissance stimula grandement le développement de la science en Chine.

Cependant, la diffusion de la science occidentale sous le règne de Kangxi ne fut pas couronnée de succès. L'une des raisons plausibles de cet échec est le fait que Kangxi associa les études scientifiques à la politique, il utilisa la science comme moyen habile de contrôle des dignitaires chinois et de ses sujets. À cette époque, les relations entre Chinois et Mandchous n'étaient pas des meilleures, et l'Empereur se méfiait des fonctionnaires chinois. Il utilisa par ailleurs le fait que les érudits chinois étaient incompétents en matière scientifique, pour rehausser le prestige des Mandchous grâce à l'étude des mathématiques occidentales[39].

En fait, la science était un outil fort utile, qui permettait à l'empereur de se mettre en valeur lors de ses entretiens avec les dignitaires. Il garda toutefois pour lui certaines de ses connaissances: autour de 1690, alors qu'il apprenait les mathématiques, il invita Antoine Thomas à séjourner un certain temps à la Cour impériale afin d'achever la traduction d'un ouvrage mathématique, confiant à ce jésuite qu'il désirait garder la traduction pour lui tout seul sans que d'autres personnes soient au courant[40]. Une telle attitude fut certainement une entrave à la diffusion de la science en dehors de la Cour impériale.

L'éducation scientifique qu'il fit donner à ses enfants faisait partie de sa politique: il voulait que les princes puissent faire usage des sciences dans les affaires dirigeantes. On a vu le rôle majeur joué par le troisième fils de Kangxi, Yinzhi, qui supervisa les activités scientifiques à l'Académie des mathématiques. Ses autres fils apprirent également beaucoup des jésuites, notamment les treizième et seizième fils de l'empereur, Yinxiang 胤祥 et Yinlu 胤祿 (1695-1767). Ce dernier participa d'ailleurs, sous l'égide de son frère aîné Yinzhi, à la compilation de la *Source de l'harmonie et du calendrier*.

L'Académie des mathématiques fut la principale institution à jouer un rôle actif majeur dans la diffusion de la science occidentale sous le règne de Kangxi. Au demeurant, lorsque l'empereur Yongzheng accéda au trône, il fit remplacer Yinzhi qui pouvait être un prétendant au trône dangereux pour lui, par Yunlu 允祿 (ou Yinlu) à la tête de l'Académie des mathématiques. Chen Menglei, très ami avec Yinzhi, fut aussi renvoyé.

[39] À cette époque, certains érudits mandchous assirent leur réputation grâce à leurs connaissances.

[40] L'auteur exprime son immense remerciement au Dr. Noël Govers pour cette information précieuse fournie dans une lettre adressée à Catherine Jami et à lui-même.

C'est donc Yunlu qui, sous les règnes de Yongzheng et de Qianlong 乾隆, dirigea la compilation des ouvrages de mathématiques. Ce fut le déclin progressif de l'Académie des mathématiques, qui ne survécut pas longtemps au limogeage de Yinzhi, en raison notamment de l'accroissement des luttes politiques: les institutions scientifiques de la Chine périclitaient.

L'INSTRUCTION MÉDICALE ET SA VULGARISATION DANS LA CHINE DES MING ET DES QING[1]

Angela Ki Che Leung[2]

Introduction

Qiu Xiaomei 裘笑梅, éminente femme médecin née à Hangzhou en 1911, commença d'étudier la médecine chinoise sous la direction d'un maître à l'âge de 18 ans. Avant de décider de la prendre pour élève, il l'interrogea sur le contenu de quatre ouvrages qu'il lui avait donnés à étudier trois mois auparavant. Il s'agissait de l'*Éveil à la connaissance médicale* (*Yixue xinwu* 醫學心悟, 1732), des *Formules sur les pouls en vers de quatre caractères, par le Maître des rives lacustres* (*Binhu siyan maijue* 瀕湖四言脈訣) de Li Shizhen 李時珍, du *Texte versifié sur la nature des remèdes* (*Yaoxing zongfu* 藥性總賦, XVe siècle), ainsi que des *Comptines rimées sur les recettes* (*Tangtou gejue* 湯頭歌訣, 1694)[3]. Ces quatre livres, qui faisaient partie des textes d'introduction à la médecine les plus fréquemment utilisés durant la période des Ming et des Qing (XVe-XVIIIe siècle), contiennent non seulement des éléments d'information sur les méthodes pédagogiques utilisées en matière d'éducation médicale pendant cette période, mais apportent également un témoignage sur l'apogée de l'histoire de l'enseignement médical de base et de sa vulgarisation grâce aux livres imprimés.

Cet article a pour objet l'étude du développement de l'instruction médicale élémentaire sous les Ming et sous les Qing, à partir de l'examen de ces textes, ainsi que d'autres manuels médicaux rédigés sous ces deux dynasties. Ces manuels présentent de nombreux points communs: tout d'abord, ils font tous référence aux mêmes sources, à savoir les ouvrages

[1] Article traduit en français par Gilles Despeux et Pénélope Riboud-Duran.

[2] Je remercie infiniment les organisateurs de la conférence «Éducation et instruction en Chine» tenue à l'INALCO en juin 1999, et plus particulièrement Catherine Despeux et Christine Nguyen Tri. Un grand merci également aux participants de la conférence qui m'ont fait des commentaires fort intéressants. Enfin, je tiens à exprimer ma gratitude à Charlotte Furth et Chang Che-chia pour leur lecture attentive d'une version antérieure de cet article et pour leurs suggestions on ne peut plus précieuses.

[3] *Cf.* Zhu Lin 朱璘, 1989, p. 1.

médicaux classiques; ensuite, ils ont ostensiblement simplifié tant le langage que le contenu des classiques auxquels ils se réfèrent[4]; enfin, la plupart des rédacteurs de ces textes soulignent dans leur préface que, s'ils ont écrit ces livres, c'est avant tout pour instruire les débutants et bien souvent leurs propres étudiants. Mais si ces ouvrages furent publiés en grand nombre sous les Ming et les Qing, ceux-ci ne furent malheureusement jamais regroupés en une seule et même catégorie dans les diverses bibliographies. En outre, une grande partie de ces textes — dont les titres sont parfois trompeurs — n'est pas facilement accessible du fait de leur diffusion limitée: ils étaient souvent imprimés localement, et parfois par des moyens privés. Il est par conséquent impossible d'établir une bibliographie exhaustive des textes introductifs à la médecine sous les Ming et les Qing, et ceux qui sont étudiés dans le présent article n'en forment qu'une infime partie. Mais le fait que les ouvrages dont il est question ici aient toujours été relativement accessibles, qu'ils aient été réimprimés ou réédités plusieurs fois et qu'ils aient été souvent cités par les médecins de l'époque ou par ceux des époques postérieures, prouve, dans une large mesure, leur influence et leur caractère représentatif dans ce domaine[5].

Dès la fin du XIVe siècle, un nombre sans cesse grandissant de manuels d'introduction à la médecine envahit le marché du livre. Ce phénomène s'explique par plusieurs facteurs: l'émergence d'une nouvelle orthodoxie médicale lettrée durant la période des Jin et des Yuan; la consolidation, dans la transmission du savoir médical, de la relation «maître-disciple» fondée sur le modèle néoconfucéen en plein essor[6]; le relâchement du contrôle bureaucratique sur l'enseignement et la pratique de la médecine[7]; et enfin, l'explosion de la culture de l'imprimerie. À partir de l'époque Ming, cet enseignement de la médecine qui s'effectuait à travers la tradition lettrée, est ainsi devenu plus accessible, mais également plus confus. Plus accessible en raison de la disponibilité d'un nombre sans cesse croissant d'ouvrages d'introduction à la médecine, ainsi que d'ouvrages reconnus comme plus «classiques» durant la période de transition des Yuan aux Ming; plus confus du fait qu'en dépit de la consolidation

[4] On trouve ces deux premières caractéristiques dans les ouvrages de vulgarisation médicale publiés en Occident. *Cf.* Jacques Poirier, 1993, p. 219.

[5] En plus des ouvrages disponibles de nos jours, j'ai consulté la liste du *Quanguo zhongyi tushu lianhe mulu* 全國中醫圖書聯合目錄 (Catalogue national des ouvrages médicaux chinois parus dans toute la Chine), que l'on peut consulter à la bibliothèque de l'Académie de médecine traditionnelle chinoise à Pékin (Zhongguo zhongyi yanjiuyuan 中國中醫研究院).

[6] *Cf.* Leung, 2001.

[7] *Cf.* Leung, 1987, p. 134-166.

de la tradition médicale lettrée, il n'existait aucun consensus dans le monde universitaire sur les méthodes d'enseignement général et aucune institution capable d'établir une norme pour l'enseignement médical. Cette consolidation était le fruit d'une rupture avec l'ancienne tradition médicale, apparue durant la période de transition des Song-Yuan-Ming. La nouvelle tradition lettrée, relativement bien ancrée, mettait davantage l'accent sur la théorie et préférait le diagnostic fondé sur la prise des pouls ainsi que la médication à base de remèdes. Elle offrait un visage «civilisé» grâce à l'influence grandissante de l'école néoconfucéenne et au développement de la classe des *shi* 士. D'un point de vue intellectuel, la nouvelle tradition médicale était articulée autour à la fois d'anciens textes et de classiques médicaux des maîtres des Jin et des Yuan, dont l'ultime représentant fut Zhu Zhenheng 朱震亨 (1282-1358), éminent médecin et lettré néoconfucéen de la province du Zhejiang[8].

L'établissement de la nouvelle tradition médicale lettrée se fit au détriment de certains aspects de la médecine ancienne. Cette dernière fut alors marginalisée et reléguée au rang de pratiques populaires après l'époque Ming. Ces pratiques englobaient plutôt le côté technique, «manuel», et religieux — voire «superstitieux» au regard de l'élite — de l'ancienne tradition, comme par exemple l'acuponcture, l'ophtalmologie, certains arts chirurgicaux ou le recours à la magie. Or, dès l'époque Ming, les spécialistes de ces domaines, qui furent progressivement considérés comme des techniciens dénués de raffinement intellectuel, étaient non seulement fréquemment issus des basses couches sociales, mais comprenaient également un grand nombre de femmes. Cela explique pourquoi le savoir dans ces disciplines se transmettait essentiellement par oral et pourquoi les traces écrites sont rares[9].

La tradition lettrée, elle, ressentait en revanche la nécessité d'un programme d'enseignement. Cela se reflète dans le nombre croissant de manuels d'introduction, souvent comparés aux premiers livres de la tradition néoconfucéenne. Comme il n'existait cependant aucune institution de contrôle de l'enseignement médical, ce programme variait en fonction des différents maîtres. Nous décrirons donc tout d'abord brièvement quelques exemples de manuels de la période des Ming et des Qing afin d'illustrer notre propos.

[8] L'autorité de cette nouvelle tradition fut reconnue au début des Ming par d'éminents fonctionnaires lettrés tels que Song Lian 宋濂 (1310-1381). Sur la complexité du développement de l'enseignement médical dans la période des Song-Yuan-Ming, *cf.* Leung, 2001.

[9] *Cf.* Leung, 2001.

Manuels d'introduction à la médecine sous les Ming: le modèle néoconfucéen

L'un des premiers ouvrages systématiques d'introduction à la médecine dans la période des Ming fut la *Petite étude des classiques de la médecine* (*Yijing xiaoxue* 醫經小學), composé en 1388 par Liu Chun 劉純, de la province du Shaanxi, fils d'un disciple de Zhu Zhenheng, Shuyuan 叔淵. Il fut également l'auteur d'un certain nombre d'ouvrages médicaux moins connus comme *Comptines rimées sur la* materia medica (*Bencao gejue* 本草歌訣) ou le *Texte versifié sur la nature des remèdes* (*Yaoxing fu* 藥性賦). La *Petite étude des classiques de la médecine* devait être un manuel introductif fort important sous les Ming puisqu'il fut préfacé en 1438 par le Grand secrétaire Yang Shiqi 楊士奇 (1365-1444), l'une des figures politiques principales du début des Ming.

Yang met en avant le fait que ses rimes et ses vers — une forme d'écriture destinée à faciliter la mémorisation par les débutants — se fondaient tant sur des classiques tels que les *Questions fondamentales* (*Suwen* 素問), le *Pivot divin* (*Lingshu* 靈樞)[10] ou le *Classique des difficultés* (*Nanjing* 難經), que sur les ouvrages des premiers maîtres comme Zhang Ji 張機 (dynastie des Han de l'Est) ou Wang Shuhe 王叔和 (période des Jin)[11] ou encore sur les ouvrages des quatre maîtres des Jin et des Yuan, à savoir Liu Wansu 劉完素 (1120-1200), Zhang Congzheng 張從正 (1156-1228), Li Gao 李杲 (1180-1251) et Zhu Zhenheng 朱震亨 [12]. En d'autres termes, ces manuels d'introduction à la médecine étaient le produit d'une compilation conforme à l'orthodoxie médicale lettrée telle qu'elle s'est fixée pendant la période des Jin et des Yuan.

L'emploi du terme «petite étude» (*xiaoxue*), dans le titre de l'ouvrage de Liu Chun, témoigne de l'intention de l'auteur de proposer un programme éducatif fondé sur le modèle de l'enseignement des Classiques confucéens. Dans sa propre préface, il affirme que le livre avait pour objet d'aider les débutants «à rester dans le droit chemin tout en suivant la piste des origines [de l'enseignement médical]»[13]. Les débutants devaient ainsi étudier les «principes de base» qui résumaient les grands

[10] Ces deux ouvrages — *Questions fondamentales* et *Le pivot divin* — sont généralement considérés comme les deux parties du *Canon intérieur* (*Neijing* 內經).

[11] Ces deux lettrés furent les auteurs respectifs de deux ouvrages de base de la médecine: le *Traité des troubles dus au froid* (*Shanghan lun* 傷寒論) et le *Classique sur les vaisseaux et les pouls* (*Maijing* 脈經).

[12] *Cf.* Yang Shiqi, 1962, p. 1.

[13] *Cf.* La préface de Liu Chun, datée de 1388, dans son *Étude élémentaire de la médecine,* dans Liu Chun, 1962, p. 2.

classiques sous forme de poèmes faciles à mémoriser. Selon Liu Chun, ils se devaient de posséder un savoir préliminaire sur les six branches de la médecine: 1. la *materia medica* (*bencao* 本草); 2. les vaisseaux et les pouls (*mai* 脈); 3. le système des méridiens (*jingluo* 經絡); 4. la pathogénie (*bingji* 病機); 5. les méthodes thérapeutiques (*zhifa* 治法) et 6. le système des cinq révolutions et des six souffles (*yunqi* 運氣). Le livre de Liu Chun était donc divisé en six chapitres, introduits chacun par deux rimes, portant l'appellation «Rimes du maître en guise d'introduction à la médecine» (*Yixue zhinan zongjue* 醫學指南總訣) et tirées de la *Clé dorée pour le coffret de jade* (*Yugui jinyao* 玉匱金鑰), qui présentaient aux débutants la signification de ces six branches de la médecine[14]. La plus grande partie du livre de Liu Chun était écrite sous forme de vers, dont la source était parfois citée. L'accent mis sur les aspects théoriques et les applications en pathogénie des cinq révolutions et des six souffles (*wuyun liuqi* 五運六氣) — dont le long sixième et dernier chapitre est un exemple flagrant —, montre la forte influence de la théorie médicale des Song et des Jin sur celle de Liu, produit typique de l'enseignement médical du XIVe siècle. Un examen des sources citées permet de comprendre pourquoi Yang Shiqi a estimé ce texte: Liu Chun cite en effet scrupuleusement les anciens classiques médicaux et les ouvrages des maîtres plus récents mentionnés dans sa préface.

Le programme éducatif du début des Ming, tel qu'il fut présenté par Liu Chun, ne remporta toutefois jamais une adhésion totale, et ce en dépit de son approche systématique, de son respect des classiques et du soutien de l'élite politique. D'autres programmes firent successivement leur apparition durant les dynasties des Ming et des Qing. Les types de sujets présentés comme devant être étudiés par les débutants étaient différents du programme de Liu Chun. Le livre de Liu semble même avoir perdu de son influence à la fin de la période des Ming et au début des Qing au fur et à mesure qu'apparaissaient des livres plus faciles d'accès. En fait, si son ouvrage fut réimprimé au moins trois fois au début des Ming (et surtout au XVe siècle), il ne fut guère réédité sous la Chine impériale après le XVIe siècle[15].

[14] *Cf. Yijing xiaoxue*, 1:1. Il semble que l'ouvrage intitulé *Clé dorée pour le coffret de jade* ait disparu; l'auteur n'en a trouvé trace nulle part.

[15] Il fut réimprimé sous les Ming en 1438, en 1473 et à une autre date non connue. Il le fut à nouveau au moins deux fois au Japon au cours du XIXe siècle, mais il ne semble pas avoir été réimprimé sous la dynastie des Qing. Nous avons trouvé les informations sur ces rééditions du livre de Liu dans le *Quanguo zhongyi tushu lianhe mulu*, 1991 (voir plus particulièrement p. 319). L'édition du *Zengbu zhenben yishu jicheng* que l'auteur utilise ici serait un fac-similé d'une édition de l'ère Wanli (1573-1620).

Il semble qu'il y ait eu, après le XVe siècle, une tendance grandissante à simplifier le langage et les méthodes d'enseignement afin de rendre l'apprentissage des débutants plus aisé. Le célèbre médecin Wang Ji 汪機 (1463-1539) de Xin'an (Anhui), auteur des *Cas médicaux de Shishan* (*Shishan yi'an* 石山醫案), rédigea un manuel d'étude de la médecine en sept *juan*, intitulé *Lectures sur la médecine* (*Yidu* 醫讀). Il compila délibérément cet ouvrage pour faciliter l'apprentissage de la médecine. Il écrit en effet dans son introduction:

> Ce livre est rédigé de façon à ce que les débutants le mémorisent facilement. C'est pourquoi, j'ai utilisé des vers de quatre caractères dans les parties sur la médication, sur la pathogénie et sur les canaux et les pouls; quant aux préparations de recettes médicales, je les ai écrites en vers de sept caractères, comme d'éminents médecins l'ont fait avant moi.[...] Telle est la méthode à suivre pour les débutants en médecine[16].

Si l'ouvrage de Wang met ainsi l'accent sur la versification comme moyen mnémotechnique de mémorisation des prescriptions (*fang* 方), l'auteur n'en oublie pas moins de rappeler aux débutants qu'après l'étude de son livre, ils n'auront appris que le «langage superficiel» de la médecine. Pour des études plus poussées, il suggère de consulter les classiques, tels le *Canon interne*, le *Classique des difficultés*, le *Classique des pouls* (*Maijing* 脈經)[17] ou le *Classique de la* materia medica, sans oublier les ouvrages de Zhang Ji, de Sun Simiao 孫思邈 (*ca* 581-682), de Wang Tao 王燾 (*ca* 670-755), de Chao Yuanfang 巢元方 (au début du VIIe siècle), de Chen Yan 陳言 (XIIe siècle), de Yang Shiying 楊士瀛 (XIIIe siècle), de Hua Shou 滑壽 (1304-1386), des quatre maîtres des Jin et des Yuan, ainsi que les ouvrages des maîtres contemporains du Sud[18].

Il est clair que tandis que Liu Chun au début des Ming était plus proche de la tradition des Jin et des Yuan, Wang Ji, près d'un siècle plus tard, donnait la préférence aux classiques des Tang et des Song. En revanche, Wang partageait un point de vue similaire à celui de Liu en ce qui concerne l'orthodoxie médicale. Les deux auteurs étaient conscients de la nécessité de rappeler aux débutants l'importance d'étudier d'autres classiques que les leurs, pour pouvoir posséder un savoir médical complet. Alors que Liu avait présenté un programme plus étoffé et peut-être plus équilibré dans six domaines principaux, Wang mettait plutôt l'accent sur la mémorisation des médications et des prescriptions, exprimant

[16] *Cf.* Wang Ji, *Yidu* «Fanli 凡例», p. 1a.
[17] Ouvrage de Wang Shuhe, vers 280.
[18] *Cf.* Wang Ji, *Yidu,* «Fanli», p. 3b.

clairement par là sa volonté d'éveiller, dès le départ, l'intérêt des débutants à la pratique médicale. La simplicité affichée par l'ouvrage de Wang lui assura au moins une édition imprimée sous les Qing, en 1669, en plus de la forme manuscrite[19].

L'un des plus influents manuels d'introduction à la médecine sous les Ming fut écrit par Li Chan 李梴 (fin XVIe-début XVIIe siècle), de la province du Jiangxi. Son ouvrage, *Introduction à la médecine* (*Yixue rumen* 醫學入門), fut publié en 1575. Comme le livre de Wang, il était divisé en sept *juan*, traitant respectivement du système des méridiens, de la *materia medica*, des différents troubles liés au froid (*shanghan* 傷寒), des troubles divers (*zabing* 雜病), des maladies de la femme, de l'enfant et des maladies externes (*furen* 婦人, *xiao'er* 小兒, *waike* 外科), et enfin des principes de médication écrits en vers et occupant les deux derniers chapitres (*yongyaofu* 用藥賦). L'originalité de ce livre réside dans l'introduction de deux sous-sections, l'une — longue et détaillée — sur l'acuponcture dans le chapitre sur le système des méridiens, l'autre sur la médecine externe dans le chapitre sur les maladies de la femme et de l'enfant[20]. Comme nous l'avons déjà remarqué plus haut, ces deux aspects de la pratique médicale étaient marginalisés dans la tradition lettrée depuis la fin des Song. Qu'ils aient été insérés ici montre l'approche pragmatique de l'auteur, notamment lorsque l'on compare son approche de la médecine avec celle de Liu deux siècles plus tôt.

Le livre de Li commence par une brève discussion de portée générale sur les relations entre le cosmos et les êtres humains et se termine sur une section concernant les principes de base dans la théorie et la pratique médicales (*xiyi guige* 習醫規格). C'est d'ailleurs dans cette dernière section que l'on peut s'apercevoir de la continuité qu'offre cet ouvrage avec ceux de Liu Chun et de Wang Ji. Dans la rédaction de son livre, Li reprend, comme ses prédécesseurs, la tradition des anciens classiques médicaux (*Questions fondamentales* ou le *Classique des difficultés* par exemple) ou des écrits médicaux des quatre maîtres des Jin et des Yuan. Quiconque apprenait par coeur le livre en entier, devenait, selon les termes de Li Chan, un «petit docteur» (*xiaoyi* 小醫). Pour devenir un excellent médecin, en revanche, Li recommandait d'apprendre non seulement les textes médicaux, mais aussi les Classiques confucéens.

[19] *Cf. Quanguo zhongyi tushu lianhe mulu*, p. 321.

[20] L'ouvrage de Liu Chun contenait lui aussi une section sur l'acuponcture. Cette dernière était très brève puisqu'un seul vers était cité du *Classique de l'aiguille* (*Zhenjing* 鍼經), lequel n'existe plus (il existait des ouvrages au titre similaire sous les Sui, les Song et les Jin). En revanche, Liu Chun ne réserva aucun passage à la chirurgie (*waike* 外科).

Véritable modèle des manuels d'introduction à la médecine, l'ouvrage de Li Chan connut un énorme succès. Après les deux premières éditions en 1575, il fut réédité au moins cinq fois sous les Ming et treize fois sous les Qing. À la veille du XXe siècle, il existait déjà une édition coréenne et six japonaises[21].

Ces trois manuels d'introduction à la médecine — ceux de Liu Chun, de Wang Ji et de Li Chan — s'ils peuvent être considérés comme représentatifs de la «confucianisation» de la tradition médicale lettrée pendant la période des Yuan et des Ming, révèlent par ailleurs les changements opérés au sein de cette tradition dans les principes d'instruction médicale sous les Ming. Les trois auteurs avaient tous étudié les Classiques et aspiré à une carrière de fonctionnaire, avant de se tourner vers la médecine pour diverses raisons. Tous organisèrent consciencieusement leurs manuels selon le modèle des méthodes d'enseignement confucéennes, lesquelles privilégiaient la mémorisation des textes issus des Classiques. Des trois manuels, celui de Liu Chun fut le plus marqué par la théorie des cinq révolutions et des six souffles des Song et des Jin. Cet aspect quelque peu abstrait du livre peut expliquer pourquoi il tomba dans l'oubli sous les Qing. Le manuel de Li Chan, quant à lui, plus long et vraisemblablement plus difficile à comprendre, était clairement destiné aux apprentis ayant déjà une bonne connaissance de la tradition confucéenne. C'était aussi un manuel davantage axé sur la médecine en tant que telle, puisqu'il contenait des sections sur l'acuponcture et sur la médecine externe. Son approche pratique explique probablement son grand succès dans les périodes postérieures. Il est d'ailleurs à noter qu'un autre manuel à succès, *Guérison des dix mille maladies* (*Wanbing huichun* 萬病回春, 1587), écrit par le médecin du palais, Gong Tingxian 龔廷賢 (originaire de Jinxi 金谿 dans la province du Jiangxi), fut sans doute influencé par celui de Li du fait de l'approche similaire qu'il fait de la médecine[22]. Quant au manuel de Wang Ji, il était le plus simple des trois. En dépit de son succès modéré, que l'on ne peut comparer à celui de ses *Cas médicaux*, ce texte introductif devait annoncer un nouveau modèle de livres médicaux qui verraient le jour à l'époque des Qing, des livres

[21] *Cf. Quanguo zhongyi tushu lianhe mulu*, p. 702-703.

[22] L'ouvrage de Gong, en huit chapitres, commence par des vers sur les méridiens et les pouls, suivis de discussions sur les maladies les plus courantes, avant de finir sur la thérapeutique et les recettes. Il contient également un chapitre sur la chirurgie. Selon l'une des préfaces, cet ouvrage était un texte introductif destiné en partie aux débutants en médecine. *Cf. Wanbing huichun*, 1994, p. 3 et 8. Ce livre connut au moins trois éditions sous les Ming et dix-sept sous les Qing, auxquelles il faut rajouter un bon nombre d'éditions japonaises. *Cf. Quanguo zhongyi tushu lianhe mulu*, *op. cit.*, p. 324.

plus «agréables à lire» pour les débutants, et bien plus compétitifs en terme de marché.

Manuels d'introduction à la médecine sous les Qing: Une approche pragmatique

Le développement des ouvrages médicaux sous les Qing n'est pas seulement caractérisé par une constante simplification du contenu, mais également par des innovations dans le domaine des méthodes pédagogiques: ces ouvrages s'adressaient en effet principalement aux débutants souhaitant pratiquer la médecine le plus rapidement possible. C'est pourquoi ils devinrent de plus en plus pragmatiques, se focalisant principalement sur l'expérience médicale plutôt que sur les aspects théoriques ou même éthiques de la morale confucéenne.

Zhang Rui 張叡 (1662-1722, originaire de Nantong 南通 dans la province du Jiangsu), l'un des médecins des Qing ayant pratiqué au Palais impérial, introduisit le concept de «leçons de médecine progressives pour débutants». Le texte d'introduction à la médecine qu'il écrivit et publia en 1704 fut donc intitulé *Premiers pas en médecine* (*Yixue jieti* 醫學階梯). Dans cet ouvrage en deux *juan*, Zhang Rui, à l'image de ses prédécesseurs de l'époque des Ming, souligne les ressemblances existant entre l'étude de la médecine et celle du confucianisme, même si, comparée au confucianisme, la médecine était présentée comme une «discipline mineure» (*xiaodao*, 小道). La nouveauté de cette méthode résidait dans la mise en place d'un «premier niveau» à partir duquel chacun pouvait progresser. Ce texte introductif, contrairement à la plupart des autres, ne fut pas rédigé en vers, mais en prose. Dans le premier chapitre, Zhang présente plusieurs notions essentielles de médecine: le *yin* et le *yang*, les principes relatifs à la maladie, les influences du monde environnant sur le corps ou encore les différentes attitudes du patient par rapport à la médication. Dans le second chapitre, il explique l'importance relative des six disciplines propres à l'étude de la médecine (la nature des remèdes, les prescriptions, le système des méridiens, les pouls, le système des cinq révolutions et des six souffles, et les troubles liés au froid), tout en mettant en corrélation les classiques médicaux et les Classiques confucéens, et en expliquant aux débutants chaque étape de l'étude de ces classiques ainsi que la meilleure façon de lire un texte en général[23].

[23] *Cf.* Zhang Rui, 1704, préface de l'auteur au premier *juan*, p. 3a; second *juan*: «Propos sur la médecine» («Yi shuo» 醫說); «Sur les bases fondamentales de la profession médicale» («Yeyi gendi lun» 業醫根底論), p. 1a-3b.

Bien qu'il soit rédigé en prose, le texte de Zhang est d'un abord facile. Il s'agit d'un livre destiné à être utilisé comme introduction à la médecine sans pour autant être nécessairement mémorisé. Certaines de ses sections, comme celles sur les influences du monde environnant sur le corps humain, ou sur les attitudes du patient vis-à-vis de la médication, sont rédigées dans une perspective plus empirique que théorique. On perçoit dans ce texte l'enthousiasme d'un praticien à transmettre son expérience médicale aux débutants, mais également sa préoccupation profonde de donner ses lettres de noblesse à la médecine, en plaçant son étude en seconde place après celle du confucianisme. L'ouvrage fut réédité au moins une fois en 1731[24].

Le texte le plus représentatif de la période des Qing est en fait l'un des manuels qui avait été donné à Qiu Xiaomei par son maître dans les années 1920 (voir introduction), l'*Éveil à la connaissance médicale*, publié pour la première fois en 1732. Son auteur, Cheng Guopeng 程國彭 (*ca* 1679-*ca* 1735, natif de Shexian 歙縣, province de l'Anhui), à l'instar de nombreux médecins des Ming et des Qing qui étaient également auteurs d'ouvrages médicaux, avait d'abord étudié le confucianisme avant de se tourner vers les études médicales[25]. Dans la préface de son livre, Cheng déclare résolument qu'il l'a écrit «afin d'enseigner à ses étudiants». Le premier des six chapitres commence par un poème qui devait devenir fort populaire tout au long des Qing et qui l'est toujours actuellement: la «Comptine rimée sur cent erreurs en médecine» («Yizhong baiwu ge» 醫中百誤歌)[26]. Ce premier chapitre avait, de toute évidence, pour but de présenter aux étudiants les erreurs les plus courantes commises dans la pratique médicale. Cheng classe ces erreurs en cinq catégories: les erreurs faites par le médecin lui-même, par le malade, par sa famille et ses proches, par les pharmaciens et les erreurs survenant dans le processus de préparation des prescriptions. Des cinq catégories, c'est la première présentant les erreurs du médecin lui-même qui est la plus importante, avec vingt et un types d'erreurs; les erreurs provoquées par le malade sont au

[24] *Cf. Quanguo zhongyi tushu lianhe mulu*, p. 28-29.

[25] Apparemment, Cheng devint un moine bouddhiste à la fin de sa vie. L'édition de son livre que l'on utilisera ici divise l'ouvrage en deux parties. À la fin du chapitre VI (dernier chapitre de la première partie), il est écrit que ces six premiers chapitres furent rédigés par Cheng dans sa vieillesse alors qu'il était moine bouddhiste. Quant à la seconde partie, elle traite essentiellement des troubles liés au froid. *Cf.* Cheng Guopeng, 1732, table des matières (*mulu* 目錄), p. 8a.

[26] Il existe même une édition récente de ces rimes en Chine: *Yizhong baiwu ge qianshuo* 醫中百誤歌淺說, 1993. Dans la préface de cette nouvelle édition, il est dit que l'ouvrage est particulièrement utile pour les débutants en médecine chinoise.

nombre de douze et les trois dernières catégories se partagent sept types d'erreurs en tout. Les erreurs du médecin concernaient principalement les erreurs de diagnostic et de prescription, résultat d'un mauvais jugement ou d'une ignorance des principes de base, tels que la prise des pouls, les saisons, les évolutions du *yin* et du *yang*, la nature des remèdes, etc. Chaque type d'erreur est décrit en vers de trois à sept caractères chacun. En d'autres termes, la méthode pédagogique de Cheng s'avère encore plus pragmatique que celle de ses prédécesseurs, il considérait la médecine avant tout sous son aspect pratique plutôt que sous son aspect philosophique et prenait en compte les diverses faiblesses humaines. Dans ces vers, il met astucieusement en relation les différentes disciplines de l'enseignement médical avec les erreurs les plus courantes à éviter.

Le livre donne également dans le premier chapitre des éléments simples sur le diagnostic, la thérapie, ou les épidémies, tout en insistant particulièrement sur les troubles liés au froid et sur les «attaques du vent» (*zhongfeng* 中風) que Cheng développera par ailleurs dans les deux chapitres suivants. Les quatrième et cinquième chapitres traitent respectivement des maladies de l'homme et de la femme, et, pour ces dernières, de leurs liens directs avec la reproduction. L'ouvrage se termine sur un chapitre traitant de médecine externe (*waike* 外科) et incluant des sections sur l'acuponcture et la moxibustion. Autrement dit, en dépit du fait que l'auteur, à l'image de ses prédécesseurs de l'époque des Ming, ait cité aussi bien des classiques anciens que des ouvrages plus récents, ce livre d'introduction est principalement organisé à partir de considérations empiriques, puisque les maladies les plus courantes sont classifiées et discutées de manière directe et sensée, sans aucune justification théorique. Tout comme Li Chan au XVIe siècle, Cheng, davantage praticien que philosophe, n'hésite pas à inclure un long chapitre sur les arts chirurgicaux. Il n'est donc pas étonnant que ce livre ait connu un énorme succès: il fut réédité au moins vingt-six fois sous les Qing après sa première publication en 1732, et connut une forte popularité à la fin du XIXe siècle. Durant la période républicaine, il y eut au moins sept nouvelles éditions avant 1934[27].

L'approche pédagogique de Chen Guopeng s'avère donc originale. Sa méthode d'enseignement mettait particulièrement l'accent sur l'association de la pratique médicale et des études lettrées. Le matin, ses étudiants lisaient les textes médicaux, dans la journée ils assistaient aux cours de médecine et le soir, ils prenaient part aux discussions sur les difficultés

[27] *Cf. Quanguo zhongyi tushu lianhe mulu*, p. 336-337.

de diagnostic[28]. Alors que les principes de Cheng restent fidèles à l'orthodoxie médicale des Yuan et des Ming, sa méthode n'en reflète pas moins une professionnalisation croissante des médecins sous les Qing comme le montre l'accent mis sur le côté pratique et clinique.

La médecine rendue facile: Vers et rimes

Alors qu'un nombre croissant de manuels d'introduction à la pratique médicale apparaissaient sur le marché, une autre tendance de la vulgarisation du savoir médical se développait en parallèle: l'éclosion de textes versifiés et rimés simples sur les divers aspects de la médecine. Ces écrits étaient soit publiés en tant que tels, soit incorporés dans des manuels d'introduction à la médecine, voire même dans des almanachs ou des encyclopédies populaires (*leishu* 類書). S'il semble que certains de ces vers, notamment ceux ayant exercé le plus d'influence, furent rédigés par de célèbres médecins (probablement à l'usage de leurs étudiants), de nombreux autres provenaient d'une ancienne tradition orale. Tel est le cas de la plupart des textes versifiés concernant le diagnostic de la grossesse, les remèdes interdits aux femmes enceintes ou encore le diagnostic sur les naissances difficiles, comme en atteste l'ouvrage de Chen Ziming 陳自明 (Song du Sud), *Recettes excellentes pour femmes* (*Furen liang fang* 婦人良方), publié pour la première fois en 1237[29]. Il faut toutefois attendre les Ming pour que ces textes versifiés soient largement publiés, souvent de façon indépendante et en grande quantité.

Un exemple de ces écrits est le *Texte versifié sur la nature des remèdes* (*Yaoxing fu*, 藥性賦), rédigé vers le milieu du XVe siècle (1436-1449), et qui a probablement fait partie des textes donnés à Qiu Xiaomei par son maître (voir l'introduction). Il y eut plus de trente éditions de ce texte populaire sous les Qing[30]. Il est connu dans sa version longue de quatre

[28] *Cf. Zhongyi renwu cidian*, 1988, p. 621.

[29] *Cf.* Chen Ziming, 1995, p. 333-334, 337-338 et 470. Cette édition se fonde sur plusieurs autres datant des Yuan, Ming et Qing, ainsi que sur des éditions japonaises. Il n'est pas clair que Chen ait été l'auteur de ces vers, qui auraient circulé avant la publication de son ouvrage. Je remercie Charlotte Furth d'avoir attiré mon attention sur ce point.

[30] *Cf. Quanguo zhongyi tushu lianhe mulu*, p. 166-167. Il y eut un assez grand nombre de versifications sur la nature des remèdes dans la période des Ming et des Qing. Liu Chun mentionne dans son *Étude élémentaire de la médecine* un texte intitulé *Quatre vingt-dix vers sur la nature des remèdes* qu'il présentait comme une version longue du *Sac de perles* de Li Gao (*op. cit.*, 1: 1-10). Cependant, cet ouvrage est assez différent de la version populaire de ces vers telle qu'elle existait à l'époque des Ming et des Qing et que l'on peut encore se procurer de nos jours; *cf.* Dong Lianrong 董連榮, 1991, p. 66-71.

chapitres sous le titre d'*Appendices au texte versifié sur la nature des remèdes dans l'ouvrage «Sac de perles»* (*Zhenzhu nang zhizhang buyi yaoxing fu* 珍珠囊指掌補遺藥性賦) et est attribué à Li Gao (1180-1251, Zhending 眞定, province du Hebei); il est davantage connu sous l'intitulé *Texte versifié de Leigong sur la nature des remèdes* (*Leigong yaoxing fu* 雷公藥性賦), attribué à Li Zhongzi 李中梓 (1588-1655). Ce texte fut en fait écrit et réécrit dans la période des Ming par différents médecins pour des raisons commerciales, l'un d'entre eux étant probablement Xiong Zongli 熊宗立 (XVe siècle, Jianyang 建陽, province du Fujian). Xiong était non seulement un médecin connu, mais aussi un compilateur et surtout un éditeur prolifique de divers textes médicaux, aussi bien des classiques que des ouvrages plus populaires. Sa maison d'édition, la Zhongde tang 種德堂, l'une des nombreuses maisons d'édition à Jianyang durant les Ming, réimprimait les Classiques et publiait un grand nombre de textes médicaux qu'il avait écrits lui-même, dont le *Texte versifié sur la nature des remèdes*[31]. L'ensemble de l'écrit, comprenant deux cent quarante-huit remèdes, est divisé en quatre parties correspondant aux quatre catégories de remèdes: le froid (*han* 寒), le chaud (*re* 熱), le tiède (*wen* 溫) et le neutre (*ping* 平). Chaque mètre des vers correspondant à un remède, le texte était destiné aux débutants afin que ceux-ci aient une vue d'ensemble préliminaire sur les principes de prescription. Bien que les mètres des vers aient été de longueur variée, ce qui ne facilitait pas leur mémorisation par cœur, le texte, rédigé en un seul chapitre, fut utilisé par les étudiants tout au long des dynasties Ming et Qing, durant la période républicaine, et l'est même encore aujourd'hui[32]. En dépit de son succès commercial, l'ouvrage ne reçut néanmoins jamais l'estime de tous les médecins orthodoxes, et fut souvent critiqué du fait qu'il avait été vulgarisé dans un but purement lucratif[33].

En réalité, malgré le scepticisme de l'élite, les ouvrages sur les remèdes et les recettes semblent avoir été particulièrement en vogue durant les

[31] Fan Xingzhun 范行準 pensait que Xiong écrivait les textes et les attribuait pour des raisons lucratives à d'anciens maîtres. *Cf.* Fan Xingzhun, 1951, 3/1, p. 51; sur la carrière de Xiong en tant qu'éditeur, *cf.* Ye Dehui, 1983, p. 131-132; Zhang Xiumin, 1989, p. 484.

[32] Outre l'exemple de Qiu Xiaomei, on retrouve souvent ce texte inséré dans les ouvrages médicaux publiés de nos jours, ainsi dans Dong Lianrong 1991, p. 66-71. Voir aussi *Vers de Leigong sur la nature des remèdes*. Les trois chapitres restants sont rédigés sous forme de prose et concernent les fonctions de chaque remède.

[33] L'éditeur du *Siku quanshu* disait de cet ouvrage qu'il était «superficiel, vulgaire et ne valait pas la peine d'être lu». *Cf. Siku quanshu cunmu congshu* 四庫全書存目叢書 (1995), p. 126. Même Fan Xingzhun, un érudit moderne, ne tient pas ce texte en haute estime (voir note 31).

périodes Ming et Qing. De nombreux médecins exigèrent de leurs étudiants qu'ils apprennent le contenu de ces ouvrages au début de leurs études. Un autre texte versifié sur la nature des remèdes, qui devait devenir extrêmement populaire dans les périodes suivantes, fut *Comptines rimées sur la nature des remèdes* (*Yaoxing ge* 藥性歌) qui était en fait une partie de *Guérison des dix mille maladies*, le livre d'introduction à la médecine de Gong Tingxian précédemment évoqué. Ce texte fut parfois réintitulé *Comptines rimées sur la nature de quatre cents remèdes* (*Yaoxing ge kuo sibai wei* 藥性歌括四百味) dans les périodes suivantes. Écrits entièrement en mètres de quatre caractères, les deux cent quarante vers sur la nature des remèdes formaient un texte plus simple à mémoriser que celui de Xiong Zongli[34] et furent par la suite souvent utilisés indépendamment du manuel de Gong.

Les *Comptines rimées sur les recettes* (*Tangtou gejue* 湯頭歌訣, 1694) quant à elles — celles que Qiu Xiaomei dut apprendre en tant que débutante — forment l'un des exemples les plus typiques et les plus populaires des ouvrages de recettes. Son auteur, Wang Ang 汪昂 (1615-vers 1695, Xiuning 休寧, province de l'Anhui), divise les recettes en vingt et une catégories selon leur utilité, et les décrit sous forme de vers composés en mètres de sept caractères, le tout comprenant plus de deux cents vers. Bien que la forme versifiée ne soit pas en mesure de rendre la composition exacte des diverses recettes, elle n'en fournit pas moins les principes de combinaison des remèdes pour la préparation des recettes. Ce texte fut si populaire qu'il fut réimprimé au moins une trentaine de fois sous les Qing, et particulièrement sous le règne de Guangxu (1875-1908). À ces rééditions s'ajoutent les éditions comprenant des appendices, d'autres textes, ou de nouveaux vers additionnels, ainsi que celles incorporées dans les encyclopédies familiales[35].

Ces ouvrages sur les remèdes et les recettes écrits pendant la période des Ming peuvent être considérés comme un travail d'élaboration des vers plus courts sur des sujets similaires à ceux des époques antérieures. On peut citer comme illustration les courts écrits rimés qui suivaient systématiquement en appendice de plus longs vers comme *Comptines rimées sur la nature des remèdes* (*Yaoxing ge*) de Gong Tingxian, *Poème sur la nature des remèdes* (*Yaoxing fu*) de Xiong Zongli et *Dix-huit médicaments incompatibles* (*Shiba fan yao ge* 十八反藥歌) en deux couplets de

[34] Pour une annotation moderne de ce texte, *cf. Yaoxing ge kuo sibai wei baihua jie*, 1994.

[35] *Cf. Quanguo zhongyi tushu lianhe mulu*,1991, p. 238-239.

lignes de sept caractères (dix-huit médicaments y sont présentés, qui, s'ils sont utilisés en même temps, peuvent avoir des effets néfastes), *Dix-neuf médicaments se neutralisant mutuellement* (*Shijiu wei yao ge* 十九畏藥歌) en six couplets de lignes de sept caractères (il s'agit là de dix-neuf remèdes qui, utilisés en même temps, peuvent se neutraliser l'un l'autre, ou du moins restreindre leurs effets bénéfiques) ainsi que *Comptines rimées sur les médicaments ne devant pas être pris pendant la grossesse* (*Renshen jinji yao ge* 妊娠禁忌藥歌), ayant la même forme que *Dix-neuf médicaments se neutralisant mutuellement,* et donnant la liste de trente-trois médicaments ne devant pas être absorbés par une femme enceinte. De ces trois courts textes versifiés, c'est *Dix-huit médicaments incompatibles* qui apparut pour la première fois dans l'ouvrage *Comment un lettré sert ses proches* (*Rumen shiqin* 儒門事親) de maître Zhang Congzheng 張從正 des Jin (1156-1228, natif de Suizhou 隨州, Henan). Ce texte se trouve plus précisément dans le quatorzième *juan* de l'ouvrage, un chapitre essentiellement rédigé sous forme de vers, et traitant de divers aspects de la médecine[36], probablement en vue de l'enseignement aux débutants. L'origine du texte *Dix-neuf médicaments se neutralisant mutuellement*, quant à lui, est plus obscure. Liu Chun le rapporte dans l'*Étude élémentaire de la médecine* évoquée ci-dessus sans en préciser pour autant l'origine[37]. Il est certain que ce texte versifié était déjà utilisé pour l'enseignement des débutants dès le début de la période des Ming. L'origine du texte *Comptines rimées sur les médicaments ne devant pas être pris pendant la grossesse*, enfin, est mentionnée par Liu Chun comme provenant d'un ouvrage plus ancien, *Ce que l'on doit savoir pour des délivrances faciles* (*Bianchan xuzhi* 便產須知)[38]. En réalité, l'ouvrage intitulé *Comptines rimées sur les médicaments ne devant pas être pris pendant la grossesse,* est tiré d'un ancien poème rapporté dans le livre de Chen

[36] Les vers concernent différents sujets, allant de la pathologie à la façon d'estimer les chances de survie d'un patient en passant par les principes de l'utilisation des remèdes et le système des méridiens. *Cf. Rumen shiqin*, dans *Zihe yiji* 子和醫集, 1994, p. 323-336. Le texte versifié de *Dix-huit médicaments incompatibles* se trouve à la page 334.

[37] *Cf.* Liu Chun, *op. cit.*, p. 11. En fait, un autre court texte versifié en deux mètres et intitulé *Six remèdes devenant plus efficaces avec l'âge* (*Liu chen* 六陳) précédait souvent *Dix-huit médicaments incompatibles* et *Dix-neuf médicaments se neutralisant mutuellement.* Ce texte est également cité par Liu Chun, *op. cit.*, p. 10.

[38] Cet ouvrage est souvent attribué à Yan Han 顏漢 qui aurait vécu pendant la dynastie des Ming et sur lequel on ne sait pas grand chose. Une édition Ming de ce livre est datée de 1500. Selon la préface, le manuscrit avait été conservé par la famille de l'éditeur pendant des générations avant sa publication. *Cf. Zhongguo yiji kao* 中國醫籍考 (1956), p. 976. Étant donné que l'ouvrage est cité dans le livre de Liu Chun datant du XIVe siècle, il semblerait plutôt que le *Bianchan xuzhi* soit un texte écrit entre les Song et les Yuan.

Ziming au XIIIe siècle[39]. En d'autres termes, les ouvrages médicaux des XIIIe et XIVe siècles contenaient déjà un certain nombre de courts textes versifiés sur les remèdes et les recettes afin de faciliter la mémorisation des principes de base[40]. Les textes médicaux des Ming et des Qing rapportent ces vers et en élaborent de plus longs, toujours dans la même perspective.

Outre les thèmes concernant la *materia medica*, il existait également des textes versifiés pour débutants sur le sujet des vaisseaux et des pouls. Le quatrième ouvrage médical que Qiu Xiaomei dût étudier était le texte versifié sur les vaisseaux et les pouls du célèbre Li Shizhen 李時珍 (Qichun 蘄春, Hubei, *ca* 1518-1593). Ce livre, intitulé *Étude du Maître des Rives lacustres sur les vaisseaux et les pouls* (*Binhu maixue* 瀕湖脈, préface datée de 1564), se divise en deux parties; la première partie est composée en vers de sept caractères et traite de vingt-sept formes de pouls tandis que la seconde, en vers de quatre caractères, concerne les significations de base des vaisseaux et des pouls, les différentes façons de prendre les pouls, ainsi que les principes de base de l'interprétation des pouls, y compris ceux des femmes et des enfants[41]. Selon Li lui-même, ce texte était écrit afin de «faciliter l'apprentissage et servir d'introduction à [l'étude] des vaisseaux et des pouls»[42]. Des deux parties, c'est la seconde qui forme le texte le plus élémentaire, clairement écrit à l'intention des débutants[43]. Il était donc assez courant pour les enseignants de demander aux étudiants de commencer par apprendre la seconde partie par coeur, comme l'exigea d'ailleurs le maître de Qiu Xiaomei. Cet ouvrage connut au moins deux éditions différentes sous les Ming et fut publié au moins vingt-trois fois durant les Qing[44].

[39] *Cf. Zhongguo yiji kao*, 1956, p. 976, et plus particulièrement note 26. Le poème de Chen Ziming, intitulé «Poème sur les remèdes interdits aux femmes enceintes» («Yunfu yaoji ge» 孕婦藥忌歌) était plus long que celui contenu dans le livre de Liu Chun, et comprenait davantage de noms de remèdes; *cf.* Chen Ziming, 1995, p. 337-338. Il y a toujours eu de légères différences de contenu dans les diverses versions de ce poème publiées sous les Ming et les Qing (et il y en a même encore aujourd'hui), mais leur longueur était généralement similaire à celle de la version de Liu Chun.

[40] Un autre exemple de l'usage croissant des textes versifiés dans les ouvrages médicaux est les *Conseils diététiques pour l'enfant* (*Huoyou kou yi* 活幼口議) de Zeng Shirong 曾世榮. L'auteur écrivit sous forme versifiée certaines parties du chapitre VI (concernant les caractéristiques de l'enfant).

[41] Une récente réimpression de l'ouvrage se trouve dans Li Shimao 李士懋 et Tian Shuxiao 田淑霄 (1994); *cf.* aussi Dong Lianrong, 1991, p. 21-41.

[42] *Cf.* la préface datée de 1564, citée dans *Zhongguo yiji kao*, 1956, p. 216.

[43] Dans sa préface, Li précise néanmoins que l'ensemble du texte est destiné à faciliter l'apprentissage, pour les débutants, de la théorie des méridiens et des pouls. *Cf. Zhongguo yiji kao,* 1956, p. 215-216.

[44] *Cf. Quanguo zhongyi tushu lianhe mulu*, 1991, p. 113-114.

L'usage de ces vers et rimes, grâce auxquels l'apprentissage de la médecine était facilité, était fort complexe. Il ne fait aucun doute que certains d'entre eux étaient écrits par des médecins afin de former leurs étudiants, ou plus généralement d'aider les débutants en médecine. Que trois des quatre textes donnés à Qiu Xiaomei fussent de ce type montre indéniablement l'usage que l'on en faisait. Un autre exemple peut être trouvé dans un roman populaire anonyme du milieu du XVIIe siècle, le *Ciel à l'intérieur d'un pichet* (*Hu zhong tian* 壺中天), traitant du sort d'un médecin de la fin des Ming. Le héros de l'histoire, Gong Xin 龔信, à l'image de nombreux lettrés, était originellement un lettré à la recherche d'une carrière bureaucratique. Après des années d'échecs aux examens, il décida d'apprendre la médecine. Les deux premiers textes qui lui furent donnés à étudier par son maître étaient, une fois de plus, un texte versifié sur la nature des remèdes, et un sur les vaisseaux et les pouls[45].

Toutefois, ces textes versifiés et bien d'autres moins connus — bien que similaires dans la forme et dans le contenu — furent publiés à partir des Ming dans les almanachs populaires et les encyclopédies familiales. Ces publications étaient probablement utilisées comme manuels par des lettrés qui, vraisemblablement, appliquaient les remèdes et les méthodes décrits dans ces vers à eux-mêmes et à leurs familles en cas de maladie. Les encyclopédies des Ming et des Qing contenaient de longs chapitres sur les sujets médicaux et comprenaient les textes les plus populaires tels que le *Registre élargi sur différents sujets* (*Shilin Guangji* 事林廣記), le *Livre complet des innombrables trésors* (*Wanbao quanshu* 萬寶全書), la *Collection de citations tirées de toutes sortes d'écrits* (*Wuche bajin* 五車拔錦), la *Collection complète des sujets nécessaires pour la maison* (*Jujia biyong shilei* 居家必用事類), l'*Enseignement orthodoxe pour des usages innombrables* (*Santai wanyong zhengzong* 三台萬用正宗), etc.[46]. Ces encyclopédies ne contenaient pas seulement des vers sur la nature des remèdes et des recettes ou sur les vaisseaux et les pouls, mais également de brèves descriptions, en général sous forme versifiée, sur les maladies courantes et sur les «formules toutes prêtes» (*huotao* 活套) à utiliser pour les maladies les plus fréquentes en toute saison. Pour résumer, ces textes versifiés étaient destinés à être étudiés afin d'utiliser les prescriptions et les conseils qui y étaient consignés pour soigner des patients. Bien que la diffusion du savoir médical à travers les encyclopédies puisse à

[45] *Cf. Hu zhong tian*, 1990, p. 7a.
[46] Sur une étude préliminaire de ce genre de publications, *cf.* Tadao Sakai, 1970, p. 331-366, qui est une version courte de Tadao Sakai, 1958, p. 27-154.

elle-même faire l'objet d'un article, il est nécessaire de mentionner ici les textes versifiés contenus dans ces encyclopédies en relation avec ceux constituant le *corpus* des ouvrages d'introduction à la médecine dans la période des Ming et des Qing.

Professionnalisation et vulgarisation

Âgée de 18 ans, Qiu Xiaomei réussit le test imposé par son maître trois mois après avoir reçu les manuels d'introduction. Elle se mit alors à étudier la médecine sous la direction de son maître pendant cinq ans, copiant des recettes et servant d'assistante le jour, étudiant les textes médicaux le soir. Elle fut finalement autorisée à exercer la médecine à 23 ans[47]. Son apprentissage, reflet probable du programme d'enseignement le plus rigoureux tel qu'il se pratiquait à la fin de la période impériale, nous montre comment les maîtres enseignaient la médecine aux débutants à travers les divers ouvrages de base. Une version quelque peu similaire, quoique fictive, est donnée dans le roman du XVIIe siècle, le *Ciel à l'intérieur d'un pichet*. Gong Xin, le héros, avait reçu deux livres qu'il avait appris en une demi-journée, sans toutefois les comprendre entièrement. Maître Tao, impressionné par son intelligence, décida de le prendre comme disciple. Gong devait étudier chaque jour un certain nombre d'ouvrages médicaux, et maître Tao lui enseignait les différents remèdes. Il apprit ainsi la nature de la plupart des remèdes et comprit le principe de la préparation des recettes en six mois seulement. On dit que Gong avait obtenu un savoir minutieux des principes médicaux à la fin de la première année, et maître Tao commença alors à le tester sur les diagnostics et les prescriptions de ses propres patients; il fut fort surpris de le voir arriver la plupart du temps à la même conclusion que lui. Après deux ans d'apprentissage, maître Tao lui permit finalement de pratiquer[48].

L'histoire vraie de Qiu Xiaomei, ainsi que cette fiction du XVIIe siècle révèlent en réalité un modèle similaire de professionnalisation de la médecine. Aussi bien Qiu que Gong étudièrent la médecine dans le but de gagner leur vie, et non dans un but purement intellectuel. Tous les deux étudièrent la médecine de la tradition lettrée, où la connaissance des vaisseaux et des pouls, l'art du diagnostic et celui de la prescription selon la nature des remèdes étaient des domaines standards sur lesquels étaient

[47] *Cf.* Zhu Lin, 1989, p. 1.
[48] *Cf. Hu zhong tian*, 1990, p. 7a-b, 8b-9a, 10b, 12b.

jugés les médecins, domaines qui étaient consignés en substance dans les écrits. Il est clair qu'à partir de la dynastie des Ming, d'éminents médecins de la tradition lettrée enseignèrent la plupart des principes ainsi acquis à leurs étudiants, lesquels n'aspiraient pas ou n'aspiraient plus à devenir des lettrés confucéens, mais étudiaient plutôt la médecine pour des motifs purement professionnels. La pratique de la médecine dans un but lucratif n'était bien sûr pas une nouvelle idée au début des Ming, mais c'est durant cette période que l'on commença à concevoir la médecine comme un métier, plutôt que comme une discipline faisant partie des principes moraux des religions taoïstes, bouddhiques ou confucéennes[49]. Liu Chun, l'auteur de l'*Étude élémentaire de la médecine*, suivant l'exemple de Zhu Zhenheng, le maître de son père, rédigea au début du XVe siècle toute une série de préceptes pour les médecins, les exhortant à respecter les prix du marché des remèdes, à ne pas s'en remettre à leurs assistants pour les consultations externes et à ne pas prescrire les «formules secrètes». En matière financière, les médecins étaient invités à respecter avant tout les principes suivants: ne pas accepter les affectations dans le domaine public (cela ne servait qu'à satisfaire les vanités et à diminuer le profit réel) et à garder un nombre minimum d'assistants qui pouvaient être d'un coût considérable pour le dispensaire[50]. L'établissement de tels principes conjointement à l'idée d'une médecine professionnelle précéda de peu l'évolution parallèle qui devait se faire dans les manuels d'introduction à la médecine décrits ci-dessus. Dans ce sens, on peut parler de professionnalisation de l'enseignement médical dans la période des Ming et des Qing, et peut-être même de transformation progressive de l'image idéale et moraliste du «médecin confucéen»[51] — un modèle apparu sous les Song et connaissant son apogée sous les Yuan — en une image plus pragmatique et professionnelle.

En fait, la professionnalisation de la médecine dans la Chine des Ming et des Qing n'a rien à voir avec le *corps médical*[52] en Europe occidentale; de même n'était-il pas question d'enseigner la médecine dans des établissements publics ou d'autres institutions ayant pour but de contrôler le savoir médical et son commerce, comme cela se faisait dans les

[49] Sur l'évolution de l'éthique médicale à partir de l'Antiquité jusqu'à la fin de la période impériale, *cf.* Leung, 1997, p. 667-669.

[50] *Cf.* Liu Chun, 1995. Le reste des préceptes concerne principalement les principes orthodoxes néoconfucéens tels que la frugalité, le respect des personnes âgées, etc.

[51] Sur le modèle du «médecin confucéen» (*ruyi* 儒醫), *cf.* Chen Yuanpeng 陳元朋, 1996; *cf.* aussi Hymes, 1987.

[52] En français dans le texte (*N.d.T.*).

pays occidentaux[53]. Un trait typique de l'histoire de la médecine chinoise est l'absence de l'État ou d'un quelconque organisme national en matière de commerce médical. C'est d'ailleurs dans cette perspective qu'il convient d'étudier la nature et l'histoire de la professionnalisation médicale en Chine. Ainsi, lorsque les médecins de la tradition lettrée des Jin et des Yuan prirent conscience des valeurs, de l'identité et des intérêts communs à leur profession, ils ne traduisirent pas cette intuition en créant des institutions indépendantes à grande échelle, et n'eurent besoin d'aucune collaboration avec l'État pour asseoir leur influence. Cette prise de conscience fut davantage articulée par chaque médecin autour de différents préceptes, et accompagna l'émergence de petits groupes locaux. Outre les pionniers du genre, comme Zhu Zhenheng et Liu Chun, les médecins des époques suivantes tels que Gong Tingxian, Zhang Jiebin 張介賓 et sans doute bien d'autres, affichèrent dans leurs écrits une conscience et une fierté similaires pour leur métier[54]. À partir du milieu de la dynastie Ming, on peut également voir des associations médicales locales s'organiser de façon sporadique. Vers 1568, une «Société de médecine pour héberger la bonté» (*zhairen yihui* 宅仁醫會) est constituée à Pékin par le célèbre médecin Xu Chunfu 徐春甫. À Qiantang dans la province de Zhejiang, une Association de médecine céleste (Tianyi she 天醫社), regroupant plusieurs médecins illustres de la région, est également montée par un certain Zhu Yuling 諸餘齡 pendant l'ère Wanli (1573-1620). Tout comme les lettrés néoconfucéens, les médecins de la fin des Ming et du début des Qing essayèrent d'organiser des groupes de discussion sur les textes médicaux, pour accroître aussi bien le prestige du groupe lui-même que leur propre prestige et celui de la profession. Un exemple marquant est celui du groupe de Qiantang 錢塘 dirigé par Zhang Suichen 張遂辰 (1589-1668) et son disciple Zhang Zhicong 張志聰 (1610-1680). Ce dernier organisa des séminaires de médecine dans son cabinet de Lüshan (*Lüshan tang* 侶山堂) qui devint le centre le plus renommé en matière d'études médicales au début des Qing[55]. Bien que

[53] Pour une discussion sur les diverses définitions de la «profession» et leurs influences sur le développement de l'histoire médicale occidentale, *cf.* John Burnham, 1998. Burnham conclut qu'une approche sociologique pour l'analyse de l'idée de «profession» est inutile aux historiens de la médecine, et particulièrement aux non-occidentaux. Il vaut mieux ainsi laisser le concept de «profession» délibérément vague.

[54] *Cf. Guérison de dix mille maladies* de Gong, *op. cit.*, p. 489-491 pour ses conseils aux médecins; *cf.* aussi l'*Introduction à la médecine* de Li Chan, *op. cit.*, p. 635-636; Zhang Jiebin 張介賓, 1991, p. 75 pour son argumentation selon laquelle la médecine n'est pas une petite voie (*Dao* 道), mais une voie majeure.

ces efforts sporadiques — et probablement bien d'autres moins connus — ne fissent jamais partie d'une politique locale ou nationale, ils n'en montrent pas moins la prise de conscience progressive des médecins issus de la tradition lettrée, de la nécessité de partager des intérêts et une identité professionnelle communs.

Cette professionnalisation «branlante», typique de l'histoire de la Chine, ne pouvait pas, bien sûr, faire obstacle à la diffusion du savoir médical élémentaire. Durant la même période, on remarque également une vulgarisation de la médecine à travers les ouvrages et manuels de médecine de la tradition lettrée précédemment évoqués. L'incorporation de ces textes versifiés et de bien d'autres écrits anonymes dans les encyclopédies familiales et les almanachs populaires des Ming et des Qing témoigne d'un tel phénomène. Comme le montrent les nombreuses éditions et rééditions des diverses publications à succès, la connaissance médicale élémentaire, à partir du milieu des Ming, s'étendit bien plus largement qu'auparavant parmi les lettrés. Autrement dit, ces textes versifiés traitant de médecine étaient aussi bien lus par l'élite lettrée que par ceux désirant faire de la médecine leur profession. Ces deux genres de lecteurs étaient en fait souvent issus de la même couche sociale.

La différence majeure entre les manuels confucéens et les manuels de médecine concerne le public auquel ils s'adressaient: les enfants pour les premiers, les adultes pour les seconds. Les principes d'éducation confucéenne élémentaire voulaient que les ouvrages simples soient réservés aux très jeunes enfants, tandis que ceux plus âgés se devaient de mémoriser directement les Classiques (car un esprit jeune est capable d'assimiler et de retenir les textes plus facilement)[56]. Ces manuels étaient destinés, aussi bien en ce qui concerne la forme que le contenu, aux jeunes enfants de moins de 8 ans. En revanche, les textes versifiés médicaux (les manuels de médecine) devaient aider les étudiants adultes à mémoriser les sujets difficiles à retenir. La confession de Dai Baoyuan 戴葆元 (1828-1888), natif de Wuyuan 婺源 (Jiangxi), un médecin qui compila également toute une série de textes versifiés, décrit nettement la nécessité de ces derniers:

[55] *Cf.* Xiang Changsheng 項長生, 1981, p. 144-146; *Chixiu Zhejiang tongzhi* 敕修浙江通志 (Gazette générale de la province du Zhejiang, éditée par l'Empire), édition de 1736, 196, p. 11b; Zhu Jianping 竹劍平 et Hu Bin 胡濱, 1985, p. 36-39.

[56] Sur les principes d'éducation élémentaire dans la période des Ming et des Qing, *cf.* Leung, 1994, et plus particulièrement les pages 391 à 400.

> La compilation de ces vers sur les recettes est en réalité le fruit du fait que j'étais lent et peu doué, et que je me mettais à la place [des autres étudiants]. J'avais honte de ne pas avoir réussi dans les études [confucéennes]. C'est la raison pour laquelle j'entrepris des études de médecine avec feu mon père. J'étais déjà âgé de plus de 30 ans et avais perdu l'acuité des esprits jeunes.[...] J'oubliais les classiques [médicaux] au fur et à mesure que je les apprenais, non pas parce que je n'arrivais pas à me concentrer, mais bien plus à cause de mon âge.

Dai compila donc un livre de vers simples à retenir afin de «faciliter la mémorisation» du savoir médical aux débutants âgés comme lui[57]. Gong Xin, le médecin mis en scène dans le roman précédemment évoqué, le *Ciel à l'intérieur d'un pichet*, commença lui aussi ses études de médecine sur le tard, alors qu'il atteignait la quarantaine[58]. Ainsi, la prolifération des textes versifiés dans les manuels de médecine après les Yuan, tout comme leur inclusion dans les encyclopédies reflètent fort bien le fait que les débutants en médecine étaient souvent âgés, et n'avaient pas réussi leur examen civil, un fait qui eut tendance à s'accentuer sous les Qing. Ce type d'étudiants-là — tout comme les gens issus de la couche inférieure des lettrés — constituait en fait le vecteur principal pour une large diffusion de la connaissance médicale de base, laquelle, aidée par les encyclopédies et les manuels en vogue, atteignait un lectorat néophyte de plus en plus important.

C'est ainsi que professionnalisation et vulgarisation de la médecine allèrent de pair dans la Chine des Ming et des Qing. Cela fut rendu possible par le fait que ni l'État ni la profession médicale elle-même ne contrôlèrent ni ne monopolisèrent le savoir et la pratique médicale. L'orthodoxie médicale telle qu'elle s'était formée dans la période des Jin et des Yuan — une tradition intellectuelle avant tout — ne se transforma pas en un corps professionnel édictant des normes et des titres, comme ce fut le cas dans les pays européens de l'époque, notamment en Angleterre et en France[59]. Toute personne lettrée, à la fin de l'Empire et au début de la République de Chine, pouvait avoir accès à un nombre raisonnable de connaissances médicales par la simple lecture des manuels et ouvrages de médecine élémentaire; de même que toute personne lettrée pouvait — à tort ou à raison — utiliser son savoir médical pour soigner. Les vertus et

[57] *Cf.* Dai Baoyuan, 1878, préface par l'auteur datée de 1873, p. 2b; «Fanli» (Introduction), p. 1a.

[58] *Cf. Hu zhong tian*, *op. cit.*, p. 5a.

[59] Sur les difficultés croissantes de cohabitation entre la professionnalisation et la vulgarisation de la médecine en Angleterre et en France, *cf.* Wear, 1992, p. 17-41, ainsi que Ramsey, 1992, p. 97-133.

les dangers de ce processus de vulgarisation furent souvent évoqués par les lettrés et les dignitaires des Ming, ils devinrent souvent un sujet de raillerie dans la littérature populaire. Par ailleurs, on ne peut omettre le fait qu'une instruction rigoureuse, fondée sur la perspective de faire de la médecine un métier, se poursuivait en parallèle. Ainsi le montre l'exemple de Qiu Xiaomei et, dans une moindre mesure, de Gong Xin, personnage central de la nouvelle du XVIIe siècle mentionnée plus haut, puisqu'ils débutèrent l'un et l'autre leurs études par les mêmes textes. Lorsque sous les Ming, le dignitaire Lü Kun 吕坤 (1536-1618) se pencha sur l'amélioration des soins de santé locaux, il émit deux suggestions: premièrement, il fallait s'assurer que les praticiens des divers niveaux lettrés aient parfaitement étudié au moins un manuel d'introduction à la médecine (Lü était en effet convaincu que l'étude de trop de manuels amenait à une confusion chez les praticiens), et que leurs épouses aient appris des vers simples pour pouvoir traiter les femmes et les enfants. Deuxièmement, un médecin de bonne réputation devait superviser l'apprentissage et la pratique de ces praticiennes à travers l'établissement d'un bureau médical local[60]. Les suggestions de Lü Kun étaient fort rationnelles puisqu'elles prenaient pleinement en compte la situation de l'époque, durant laquelle le savoir médical élémentaire était largement diffusé sans pour autant que de vrais médecins professionnels dominent la scène.

Conclusion

Il est intéressant de noter que le manuel d'introduction donné à Qiu Xiaomei, une étudiante en médecine du début du XXe siècle, était un ouvrage du milieu du XVIIe siècle, à savoir le fameux *Compréhension mentale de l'enseignement médical*, et que tous les autres textes versifiés ou rimés étaient de l'époque Ming. Il existait bien sûr des ouvrages médicaux plus récents, mais peu furent d'aussi grande importance que ceux publiés avant le XIXe siècle, au nombre desquels figurent notamment les ouvrages mentionnés plus haut. Parmi les manuels d'introduction ayant pour but de couvrir la plus grande partie des branches de la médecine et considérant celle-ci comme une discipline sérieuse, intellectuelle et digne d'être apprise, peu surpassaient l'étendue de l'*Étude élémentaire de la médecine* de Liu Chun et de l'*Introduction à la médecine* de Li Chan, deux ouvrages en général trop difficiles pour les débutants qui n'avaient

[60] *Cf.* Lü Kun, édition du début de la période républicaine, vol. 2, p. 47a-53a.

pas d'expérience en matière de Classiques confucéens, bien que l'approche pratique du livre de Li Chan compensât largement les difficultés rencontrées pour le rendre populaire durant les Qing. Plus faciles étaient les ouvrages pragmatiques mettant l'accent sur l'expérience médicale, tels que *Guérison des dix mille maladies*, *Lectures sur la médecine*, *Premiers pas en médecine* et notamment *Éveil à l'enseignement médical* qui servit de modèle. En ce qui concerne les textes versifiés ou rimés sur les remèdes et les recettes, ainsi que sur les vaisseaux et les pouls — deux domaines que les médecins des Ming et des Qing demandaient à leurs débutants d'apprendre en premier — les ouvrages les plus largement diffusés — et donc les plus influents — furent écrits sous les Ming. Il y a en fait peu de livres traitant du même sujet qui surpassent l'influence des vers de Wang Ang, de Gong Tingxian et de Li Shizhen. On peut ainsi affirmer que c'est vers le XVIIIe siècle que s'établit le *corpus* de base en matière d'éducation médicale élémentaire au sein de l'orthodoxie lettrée apparue pendant la période des Jin et des Yuan. Ce n'est donc pas un hasard si le *Miroir doré de la tradition médicale* (*Yizong jinjian* 醫宗金鑑, 1742), un manuel encyclopédique impérial, fut publié pendant cette période. Cet ouvrage en quatre-vingt-dix chapitres faisait référence aux Classiques, il avait une approche pragmatique de la médecine et il intégrait un grand nombre de chants et de textes versifiés. Il combinait, parfois de façon étonnante, les fonctions d'un texte introductif et d'un livre de référence en matière de médecine générale[61]. Si cet effort impérial ne fit pas de cet écrit un modèle pour l'enseignement médical, il n'en offrit pas moins une synthèse des ouvrages déjà existants et par ailleurs souvent populaires.

Bien qu'ils pussent être étudiés et appris par les débutants qui possédaient déjà un certain niveau d'éducation classique, les principaux textes d'introduction à la médecine écrits avant le XIXe siècle furent en général utilisés par les maîtres pour enseigner à leurs propres étudiants.

[61] Le livre commence avec une édition annotée du classique de Zhang Ji, se poursuit par le résumé des principales méthodes médicales telles que décrites dans les ouvrages des siècles précédents et se termine sur plusieurs chapitres traitant de divers sujets tels que l'ophtalmologie, la chirurgie, la variole et les troubles des muscles et du squelette. Il est intéressant de noter que cette compilation impériale, remontant jusqu'à 1739, avait pour but au départ la publication de deux livres séparés: l'un qui aurait été «petit et simple afin d'en faciliter la lecture par les débutants»; l'autre, plus grand et plus étoffé et qui «aurait servi de référence à ceux désirant compléter leurs études». *Cf.* l'édit de 1739, le *Yizong jinjian*, 1990, p. 4. Toutefois, le projet fut réduit, pour des raisons inexpliquées, à un seul manuel dont l'objectif évident était de combiner les fonctions des deux livres envisagés auparavant.

Au XIXe siècle en revanche, les anciens ouvrages furent simplifiés en courts textes bon marché afin de toucher un nombre sans cesse grandissant d'autodidactes. Il n'est peut-être pas fortuit que l'auteur le plus renommé et le plus prolifique en matière de manuels médicaux, Chen Nianzu 陳念祖 (1753-1823, natif de Changle 長樂, province du Fujian), fut précisément un auteur du début du XIXe siècle, ni que son fameux ouvrage, intitulé à juste titre *Classique médical en trois caractères* (*Yixue sanzijing* 醫學三字經), eût été publié pour la première fois en 1804. Cet écrit en quatre *juan* était fort connu pour son extrême simplicité, imitant le style du *Classique en trois caractères* (*Sanzijing*) confucéen du début des Yuan. En fait, sur les quatre chapitres, seuls les deux premiers — le chapitre retraçant la tradition médicale de l'Antiquité jusqu'au début des Qing et celui décrivant les catégories les plus courantes de maladies — étaient écrits en vers de trois caractères. Les deux derniers chapitres (sur les recettes) et les appendices (sur les viscères, la théorie des cinq révolutions et des six souffles, etc.), étaient tous rédigés sous forme de prose. Il n'y avait en réalité dans ce manuel rien de bien nouveau sur le contenu ou l'approche de la médecine, bien que la sensibilité aiguë de son auteur vis-à-vis du marché du livre lui fît connaître un énorme succès: après sa première publication en 1804, le livre connut en effet vingt-neuf autres éditions rien que sous les Qing[62].

Cet ouvrage, tout comme la plupart des autres écrits de Chen Nianzu, n'était pas tant rédigé à l'attention de ses étudiants. Il s'agissait de textes s'adressant à un large public, pour tous ceux que la médecine intéressait vaguement. Afin qu'il soit rendu plus compétitif sur le marché, le *Classique médical en trois caractères*, avant sa publication en 1804 sous le nom de son auteur réel, fut «faussement attribué à Ye Tianshi 葉天士» (c'est-à-dire Ye Gui 葉桂, natif de Suzhou, 1736-1820), le maître le plus renommé de son temps en matière de médecine. À cette époque, l'ouvrage connaissait sans doute quelque succès, mais surtout, Chen était suffisamment célèbre pour pouvoir le publier sous son nom. Chen utilisa la même stratégie de publication pour quelques uns de ses autres ouvrages[63]. Ainsi, la réputation de Chen se bâtit de façon significative sur ces simples et courts ouvrages médicaux qui devinrent de fait des best-sellers. Dans ce sens, l'usage qu'on pouvait faire des écrits de Chen était presque

[62] *Cf. Quanguo zhongyi tushu lianhe mulu*, *op. cit.*, p. 342.

[63] *Cf.* l'introduction au *Yixue sanzijing*. Pour une édition récente de cet ouvrage, *cf.* celle annotée par Tao Xiaohua 陶曉華, 1993. Un autre écrit de Chen qui a tout d'abord été publié sous le nom de Ye Gui est l'*Ouvrage de médecine pour la populace* (*Yixue congzong lu* 醫學從衆錄, 1845) qui eut en tout vingt-quatre éditions sous les Qing.

identique à celui que l'on faisait des chapitres médicaux dans les encyclopédies populaires. Ce sont en fait les écrits de Chen qui mettent fin au développement des textes d'introduction à la médecine dans la tradition lettrée des Jin et des Yuan et qui représentent l'ultime vulgarisation de cette tradition. Cette coexistence relativement paisible entre professionnalisation et vulgarisation de la médecine ne sera sérieusement ébranlée qu'au début du XXe siècle, lorsque la médecine occidentale sera introduite en Chine avec ses institutions et son idéologie[64].

[64] Une récente étude sur ce sujet est celle menée dans Lei Hsiang-lin, 1998.

LA FORMATION DES TROUPES DES FORCES NAVALES (PREMIÈRE PARTIE DES QING)[1]

Paola Calanca

«La Chine est certainement le pays le moins fait pour un homme de mer. Elle est terre de paysannerie et de petit artisanat, et l'immensité de son littoral ne change rien à son hostilité pour la mer. Le Chinois lui-même, qui n'aime pas la mer, ne peut vivre ou travailler sur l'eau qu'à la façon d'un paysan sur terre, familialement, avec ses lares et tout son attirail terrestre[2].»

Une longue bande côtière et une aversion pour l'élément marin, voilà de quoi surprendre, surtout s'il s'agit d'une grande puissance. Les performances de l'armée impériale face aux pirates, bien avant l'arrivée des Européens, ne peuvent qu'accentuer cette impression: nombreuses furent les victoires, mais plus nombreux encore les revers. Si plusieurs témoins ont insisté sur le manque d'intérêt, et donc de capacité, des Chinois pour le métier des armes et l'art militaire, leurs jugements en matière navale sont encore plus tranchés:

> L'état des forces navales du Céleste Empire est encore plus misérable, si c'est possible, que celui de ses troupes terrestres[3].

L'auteur de ce constat précise toutefois que cette situation est probablement plus à attribuer au manque d'instruction et de discipline militaire qu'à une méconnaissance de la navigation:

> L'équipage de la plupart de ces bâtiments [de guerre] est de quarante à soixante hommes, sans discipline et sans instruction militaire, mais forts

[1] Cet article n'a pas la prétention d'être exhaustif au sujet de l'enseignement naval en Chine. Toute recherche est dépendante des sources et l'auteur, pour lequel ce sujet s'inscrivait dans le cadre plus large d'une thèse de doctorat nouveau régime, n'a pas épuisé les documents propres à l'apprentissage des soldats des forces navales, en particulier la correspondance administrative. Elle est néanmoins convaincue que les données de base qu'elle expose ne seront pas modifiées dans l'ensemble.

[2] Saint-John Perse, 1982, p. 887. Lettre à Joseph Conrad signée Saint-Léger (Pékin, 26 février 1921, p. 885-889).

[3] Haussmann, 1847-48, vol. 2, p. 165. Auguste Hausmann fait partie de la délégation du ministère du Commerce qui accompagna l'ambassade de Lagrené en Chine, entre 1843 et 1846.

> habiles à la manœuvre de bord, et qui, sous de bons officiers, feraient probablement des marins excellents[4].

Or, bien que les recherches n'infirment pas l'impression de déréliction des unités chargées de la sécurité des rivages, elles révèlent néanmoins qu'une longue tradition navale s'est encore enrichie pendant les deux dernières dynasties grâce au dynamisme des navigateurs et des entrepreneurs privés qui ont contraint les chantiers navals de l'armée à renouveler à de multiples reprises la flotte chargée du contrôle des côtes, pour être en mesure de rivaliser avec les bâtiments civils. Mieux, elles dévoilent l'avance de ce pays en matière de codification navale, militaire et civile, et l'effort entrepris dès le début des Ming afin d'assurer la sécurité des rivages par l'établissement d'une flotte opérationnelle.

La mise en place d'unités militaires stables le long du littoral chinois est en effet indissociable de la politique maritime adoptée par les deux dernières dynasties et instaurée par le fondateur des Ming, Zhu Yuanzhang 朱元璋 (1328-1398), dont le maître mot est la défense côtière (*haifang* 海防). Ce concept comprend l'installation d'infrastructures (villes fortifiées, terrasses de tir et d'observation, chantiers navals, etc.), la création d'une flotte chargée d'assurer la surveillance et la sécurité côtière, ainsi que la publication des lois et de leurs articles additifs interdisant l'accès sans autorisation aux activités maritimes (*haijin* 海禁), et plus particulièrement au commerce Outre-mer. Ce dispositif, instable à l'origine, est progressivement renforcé et, avec l'avènement de la dynastie Qing, des troupes sont définitivement affectées à chaque base[5]. Dans la pratique, cette politique se traduit par l'implantation d'unités navales et de postes de contrôle le long du littoral et par l'instauration d'un service de garde-côte. Pour qu'une telle politique réussisse, il fallait des hommes combinant deux aptitudes indispensables: le maniement des armes et la connaissance de l'élément marin. La seconde étant plus difficile à maîtriser que la première, les gouvernants ont commencé par enrôler de force des marins dans les rangs des bataillons destinés aux opérations maritimes, dans l'espoir qu'ils apprendraient facilement le métier des armes tout en transmettant leur savoir-faire naval aux autres soldats[6]. Le recours aux

[4] Haussmann, 1847-48, vol. 2, p. 166.

[5] Jusqu'au milieu du XVIe siècle, les avant-postes navals relevaient du commandement tactique, seul habilité à diriger des opérations de guerre et de défense. Les contingents de ces positions provenaient des garnisons et des bataillons du littoral, probablement par mouvements irréguliers d'officiers et de soldats. Au sujet de l'armée Ming, *cf.* Calanca, 1999.

[6] Sous les Ming, cette politique est justifiée par la nécessité de disposer rapidement de bons marins et d'éviter que ceux-ci ne se laissent séduire par les maraudeurs japonais, qui

navigants civils est une constante de la flotte militaire même sous les Mandchous et cet enrôlement aura, selon les circonstances, un caractère volontaire ou contraignant.

La marine militaire (*haijun* 海軍), telle que nous l'entendons avec un commandement et des structures propres, est apparue tardivement en Chine. Son origine remonte aux années 1860, lorsque — à la suite du traité de Nankin (29 août 1842), de la révolte des Taiping (1850-1864) et du traité de Tianjin (1860) — le gouvernement entreprend l'achat d'armement étranger et le développement d'arsenaux où vont être construits des bâtiments de guerre à vapeur[7]. L'établissement de cette nouvelle flotte a nécessité la mise en place de structures de formation pour les officiers et les soldats, dont bon nombre sont issus des rangs des forces navales (*shuishi* 水師) préexistantes et qui sont, pour la plupart, sous-équipés et inexpérimentés. La frénésie de modernisation qui dynamise la seconde moitié du XIXe siècle, en particulier dans le domaine militaire, pourrait être interprétée comme un sursaut de dernière minute, répondant à l'accélération des événements qui frappent la Chine. À y regarder de plus près, elle s'inscrit dans le long terme, bien avant l'installation *manu militari* des Européens à la suite de la Guerre de l'Opium. L'histoire navale est ponctuée de réactions similaires chaque fois que des escadres de pirates s'installent durablement dans les eaux adjacentes du continent, les chantiers navals tournent à plein régime et les officiers recrutent tous les marins disponibles. Toutefois, avant et après ces périodes, il s'est toujours trouvé des fonctionnaires pour suggérer des améliorations et préserver les acquis: leurs conseils n'ont souvent trouvé un écho favorable que dans des moments de crise.

ont repris, depuis les années 1350, leurs expéditions contre les côtes coréennes et chinoises et par les éléments irréductibles des groupes de Fang Guozhen 方國眞 (1319/20-1374), Zhang Shicheng 張士誠 (1321-1367) et d'autres bandes disséminées le long du littoral. Fang Guozhen est originaire de Huangyan 黃巖, au Zhejiang. Aventurier des mers, disposant d'une armée importante (neuf mille fantassins, quatorze mille marins, six cent cinquante officiers et quatre cent vingt navires), en 1376 il fait allégeance à Zhu Yuanzhang; *cf. Mingshi* 明史, 1984, vol. 12, *juan* 123, p. 3697-3700 ; Goodrich et Fang, 1976, p. 433-435. Zhang Shicheng est originaire de Baijuchang 白駒場 (Nan Zhili) et un des plus farouches adversaires de Zhu Yuanzhang contre qui il guerroie à partir de 1356. Installé dans une des régions les plus riches de Chine (Pingjiang 平江, actuelle Suzhou), il est fait prisonnier en 1365 à la suite d'une vaste campagne lancée contre lui par Zhu Yuanzhang et exécuté à Nankin au cours du mois d'octobre 1367 (Goodrich et Fang, 1976, p. 99-103).

[7] À ce sujet *cf.* par exemple *Qing shi gao* 清史稿, 1976-77, vol. 14, *juan* 136, p. 4029-4062.

Ainsi, la formation de la nouvelle marine chinoise qui se profile dans la seconde moitié du XIXe siècle ne doit pas occulter les efforts préalables entrepris dans ce domaine depuis le début de la dynastie Ming. Le fondateur de cette dynastie avait en effet mis en place une structure maritime défensive en principe apte à assurer la sécurité des côtes. S'il n'en a pas été ainsi — au milieu du XVIe siècle face aux Wokou 倭寇, à la fin du XVIIIe siècle et plus tard contre les Européens —, les raisons de cette régression sont dues au manque d'intérêt pour ces régions en l'absence d'une politique maritime d'expansion, mais aussi de menaces externes sérieuses. Les désordres sont plus souvent le fait des natifs que des étrangers et il peut y être remédié avec les moyens classiques dont dispose l'administration pour contrôler les habitants: le quadrillage de la population et les services de surveillance. Cette situation a sûrement été préjudiciable à l'efficacité des forces navales qui, les longues périodes de paix aidant, ont perdu progressivement leur savoir-faire. L'absence de danger n'a pas non plus contraint le gouvernement à allouer un financement suffisant pour l'entretien d'une marine, dont le budget de fonctionnement est élevé. Toutefois, l'État chinois avait originellement pourvu le littoral d'infrastructures et d'unités militaires compétentes.

C'est à ce sujet que cette Chine dite «terrienne» surprend à nouveau. L'apprentissage des unités navales y est, à bien des égards, en avance comparé à celui de la France. C'est en effet sous l'impulsion du cardinal de Richelieu (1585-1642) que la première ébauche d'école navale prend forme en 1627, marquant le début de la prise en charge par l'État de l'«aventure maritime»[8]. En Chine, l'apprentissage de la navigation et du combat naval est prescrit dans les textes dès le règne Hongwu 洪武 (1368-1398)[9], même si aucune école n'est établie à cet effet, en conformité avec la tradition administrative qui charge l'État-major de cette tâche. La formation et l'entraînement des troupes s'inscrivent dans le domaine des connaissances pratiques et leur enseignement relève avant tout de l'expérience. Les règlements édités à ce sujet révèlent un savant dosage entre une instruction dispensée dans l'enceinte des casernes et sur les terrains d'exercice, et son application pratique au moment des patrouilles en mer. Dans cet article, après une brève introduction réservée au commandement des forces navales au début de l'époque mandchoue, il sera ainsi question du contenu de la formation reçue par les hommes d'armes de la flotte et, en conclusion, nous essaierons de comprendre les raisons de la faiblesse de la flotte militaire.

[8] L'expression est de Vergé-Franceschi, 1991, p. 55.
[9] *Ming huiyao* 明會要, 1956, *juan* 63, p. 1228.

Les officiers des forces navales

Des Ming aux Qing, la défense côtière s'appuie sur les unités des forces navales, dont la direction est intégrée au commandement général. Auprès du gouvernement central, aucun organisme n'est spécialement chargé de la gestion des questions maritimes qui relèvent des attributions du ministère des Armées[10]. Dans les provinces du littoral, la fonction d'amiral (*shuishi tidu* 水師提督) n'est présente, aux côtés de celle de son collègue des unités continentales, qu'au Fujian, au Guangdong et sur le Yangzi. Ailleurs, comme au Zhejiang et au Jiangnan, le général provincial (*tidu* 提督) est en charge des troupes navales et terrestres (*shuilu tidu* 水陸提督). Amiral et général provincial ne sont toutefois pas totalement indépendants, mais sont sous les ordres des plus hautes instances provinciales: le gouverneur général (*zongdu* 總督), le général des Bannières (*jiangjun* 將軍) et le gouverneur (*xunfu* 巡撫). En temps ordinaire, cette subordination est surtout manifeste au niveau des comptes rendus qu'ils sont obligés de faire parvenir à leurs supérieurs, au sujet de leur activité et de l'état de leurs forces. Sur le terrain, ils sont investis des pleins pouvoirs et sont donc relativement indépendants, d'autant plus qu'ils sont en rapport direct avec l'empereur pour lui soumettre leurs suggestions et l'informer de la situation.

Cette liberté d'action peut être par contre fortement réduite en temps de guerre, lorsque le gouvernement central détache un haut dignitaire chargé de diriger et de superviser l'ensemble des opérations[11]. Ce contrôle hiérarchique est établi sur les troupes navales et terrestres appelées à participer à des mouvements opérationnels de grande ampleur. Il est même dans certains cas indispensable, en particulier lorsque des animosités existent entre les fonctionnaires militaires et civils. Le fonctionnement des troupes repose en effet sur une délicate alchimie financière: une partie des fonds leur étant allouée, après examen, par les autorités civiles. En cas de désaccord, les sommes ne sont pas accordées et les officiers ne peuvent ainsi apporter les améliorations nécessaires au bon déroulement des opérations. Ce fut, par exemple, le cas à la fin du XVIIIe siècle, lorsque

[10] Le ministère de la Marine (*Haijun bu* 海軍部) est institué en 1905 et ne sera réellement indépendant qu'à la fin de l'année 1911.

[11] Ce fut par exemple le cas lors de la révolte de Lin Shuangwen 林爽文 à Taiwan pendant les années 1787-1788, où la Cour nomma expressément Fukang'an 福康安 pour mener à bien la campagne de répression. Fukang'an est un membre du clan Fuca, relevant de la Bannière jaune bordée. Il est considéré comme l'un des meilleurs commandants militaires de son époque.

le gouverneur général du Minzhe, Yude 玉德 (?-1809)[12], refusa à Li Changgeng 李長庚 (1750-1808)[13] les fonds nécessaires à la construction de navires plus grands, aptes à résister à la flotte du pirate Cai Qian[14]. Yude alla même jusqu'à refuser la contribution proposée par les plus hauts officiers navals du Zhejiang qui souhaitaient mettre à disposition de l'administration leur «prime pour encourager l'intégrité» (*yanglian yin* 養廉銀), pour la réalisation de ces nouveaux bâtiments de guerre[15].

La nomination des officiers militaires n'est pas soumise à des règles aussi strictes que celles appliquées à leurs collègues civils et il est très facile de faire carrière dans les forces navales. La loi d'incompatibilité (*huibi* 迴避) sur laquelle sont établies les attributions des postes officiels est appliquée dans l'armée avec de nombreuses exceptions. En particulier, il est permis aux candidats à des postes de commandement de servir dans leur province et même dans leur localité d'origine. Cette mesure, appliquée aux forces maritimes et fluviales dès leur établissement, a pour objet de constituer un corps de fonctionnaires efficaces par leurs connaissances du terrain et des mœurs locales, et surtout de pallier le manque de postulants[16]. Au Fujian, par exemple, les amiraux qui se sont succédé de 1662 jusqu'à la fin du règne Jiaqing 嘉慶 (1796-1821) sont, dans leur grande majorité, originaires de cette province et, plus précisément, des sous-préfectures côtières méridionales, telles que Jinjiang 晉江, Tong'an 同安, Haicheng 海澄 et Zhangpu 漳浦.

En 1747, le gouvernement tente d'enrayer cette mainmise locale sur ces postes et interdit aux colonels (*fujiang* 副將) et aux lieutenants-colonels (*canjiang* 參將) de travailler dans leur propre province, tandis que les commandants (*youji* 遊擊) et les capitaines de première (*dusi* 都司) et de deuxième (*shoubei* 守備) classe ne peuvent être affectés dans un poste situé à moins de cinq cents *li* de leur lieu d'origine. Les gradés de niveau

[12] Le gouverneur général du Minzhe est en charge respectivement des provinces du Fujian (Min) et du Zhejiang (Zhe). Yude est membre du clan Gûalgiya 瓜爾佳 et de la Bannière rouge unie. Il est gouverneur du Zhejiang de 1796 à 1799, puis il est nommé gouverneur général du Minzhe de 1800 à 1806, lorsqu'il est démis de ses fonctions pour négligence dans la lutte contre la piraterie.

[13] Li Changgeng est originaire de Tong'an (Fujian); il obtient son degré de docteur militaire en 1771. Il devient général provincial du Zhejiang en 1800 et lutte contre le pirate Cai Qian 蔡牽 (?-1809). Il est l'auteur d'un traité de tactique navale, le *Shuizhan jilüe* 水戰紀略.

[14] Le pirate Cai Qian mène son action le long des côtes orientales à partir des années 1780 et jusqu'à sa défaite par les forces navales en 1809. À son sujet, *cf.* Chang Chung-shen Thomas, 1983; Wei Peh T'i, 1979 et Calanca, 1999, p. 114-136.

[15] Chang Chung-shen Thomas, 1983, p. 108-109.

[16] *Da Qing huidian shili* 大清會典事例, éd. Guangxu, *juan* 572, p. 1a. L'ouvrage sera désormais abrégé en *DQHDSL-GX*.

inférieur peuvent encore être embauchés localement. Des suggestions en ce sens ont déjà été formulées dans les années 1720-1730 par les autorités civiles et militaires du Fujian afin de mettre un terme à l'arrogance de ces hommes qui profitent de leur situation pour opprimer les habitants qui ne font pas partie de leur cercle relationnel et pour mener leurs trafics en toute tranquillité[17]. Originaires du littoral et partageant avec leurs concitoyens les mêmes intérêts, ils se sont plus d'une fois alliés avec les contrebandiers ou ont monté leur propre affaire. Les activités maritimes (commerce, pêche, salines, pisciculture) ont, d'une façon générale, représenté pour les officiers en poste sur le littoral une manne de rentrées supplémentaires, à la disposition de leur administration sous-financée et de leur bien-être personnel. Il s'agit, dans ces cas, de surtaxes officieuses et de prélèvements occultes. La corruption s'effectue de deux façons: extorsions commises à l'encontre des navigants et pots-de-vin reçus en échange de vérifications peu pointilleuses et de faux rapports. Il est plus que probable que la maigre solde que perçoivent les hommes d'armes ait motivé de tels dérapages et que la limite entre avantages personnels et intérêts étatiques leur soit apparue mouvante et facile à transgresser à leur profit.

Cependant, la Cour, confrontée au manque d'officiers, est contrainte d'abroger la directive de 1747 quelques mois après sa promulgation, du moins pour les colonels (*fujiang*) des forces navales[18]. Depuis cette date, bien qu'à chaque adaptation de la loi d'incompatibilité il soit mentionné qu'il faut agir ainsi seulement en cas de vacance de poste, cette mesure n'est pas respectée. Depuis l'empereur Kangxi 康熙 (1662-1723), les souverains mandchous se sont souvent inquiétés de cette pénurie et sont parfois pleins de sollicitude envers ces hommes, comme le prouve une recommandation de 1733:

> Les officiers connaissant bien l'art de naviguer sont très rares et si le gouvernement n'en prend pas soin pendant les périodes de calme, comment pourrait-il ensuite en disposer de convenables? Les hautes instances provinciales doivent veiller à ne pas autoriser le transfert de ces hommes vers les forces terrestres, et ce même lorsque dans ces dernières des charges sont sans titulaire[19].

Dès le début du XVIIIe siècle, les candidats font défaut même dans les provinces où les habitants sont réputés pour leur savoir-faire dans le

[17] *Gongzhong dang Yongzheng chao zouzhe* 宮中檔雍正朝奏摺, 1977-1980, vol. 23, p. 799-801: mémoire de l'amiral du Fujian, Wang Jun 王郡, daté du 16.12.1734 (YZ 12.11.22, l'ouvrage sera désormais abrégé en *GZD-YZ*); Ng Chin-keong, 1983, p. 34-35.

[18] *DQHDSL-GX*, *juan* 572, p. 1a-1b.

[19] *Ibid.*, *juan* 568, p. 2b.

domaine naval, comme au Fujian et au Guangdong. En 1703, l'empereur constate que les compétences des officiers dans les combats navals ont baissé et recommande de redoubler d'attention lors du recrutement des commandants des forces navales. Trois ans plus tard, le général provincial du Fujian, Lan Li 藍理, dépeint la situation sur un ton plus alarmant:

> Le Fujian est contigu à la mer, en conséquence il est stratégiquement important. Autrefois, il y avait des hommes expérimentés dans l'art du combat naval, tandis que de nos jours ils sont rares. Le pays est en paix depuis longtemps et l'ensemble des hommes convoite aises et plaisirs. Si l'entraînement n'est pas fréquemment redoublé, lorsqu'il surgira un problème, il sera difficile de trouver celui qui souhaitera risquer sa vie en bravant les dangers[20].

En 1708, de nouvelles mesures sont prises afin de recruter des hommes compétents. L'une d'entre elles élargit l'accès à la carrière aux détenteurs des degrés militaires de docteur, licencié et bachelier, ayant une bonne connaissance de la navigation et participant déjà au service de surveillance maritime. S'ils obtiennent des résultats dans la répression des pirates, le gouverneur général et le gouverneur sont autorisés à les recommander pour qu'un poste leur soit attribué[21]. Le parrainage dans ce domaine est de plus en plus facilité et les subalternes connaissent des carrières rapides[22].

Le souci permanent de disposer d'un corps d'officiers militaires opérationnel permet également à l'armée de bénéficier de transferts depuis l'administration civile. C'est le cas par exemple en 1723, lorsque le gouverneur général du Liangguang 兩廣, Yang Lin 楊琳, propose de recruter un certain Chen Huan 陳還 au poste de lieutenant-colonel du bataillon d'avant de ses troupes. Chen Huan est un Chinois de la Bannière blanche unie à laquelle il a été intégré au moment de sa reddition à Taiwan, vraisemblablement un loyaliste Ming ayant suivi les Zheng 鄭 sur l'île[23].

[20] *Qing shilu Renzong huangdi shilu* 清實錄仁宗睿皇帝實錄, *juan* 226, p. 3024 (7a-7b): entrée datée du 6.9.1706 (KX 45.7.30). Lan Li est originaire de Zhangpu et occupe la fonction de général provincial du Fujian de 1706 à 1711. Sa carrière militaire est ponctuée de plusieurs retournements pour cause de malversations, mais bénéficie jusqu'à sa mort de la protection de l'empereur (*Qingshi liezhuan* 清史列傳, 1987, vol. 3, *juan* 11, p. 817-819).

[21] *DQHDSL-GX*, *juan* 567, p. 1a.

[22] *Ibid.*, *juan* 567, p. 1a-4b.

[23] Il s'agit de la famille Zheng, dont la fortune commence avec Zheng Zhilong 鄭之龍 (1604-1661), un des plus grands aventuriers des mers orientales qui sut allier commerce, piraterie, capacités organisationnelles et acquérir le monopole incontesté des trafics maritimes asiatiques. À la chute des Ming, son fils Zheng Chenggong 鄭成功 (1624-1662) mena une lutte acharnée contre les nouveaux maîtres de la Chine et installa son régime à

Il est originaire de Fengtian 奉天 et obtient son grade de docteur en 1700. En 1708, il est nommé magistrat de la sous-préfecture de Kaiping 開平, dans la préfecture de Zhaoqing 肇慶 à l'est de Canton. Il occupe cette fonction jusqu'en 1722, puis prend le deuil de sa mère. Yang Lin explique que, bien que détenteur du degré de docteur, il connaît bien les affaires militaires et qu'il est également versé dans l'art nautique[24].

La lecture de la correspondance administrative révèle l'une des préoccupations majeures de la bureaucratie: recruter un personnel qui connaisse la côte sud et sud-est et soit expérimenté. La Cour est consciente que dans ces régions périphériques il importe avant tout de savoir apprécier la situation selon les mœurs locales. La puissance des lignages, les luttes entre clans et villes rivales, les pratiques associatives plus ou moins secrètes étaient dans ces régions bien plus manifestes qu'ailleurs, et leur compréhension nécessitait l'intelligence des gens du cru. La nomination de ces derniers ainsi que de simples civils dans l'administration provinciale traduit également le souci du gouvernement de disposer d'hommes au fait de la situation et intégrés à la société locale de par leur origine et leur parcours personnel. Certains ont navigué et fréquenté le monde du commerce avant de s'établir sur le littoral et de se mettre au service de la Cour. C'est le cas, par exemple, de Xu Liangbin 許良彬 (1671-1733) qui s'intéresse aux lettres, puis s'oriente vers les études militaires et les affaires maritimes[25]. Après avoir voyagé en Asie du Sud-Est, il s'installe à Canton où il ouvre son propre commerce sous le patronage de commandants militaires stationnés au Guangdong: Xu Zhen 許貞 (son propre oncle) et Yao Tang 姚堂[26]. Après avoir amassé un solide capital, il achète une charge de sous-préfet et, à partir de 1722, met à la disposition de son

Taiwan en 1662. Son petit-fils Zheng Keshuang 鄭克塽 (1670?-1707) finit par se rendre à la dynastie mandchoue en 1683.

[24] *GZD-YZ*, vol. 1, p. 459-460.

[25] Xu Liangbin est originaire de Haicheng et, de même que son prédécesseur, fait toute sa carrière sur le littoral. Son action est très appréciée par ses supérieurs, en particulier par Lan Tingzheng qui soutient ses promotions successives (*Fujian tongzhi liezhuan xuan* 福建通志列傳選, 1993, p. 226-227).

[26] Xu Zhen, natif de Haicheng (Fujian), était à l'origine commandant dans l'armée des Zheng: il se rend aux Qing en 1664. Après avoir été nommé à un poste de commandement de l'armée à Jiujiang 九江 (Fujian), il est transféré à Ganxian 贛縣 (Jiangxi), en charge du défrichement des terres allouées aux soldats ayant fait soumission. Il participe activement à la répression de la rébellion de Geng Jingzhong 耿精忠 (?-1682). En 1682, il demande à se retirer, mais il est retenu et nommé général provincial au Guangdong. En cette qualité, il va travailler pendant quatorze ans, s'intéressant tout particulièrement à la défense maritime. Il meurt, vraisemblablement en poste, en 1695 (*Qing shi gao*, vol. 33, *juan* 257, p. 9804-9807; *Fujian tongzhi liezhuan xuan*, 1993, p. 226). Yao Tang est originaire de Zhangpu.

ancien protecteur Yao Tang, alors général provincial du Fujian, ses connaissances du monde du négoce. Grâce à l'entremise de Lan Tingzhen 藍廷珍 (1664-1730)[27], soutenue par le gouverneur général du Minzhe, Manbao 滿保[28], il est transféré de la hiérarchie civile à la hiérarchie militaire et nommé lieutenant-colonel (*canjiang*) dans les forces navales après une entrevue avec l'empereur [29].

D'autres parcours sont tout aussi révélateurs du caractère cosmopolite de la société littorale, en particulier au Fujian et au Guangdong. Ceux de Chen Mao 陳昴 et de Chen Lunjiong 陳倫炯, père et fils, démontrent à l'évidence qu'il était facile de passer d'un statut à un autre, tout en préservant les relations acquises dans les activités antérieures. Originaire de Tong'an, Chen Mao a survécu avec sa mère aux événements qui ont durement touché le Fujian lors de la transition entre les Ming et les Qing. Ne disposant pas des moyens nécessaires à la poursuite de ses études, il s'engage dans le commerce Outre-mer, parcourt la mer orientale et occidentale, et acquiert une réputation en matière d'affaires maritimes. En 1683, Shi Lang 施琅 (1621-1696) fait appel à lui comme conseiller en navigation, lors de l'expédition de Taiwan. À la suite de l'annexion de l'île, il est nommé à différents postes de commandement militaire et accède au grade de général de brigade (*zongbing* 總兵) au Guangdong. Son fils, Chen Lunjiong, fait une carrière purement militaire, mais s'inscrit également dans la tradition savante avec la publication de ses *Notes à propos des choses vues et entendues dans les pays maritimes* (*Haiguo wenjian lu* 海國聞見錄) (1730) que l'auteur présente comme un ouvrage d'informations pratiques à l'usage des marchands et des officiers chargés de la défense côtière[30]. Chen Lunjiong passe toute sa vie au service du pays, mais prend soin de ses compatriotes lorsqu'il travaille dans d'autres provinces. C'est ainsi que, lorsqu'il est en poste au Zhejiang, il achète un terrain pour que les marchands de passage, originaires du Fujian, disposent d'un cimetière commun en cas de décès[31].

La lecture des biographies des officiers militaires consignées dans les monographies locales des préfectures côtières du Sud et du Sud-Est révèle

[27] Lan Tingzhen est originaire de Zhangpu. Il fait toute sa carrière sur le littoral et participe à la répression de la révolte de Zhu Yigui 朱一貴 à Taiwan. Ses talents sont appréciés par l'empereur Shizong qui le reçoit plusieurs fois. Il est amiral du Fujian de 1723 à 1729 (*Qingshi liezhuan*, vol. 3, *juan* 12, p. 886-887; *Fujian tongzhi liezhuan xuan*, 1993, p. 197-202).

[28] Manbao est membre du clan impérial et de la Bannière jaune unie; il est gouverneur général du Minzhe de 1711 à 1715.

[29] *Fujian tongzhi liezhuan xuan*, 1993, p. 226-227.

[30] *Fujian tongzhi liezhuan xuan*, 1993, p. 191-192; *Xiamen zhi*, *juan* 12, p. 480.

[31] *Xiamen zhi*, *juan* 12, p. 480.

qu'une bonne partie d'entre eux y a fait toute sa carrière et qu'en particulier les commandants des forces navales ont évolué sur le littoral, entre le Guangdong, le Fujian et le Zhejiang. La durée de leur service excède d'ailleurs celle fixée par les règlements: si le mandat d'un général de division et d'un général de brigade est fixé à trois ans, au Fujian certaines missions se prolongent même jusqu'à dix-sept ans, comme ce fut le cas pour l'amiral Huang Shijian 黃仕簡[32]. Une des raisons de la pénurie de fonctionnaires dans les rangs de la flotte impériale est probablement à chercher dans la difficulté de la tâche, le rythme de travail et la fréquence des risques encourus. Les sources révèlent une cadence de l'activité littorale très soutenue, ainsi que de nombreux périls: en plus des pirates, les tempêtes et les typhons menacent la vie des navigants. L'empereur Yongzheng 雍正 (1723-1735) leur porte une attention particulière et se montre sensible aux dangers de la profession comme l'illustre une recommandation de 1728, qui fait suite à deux accidents survenus dans la province du Guangdong:

> D'après un mémoire du gouverneur général du Guangdong, Kong Yuxun 孔毓珣, le colonel Jing Hui 景慧 de la brigade de Longmen 龍門 a reçu l'ordre de son général de brigade de convoquer et d'amener les [troupes en mer] afin de les examiner. Lors de la traversée, ils ont rencontré une tempête et ont sombré. Le sous-lieutenant du bataillon de droite de cette même unité, Xie Tingyan 謝廷彥, a connu le même sort lorsque, son tour arrivé, il est sorti patrouiller en mer avec les soldats à la fin de l'hiver. En entendant [le récit] de ces événements, nous avons été extrêmement touché. La 52e année du règne Kangxi [1713], pendant laquelle des officiers et des soldats furent blessés par une tempête [qui s'abattit] sur Taiwan et Jieshi 碣石, au Guangdong, l'empereur Shengzu [Kangxi] promulgua spécialement un édit ordonnant aux hauts fonctionnaires locaux d'allouer des aides [aux victimes] et que cette règle soit respectée par la suite. Jusqu'à présent, aucun règlement n'a reconnu le statut des victimes. Il est à craindre que les autorités locales ne s'y conforment pas fermement ou qu'avec le temps il soit négligé. En réfléchissant aux dangers de la mer, il serait convenable de conférer des mérites pour exploit militaire à l'ensemble des hommes qui recevraient des injures lors d'une mission officielle, et de leur accorder une récompense spéciale si par malheur ils perdaient leur vie, selon l'article de ceux qui meurent en bataille […][33].

[32] Huang Shijian est originaire de Pinghe 平和 (Fujian) et occupe la fonction d'amiral du Fujian de 1770 à 1787. Il est un descendant de Huang Wu 黃梧 (?-1674), un des premiers commandants de Zheng Chenggong à s'être mis au service des Qing.

[33] *Shizong Xian huangdi shilu* 清實錄世宗憲皇帝實錄, vol. 7, *juan* 66, p. 1005-1006 (6a-7b): entrée datée du 15.3.1728 (YZ 6.2.5). L'ouvrage sera désormais abrégé en *Yongzheng shilu*.

Outre les périls qui les guettent, la responsabilité des officiers est engagée lors des combats navals, des chasses en mer et de la sauvegarde des équipages et des navires. Décès, destructions partielles ou pertes de matériel peuvent s'accompagner de sanctions[34]. Afin de réduire ces risques, il en découle parfois une propension à trouver un *modus vivendi* avec les partenaires travaillant sur la côte, en limitant les sorties ou en tolérant certaines activités illégales, d'autant plus que les officiers ne disposent souvent pas de l'équipement et des effectifs suffisants pour mener à bien leur tâche. Coincés entre le marteau et l'enclume, il n'est pas étonnant qu'ils aient parfois hésité à se lancer dans la bataille. Une note de Robert Fortune, bien que plus tardive, résume fort bien ce qu'a pu être l'état d'esprit des unités en poste sur le littoral à certaines époques:

> The Chinese navy either would not, or perhaps it would be more correct to say they durst not, make the attempt to put them [the pirates] down. Hence, while these lawless gentry were ravaging the coast, the brave Chinese admirals and captains were lying quietly at anchor in the rivers and other safe places where the pirates did not care to show themselves[35].

Le manque d'officiers compétents est également imputable à la politique du gouvernement qui détache les meilleurs d'entre eux, en particulier les petits gradés, à l'extérieur de la province en qualité d'instructeurs. Ainsi, en 1724, le général de Fuzhou constate que dans les bataillons du littoral et parmi les troupes commandées par le gouverneur général et le gouverneur il manque des officiers, car tous ont été sélectionnés et transférés ailleurs. La capitale provinciale connaîtrait ainsi une sérieuse pénurie de fonctionnaires militaires[36]. D'après la correspondance administrative, ce sont surtout les soldats et les gradés, tels les lieutenants (*qianzong* 千總) et les sous-lieutenants (*bazong* 把總), qui sont dépêchés comme instructeurs[37]. C'est le cas, par exemple, en 1728, lorsque, à la suite de la revue des forces navales de l'ensemble du pays, l'empereur recommande au Grand secrétariat d'ordonner à l'amiral

[34] *DQHDSL-GX*, *juan* 631-632.

[35] Fortune, 1857, p. 288.

[36] *GZD-YZ*, vol. 3. p. 241-242: mémoire du général de Fuzhou, Yi Zhaoxiong 宜兆熊, daté du 10.11.1724 (QL 2.9.25).

[37] *NGTB-bk, fw-zg*, 0039: mémoire du général de Fuzhou, Xinzhu 新柱, daté du 15.6.1673 (QL 12.5.1); *NGTB-bk, fw-zg*, 0047: mémoire de Laibao, 來保, daté du 14.11.1677 (QL 16.10.20). Il s'agit de deux mémoires provenant des archives du Grand secrétariat (Neige dang'an 內閣檔案) et inscrits dans la catégorie «défense frontalière (*fangwu* 防務) — combats et opérations militaires (*zhanzheng* 戰爭) de la section *Bingke hongben* 兵科紅本 (Mémoires de routine apostillés du département censorial du ministère des Armées).

Lan Tingzhen de choisir cinquante soldats et de les transférer au Zhejiang (cette directive est aussi adoptée pour le Huguang 湖廣)[38].

Au cours des années 1720, la situation ne semble pas s'être améliorée, du moins selon le gouverneur général du Minzhe, Gao Qizhuo 高其倬 (1676-1738)[39]. Dans un mémoire rédigé en 1726, il classe l'ensemble des fonctionnaires en trois catégories et nous renseigne sur les compétences requises pour assurer une fonction dirigeante dans les forces navales. Les plus performants sont ceux dont les compétences maritimes dépassent les lieux et les eaux proches de leur base et qui ont une connaissance approfondie de tous les ports, des écueils, des bancs de sable, des îles en pleine mer où les pirates s'approvisionnent en eau fraîche, et savent apprécier les données météorologiques. Au-dessous, viennent ceux qui n'en connaissent que quelques-uns, tandis que les capacités à naviguer de ceux de la catégorie inférieure ne dépassent pas au mieux les limites de leur propre mouillage, bien qu'ils ne souffrent pas du mal de mer et puissent se mouvoir et manier les armes à bord des navires. Encore au-dessous de ces trois catégories, il y a ceux qui ne supportent pas le tangage des bateaux et sont donc, une fois à bord, incapables du plus petit mouvement.

D'après les observations de Gao Qizhuo, la plupart des officiers des forces navales peut être classée au-dessus de cette dernière catégorie, mais au-dessous de la précédente, puisqu'elle comprend des hommes qui, bien que ne souffrant pas trop du mal de mer et n'étant pas souvent sujets à vomissements, savent tout juste rester sur le bateau, sans pouvoir bouger ni manier les armes. Ces hommes ne sont donc d'aucune utilité, d'autant plus qu'ils ne connaissent pas les lieux de passage pour pénétrer dans les ports, ni les îles où il est possible de mouiller, sans parler des écueils et des bancs de sables. Lorsqu'ils rencontrent les pirates, ne pouvant pas engager la confrontation, ils sont d'une efficacité douteuse, et sont incapables de poursuivre l'ennemi en pleine mer. Les écumeurs des mers jouissent de toute évidence d'une suprématie navale qui leur est particulièrement favorable au moment des affrontements, lorsqu'il est extrêmement important de savoir se positionner en fonction des vents et des courants. Les vaisseaux du gouvernement se retrouvent souvent mal placés ce qui, dans le meilleur des cas, ne leur permet que de prendre la fuite. Leur action se limite ainsi à patrouiller près des côtes, là où se trouvent

[38] *Yongzheng shilu*, vol. 7, *juan* 73, p. 1085 (2a-3a): entrée datée du 4.10.1728 (YZ 6.9.2).

[39] Gao Qizhuo est membre de la Bannière jaune bordée et obtient le degré de *jinshi* en 1694. Il est gouverneur général du Minzhe de 1725 à 1730.

les petits bandits; les gros fréquentant la haute mer leur échappent tout naturellement. Selon Gao Qizhuo, la situation ne peut être améliorée que par un entraînement sérieux et immédiat pour permettre aux hommes encore compétents de transmettre leur savoir-faire[40].

Dans le cas cité par Gao Qizhuo, ce sont surtout les petits gradés et les soldats qui sont mis en cause, mais en 1734, c'est le général de brigade de Nan'ao 南澳 qui est destitué sur proposition de l'amiral du Fujian, Wang Jun, pour incompétence dans les affaires navales. Souffrant de mal de mer, il est dans l'impossibilité de participer en personne au service de garde-côte et à toute autre opération[41]. Cette situation est d'autant plus grave que le général de brigade doit normalement diriger les escadres lors d'opérations répressives contre la piraterie et que l'île de Nan'ao est non seulement un lieu stratégique, sur la frontière entre le Fujian et le Guangdong, mais également un endroit connu pour être un important centre de trafics illégaux. Les témoins de l'époque imputent cet affaiblissement de la flotte à la paix qui s'est instaurée le long du littoral après la fin des combats qui ont ponctué l'installation de la dynastie Qing jusqu'à la conquête de Taiwan en 1684 et la répression de la révolte de Zhu Yigui à Taiwan en 1721. Pendant toutes ces campagnes, officiers et soldats étaient dirigés par des commandants compétents et expérimentés, et certains ont reçu un enseignement direct de leurs supérieurs qui leur a ensuite permis d'accéder à leur tour aux plus hauts postes de commandement. La guerre a ainsi contribué directement à la formation de ces hommes et à leur relève. De plus, pendant les deux premiers règnes de la dynastie Qing, les forces navales ont intégré un grand nombre de rebelles dans leurs rangs, des hommes parfaitement à l'aise lors des combats en pleine mer.

Une fois la paix revenue sur le littoral, la discipline s'est progressivement relâchée au point que même le service de garde-côte n'est plus assuré partout. Bon nombre de gradés travaillent dans des endroits reculés, loin de leurs supérieurs et sont en conséquence relativement libres d'occuper le temps comme bon leur semble. De plus, l'administration fait appel, du moins pour les postes en bas de la hiérarchie militaire, aux habitants de la région, réputés pour leur connaissance des lieux. Ce sont

[40] *GZD-YZ*, vol. 6, p. 823-827: mémoire daté du 1.12.1726 (YZ 4.11.8).

[41] *Junji chu lufu zouzhe* 軍機處錄副奏摺 (Copies des mémoires au palais du Grand Conseil), règne Yongzheng, section «Junwu-renshi» (affaires militaires-personnel, désormais abrégé en *JJC-LF*, YZ, jw-rs), 866-868: mémoire daté du 22.3.1734 (YZ 12.2.18). Wang Jun est originaire de Qianzhou 乾州 (Shaanxi). Il est amiral du Fujian de 1733 à 1746.

en effet les sous-lieutenants (*bazong*) et lieutenants (*qianzong*) qui dirigent le service de garde-côte car ils sont censés connaître les eaux et les mouvements atmosphériques dans lesquels ils évoluent. Ces hommes font l'objet de nombreuses critiques: avidité au gain, esprit querelleur, accointances avec la population, etc. Le gouvernement trouvera toutefois leur recrutement toujours nécessaire et s'en accommodera pendant toute la période considérée. En 1734, l'amiral Wang Jun explique ainsi qu'il n'est pas facile de disposer d'officiers cumulant à la fois savoir-faire naval et commandement militaire, car la première de ces compétences exige une vie rude, soumise aux éclaboussures des vagues, les pieds dans l'eau, et présuppose l'absence d'instruction et des manières frustes[42]. Nous ne sommes pas loin de la définition que donnait Richelieu du navigateur compétent, à savoir un «gros marinier vaillant, nourri dans l'eau de mer et la bouteille»[43]. Wang Jun reconnaît indirectement leur utilité et ne proposera jamais de recourir à d'autres personnes pour les postes mineurs. Il suggère juste qu'ils soient dirigés par des officiers originaires d'autres provinces, afin que la discipline ne fasse pas les frais d'accointances locales. Un édit de 1800 révèle que les défauts reprochés aux hommes des forces navales dans la première moitié du XVIIIe siècle n'ont pas changé:

> J'ai entendu dire qu'en temps de paix les soldats et petits gradés des postes de contrôle des préfectures de Zhangzhou et de Quanzhou n'attachent aucune importance à l'inspection, et que s'ils doivent capturer des bandits, ils cherchent à obtenir de l'argent des autorités locales pour se dédommager des frais occasionnés [par l'opération]. Il y en a même, militaires sans loi, qui entretiennent des relations avec les brigands, reçoivent des dessous de table et, à l'opposé de ce qu'ils devraient faire, sont de connivence avec les pirates et les cachent, au point que les arrestations se font en pure perte et que les procès sont suspendus sans être résolus. L'établissement des postes militaires dans les régions maritimes devait à l'origine servir à la capture des pirates. Aujourd'hui, non seulement leurs soldats ne sont d'aucune efficacité dans les enquêtes et arrestations, mais ils sont même devenus des receleurs de butins et des informateurs pour les pirates. J'ai également entendu que ce genre de comportement pervers n'est pas l'exclusivité des préfectures de Zhangzhou et de Quanzhou et que désormais les soldats de chaque province côtière sont nombreux à entretenir des relations avec les bandits des mers, et à profiter des pots-de-vin que l'on nomme «honoraire de la mer». Ils font porter à d'autres la responsabilité de ces crimes et laissent échapper les vrais coupables. Ainsi faisant

[42] *JJCLF*, *jw-rs*: mémoire de l'amiral du Fujian, Wang Jun, daté du 16.12.1734 (YZ 12.11.22).

[43] Lettre de Richelieu au commandeur de La Porte datée du 30 juin 1627, citée par Vergé-Franceschi, 1991, p. 13.

on se moque de la loi et on laisse pourrir la situation. Comment [prétendre alors] pacifier la frontière maritime et purger le pays des écumeurs de mer[44]?[...]

Entraînement et apprentissage

L'origine littorale des hommes ne présuppose d'ailleurs pas obligatoirement une compétence nautique, ni l'habitude des manœuvres en mer ou de la vie à bord des navires, pas plus que la maîtrise de l'art des combats navals. Le service de garde-côte est perçu comme une activité permettant justement aux troupes des forces navales de s'amariner dans le cadre de la surveillance des eaux proches du continent et d'actions mineures menées contre des pirates ou des contrebandiers tentant d'échapper aux contrôles. Ces opérations routinières sont ainsi envisagées comme un apprentissage à la fois maritime et militaire. Gao Qizhuo prévoit d'étendre les inspections maritimes au-delà du périmètre normalement affecté à chaque unité et demande à ce qu'une fois par an, suivant le mouvement saisonnier des vents, les hommes soient dirigés par des officiers aptes à naviguer jusque dans les eaux des provinces limitrophes et que les îles en pleine mer soient également inspectées. Depuis 1716, les bataillons navals sont par ailleurs déjà astreints à des exercices conjoints de surveillance[45]. Ces exercices ont deux buts: obliger les unités à s'éloigner de leur port d'attache et vérifier le déroulement réel de l'entraînement.

La pratique de cet entraînement n'est toutefois pas vérifiable, du moins avec les documents actuellement en notre possession qui laissent subsister des doutes sur son fonctionnement réel. En effet, les mémoires envoyés à la Cour par les fonctionnaires en poste sur le littoral ne cachent pas les difficultés que rencontre l'armée pour poursuivre les pirates qui, contrairement à ses escadres, ne connaissent pas de frontières administratives et manœuvrent sans difficulté sur l'ensemble des eaux côtières. Les unités militaires et les policiers, de leur côté, arrêtaient le plus souvent leurs opérations aux limites de leur juridiction et même si en mer des fonctionnaires avertis ont souvent soutenu l'idée de poursuivre les bandits au-delà du périmètre assigné, rares sont ceux qui l'ont fait. La méconnaissance du terrain a souvent influé sur la décision d'interrompre l'action aux limites de leur zone d'intervention. En 1807, par exemple, lors

[44] *DQHDSL-GX*, *juan* 630, p. 5a.
[45] *Ibid.*, *juan* 632, p. 1b.

d'une opération de répression contre la flotte de Zhu Fen 朱濆 (?-1809), les officiers de l'escadre gouvernementale cessent leur poursuite dans les environs de Nan'ao, car le pirate est entré dans les eaux du Guangdong[46]. Les commandants, dont les troupes sont numériquement inférieures et ne connaissent pas les hauts-fonds de cette province, préfèrent interrompre leur chasse, d'autant plus que sans contact avec la population et leurs collègues du Guangdong oriental, ils ne sont pas certains de pouvoir compter sur leur assistance[47]. Au-delà de leur secteur, rares étaient les officiers qui avaient l'expérience des bancs de sable et des écueils qui gênaient la navigation le long du littoral. Outre l'appréhension de s'aventurer dans des eaux peu connues, un autre obstacle a également pu freiner l'ardeur des officiers, à savoir la rivalité entre les différentes administrations: arrêter des pirates dans des eaux relevant d'un autre bataillon, c'était risquer de se voir dépossédé des mérites de l'opération par des collègues pouvant rapidement faire parvenir la nouvelle à la Cour, avant que les réels auteurs de l'exploit n'aient eu le temps de rentrer à leur base rapporter les événements.

En dehors des exercices ci-dessus mentionnés, officiers et soldats sont soumis à des entraînements spécifiques, dont il est malheureusement impossible de vérifier la fréquence. Les hommes des Bannières (*ba qi* 八旗) s'exercent indépendamment de leurs collègues des Bataillons verts (*lüying* 綠營): tous les ans, du quatrième au huitième mois, lorsque le temps le permet, leurs unités prennent la mer en ligne et s'entraînent au canonnage, tandis que durant les autres jours les supérieurs dispensent l'enseignement relatif à la navigation[48]. Leur formation semble bénéficier d'une plus grande attention que celle des troupes chinoises, qui fournissent la majorité de leurs instructeurs. Mieux équipées, ces unités n'interviennent toutefois que rarement dans la lutte contre le banditisme maritime et ne sont pas chargées de la surveillance côtière, sauf autour

[46] Zhu Fen, un des principaux chefs pirates de la fin du XVIIIe siècle, est originaire de la sous-préfecture de Yunxiao 雲霄 (Zhangzhou, Fujian). Il est surtout actif au sud de Xiamen et dans l'est du Guangdong, tour à tour rival et compagnon de route de Cai Qian.

[47] *GZZP, jw-fw*, 43: mémoire du gouverneur général du Minzhe, Alinbao 阿林保, et du gouverneur du Fujian, Zhang Shicheng, 張師誠, daté du 12.5.1807 (JQ 12.4.5); *GZZP, nmyd*, 75, 1076/2: mémoire du gouverneur général du Liangguang, Wu Xiongguang 吳熊光, daté du 10.5.1806 (JQ 11.3.22). Il s'agit de mémoires provenant des Archives du Palais (Gongzhong dang'an 宮中檔案), inscrits respectivement dans la section affaires militaires, *junwu* 軍務 (défense frontalière) de la catégorie des «Mémoires au palais apostillés» (Gongzhong zhupi zouzhe 宮中硃批奏摺) et de la catégorie «Mouvements paysans — luttes anti-Qing» (Nongmin yundong: fan Qing douzheng 農民運動反清鬥爭).

[48] *DQHDSL-GX*, *juan* 637, p. 5a-5b; *Qing shi gao*, vol. 14, *juan* 139, p. 4121.

des capitales provinciales, comme à Fuzhou, où elles sont en charge de la surveillance fluviale depuis 1751[49]. Les navires qui sont attribués à ces unités confirment l'étroitesse de leur zone d'intervention: elles disposent en effet à cette époque de vedettes (*kuaichuan* 快船) qui ne sont pas adaptées aux grandes opérations de répression[50].

Tout autre était le rôle dévolu aux troupes des Bataillons verts qui font office de véritable armée régulière provinciale et assument, en temps de paix, la sécurité publique et la répression des révoltes régionales. Le service de garde-côte est certainement la mission la plus importante et la plus difficile qui incombe à leurs unités stationnées sur le littoral, car il comprend de multiples tâches: la surveillance et la défense des lieux stratégiques comme les ports, les feux de vigie, les postes de contrôle sur le continent ou sur les îles adjacentes; les opérations de police; l'escorte des bâtiments de transport officiels; la protection des navires de commerce et de pêche, le sauvetage des navires en difficulté, etc. Leurs soldats sont, depuis 1736, passés en revue une fois tous les deux ans: l'amiral du Fujian, par exemple, inspecte lors d'une première tournée les unités de Haitan 海壇, Min'an 閩安, Fenghuomen 烽火門, puis à la suivante celles du sud de la province (Jinmen 金門, Nan'ao, Tongshan 銅山)[51]. En 1745, l'empereur constate que si les troupes terrestres ont amélioré leurs performances, celles relevant des forces navales ont un grand besoin d'entraînement: officiers et soldats ne savent absolument pas manœuvrer un bateau, et s'appuient sur les marins, dont les connaissances sont également sommaires. Même en temps ordinaire, au moment des exercices, le mouvement de leurs embarcations n'est pas coordonné et il est difficile d'imaginer ce qu'il sera à l'approche de l'ennemi. Le personnel de bord doit pouvoir naviguer par tout temps, faire face à tout changement météorologique, tout comme les hommes d'armes doivent effectuer leur travail sans qu'il soit nécessaire de les haranguer. L'ensemble des opérations doit être mené à l'unisson de façon à ce que l'équipage ne forme

[49] En 1728, des soldats des Bataillons verts sont d'ailleurs intégrés dans les rangs du bataillon naval des Bannières de Fuzhou, dont le général dispose également de deux bataillons sous ses ordres directs et dont les soldats proviennent des troupes chinoises [*Fuzhou fuzhi* 福州府志 (Monographie de la préfecture de Fuzhou), rév. Xu Jingxi 徐景熹 *et al.*, éd. 1754. *Zhongguo fangzhi congshu*, «Huanan difang», no. 72, *juan* 12, p. 287-288].

[50] *GZZP, jw-jx*, 120: mémoire de l'amiral du Fujian, Lin Junsheng 林君陞, daté du 11.7.1751 (QL 16.5i.19). Il s'agit d'un mémoire provenant des archives du Palais, inscrit dans la section affaires militaires — approvisionnement (*junwu/junxu* 軍務 — 軍需) de la catégorie des «Mémoires au palais apostillés».

[51] *DQHDSL-GX*, *juan* 638, p. 1b.

qu'un seul corps et pour cela il faut s'entraîner et apprendre à naviguer de conserve[52].

L'enseignement dispensé aux soldats et aux gradés fait partie du travail exigé des officiers supérieurs qui sont normalement recrutés pour leurs compétences en la matière, qu'ils aient été formés par leur hiérarchie ou au cours de voyages Outre-mer à bord des jonques marchandes. La maîtrise de la navigation est, du moins pour les hauts gradés, exigée afin qu'ils puissent diriger les opérations en mer. Une nécessité indispensable à plus d'un titre comme le montre très bien le père Fournier dans son *Hydrographie* de 1643:

> Le capitaine doit entendre la sphère et la carte de navigation, afin qu'un pilote ne lui en puisse faire accroire. Il doit bien placer sa mousqueterie, manier avec jugement les voiles pour gagner l'avantage du vent[53].

Lorsque des hommes sont pressentis pour une promotion ou un changement d'affectation, leurs aptitudes en ce domaine sont examinées. C'est le cas, par exemple, en 1766, lorsque les autorités militaires du Fujian proposent le transfert de Lan Yuanmei 藍元枚 et de Chai Daji 柴大紀 des forces terrestres aux navales, après qu'elles eussent vérifié leurs capacités en mer et attesté de leurs bonnes connaissances en hydrographie, en météorologie et en navigation. Dans leur rapport, elles insistent également sur leur passé familial, lié aux activités maritimes: le premier est le petit-fils de Lan Tingzhen, un éminent amiral du Fujian, qui naviguait déjà tout jeune avec son père, un officier de la flotte militaire; le second a appris le métier avec les membres de sa famille qui commerçaient avec l'Outre-mer[54]. Ce cas est assez exemplaire car les bons marins de la flotte marchande ne se portent pas souvent candidat à un poste dans l'armée qui a toujours souffert de la concurrence dans ce domaine[55]. Le développement du négoce privé a en effet attiré les meilleurs d'entre eux par des salaires plus élevés et par l'éventuelle possibilité de trafiquer[56]. Le commerce hauturier nécessite par ailleurs un nombre beaucoup plus important de techniciens: en dehors du capitaine, de ses adjoints directs et des

[52] *Ibid*, *juan* 638, p. 2a-2b.

[53] Cité par Michel Vergé-Franceschi, 1991, p. 182.

[54] *Ming Qing shiliao*, 1987, série *wu*, vol. 1, p. 486-487 (210b-211a): mémoire du gouverneur général du Minzhe, Suchang 蘇昌, daté du 27.4.1766 (QL 31.3.19).

[55] Nous avons trouvé un autre témoignage d'un timonier de la marine marchande s'étant enrôlé dans l'armée: il s'agit d'un certain Cai Yong 蔡勇, originaire de Jinjiang (Fujian), qui a fréquenté avant son enrôlement les voies maritimes conduisant aux Philippines, au Japon et aux Ryukyu.

[56] D'après Chen Liangbi 陳良弼, embauchés sur des navires de commerce, ils peuvent gagner plusieurs centaines de taëls par an [cité par Chen Xiyu 陳希育, 1991, p. 162].

matelots (plusieurs dizaines), une vingtaine de personnes sont chargées de fonctions bien précises.

À en croire Yan Ruyu 嚴如熤, l'entraînement destiné aux soldats des forces navales à la fin du XVIIIe siècle est comparable à celui de la seconde moitié du XVIe siècle. Son ouvrage reprend en effet le contenu du chapitre réservé aux «Troupes navales» du *Nouveau traité de règlements militaires* de Qi Jiguang 戚繼光 (1528-1588)[57]. Selon les préceptes de Qi Jiguang, le maniement des armes est le fondement sur lequel repose la puissance d'une armée. C'est pourquoi l'ensemble des soldats doit s'y astreindre quotidiennement, indépendamment de leur affectation. Comment en effet combattre sur mer s'ils ne savent pas le faire sur le continent? Et surtout, si les pirates pénètrent dans les montagnes, comment ne pas abandonner les navires et engager un combat terrestre[58]? En 1799, les autorités Qing insisteront à leur tour sur ce principe, alors que l'instruction aux combats terrestres est vraisemblablement tombée en désuétude[59]. Ainsi, en temps ordinaire, les unités des forces navales s'entraînent un jour sur deux, en alternant les exercices spécifiques à leur discipline et la formation dispensée à l'ensemble des hommes d'armes[60]. La journée de ces hommes est rythmée par les coups de canon: à l'aube, trois salves annoncent le début de la journée qui se clôt par le même cérémonial à la tombée du soleil, le drapeau étant respectivement hissé et baissé. Les veilles de nuit sont annoncées par le tambour du navire de l'État-major.

Au petit matin, après avoir remis de l'ordre sur le bateau et pris leur repas, les soldats descendent à terre acheter le combustible, les vivres et le nécessaire pour honorer les divinités, avant de se présenter à leurs supérieurs pour recevoir les instructions de la journée[61]. L'accent est mis sur la bonne

L'information est extraite de l'ouvrage de Chen Liangbi, *Shuishi jiyao* 水師輯要 (Traité de marine).

[57] Qi Jiguang 戚繼光, *Jixiao xinshu* 紀效新書, 1995, *juan* 12 et 18. L'ouvrage de Yan Ruyu en question est le *Haifang jiyao* 海防輯要 (1838), et le texte de Qi Jiguang est repris au chapitre 19, réservé aux «Formations navales» (*Shuishi zhen tu* 水師陣圖). Qi Jiguang est originaire de la garnison de Dengzhou 登州, au Shandong. Il s'agit certainement de l'un des généraux les plus vénérés des deux dernières dynasties. Le long du littoral, des autels à sa mémoire sont érigés un peu partout où il a soutenu avec ses troupes des combats contre les Wokou. Une partie de sa carrière se déroule sur la côte, de 1555 à 1568, et certains de ses subalternes vont également y assumer de hautes charges au sein de l'armée. Il est ensuite muté sur la frontière septentrionale, où il renforce la défense (*Mingshi*, vol. 18, *juan* 212, p. 5610-5617).

[58] Qi Jiguang, *Jixiao xinshu*, *juan* 12, p. 1103.

[59] *DQHDSL-GX*, *juan* 639, p. 1a.

[60] Qi Jiguang, *Jixiao xinshu*, *juan* 18, p. 668.

[61] Certaines stèles du temple Nanputuo de Xiamen attestent également la dévotion des troupes des forces navales et témoignent des donations qu'ils ont faites (seconde moitié du XVIIIe siècle).

entente qui doit régner entre les membres de l'équipage, chacun vaquant à ses occupations selon les devoirs de sa tâche dans le respect de l'âge. L'alcool n'est pas toléré à bord. Pendant la nuit, sur chaque embarcation, deux soldats montent la garde à tour de rôle, un à la proue et l'autre à la poupe. S'ils aperçoivent un bateau, ils donnent l'alarme en frappant le gong, de façon à ce que tous les navires de l'escadre se préparent à une intervention[62]. S'ils repèrent une masse sombre flottant à la surface, ils doivent lui jeter des pierres tout en appelant à haute voix leurs collègues. Qi Jiguang précise qu'il vaut mieux alerter inutilement l'équipage de l'approche d'un éventuel ennemi que de ne rien faire. Cette négligence serait sanctionnée par une lourde peine, pouvant aller jusqu'à l'exécution du fautif.

En temps ordinaire, les recrues affectées aux forces navales doivent contrôler l'ensemble du matériel militaire de bord et vérifier, une fois par jour, l'état des munitions afin de remplacer celles qui, endommagées par l'humidité, doivent être séchées au soleil tous les cinq jours[63]. C'est peut-être une négligence dans ce domaine qui oblige, en 1712, le sous-lieutenant (*bazong*) Wang Yi'an 王一安 à retourner au port lorsque, face aux pirates et après avoir vu s'abîmer un bâtiment de l'armée avec qui il assurait le service de garde-côte, ses hommes tentent sans succès d'allumer le seul canon à leur disposition qui fait bien de la fumée, mais pas de bruit[64]. Au milieu du mois, les hommes sont censés affûter leurs armes. Le premier et le quinzième jour, les recrues nouvellement engagées sont conduites en mer et, dès que leur candidature a été examinée par l'ensemble des autorités concernées, elles reçoivent leur matricule et peuvent alors participer à l'entraînement naval. Les équipages du service de garde-côte ne sont pas autorisés à différer leur départ par crainte de tempête et sont sanctionnés par une diminution de leur ration mensuelle s'ils endommagent l'embarcation. Pendant la mauvaise saison, il leur est interdit de se laisser aller à la paresse, de passer la nuit à terre sous aucun prétexte et de dérober des rations.

[62] Les escadres constituées par Qi Jiguang comportent deux divisions formées chacune de cinq navires: deux «fukiénois» (*fuchuan* 福船), un «*haicang*» (海滄船) et deux «*chongjiao*» (艟船) (*Jixiao xinshu*, *juan* 18, p. 617).

[63] En particulier, les soldats doivent veiller à ce que les haches et les pierres soient en nombre suffisant sur le pont. Le règlement prévoit que 20 % doivent être prêtes à être utilisées, tandis que les 80 % restantes doivent être entreposées dans la cale (Qi Jiguang, *Jixiao xinshu*, *juan* 18, p. 647).

[64] *Kangxi chao hanwen zhupi zouzhe huibian* 康熙朝漢文硃批奏摺彙編, 1984, vol. 4, p. 380-381: mémoire de Li Xu 李煦, daté du 8.9.1712 (KX 51.8.8). L'ouvrage sera désormais abrégé en *KXZPHB*.

Outre ces tâches quotidiennes, les soldats des forces navales s'exercent dans les avant-postes (*shuizhai* 水寨) et, la nuit précédant l'entraînement, le commandant d'avant-poste (*bazong*, époque Ming) hisse le drapeau correspondant, de façon à ce que les troupes en soient informées. Le jour même, à la cinquième veille, l'officier chargé de communiquer les ordres sonne le réveil à l'aide d'une trompette. Après les tâches matinales et le repas, chaque commandant conduit ses hommes à terre et les dispose en bon ordre sur le terrain. Ils reçoivent d'abord un enseignement théorique (vraisemblablement des leçons d'hydrographie, l'apprentissage des signaux et des éléments de tactique), puis les unités reproduisent en mer les formations qu'elles ont reçues, en conformité avec la topographie des lieux et les conditions atmosphériques. Si le site est étroit et sinueux, s'il y a de la tempête, ils ne doivent pas utiliser les grands navires: dans ces conditions, seule la moitié des troupes, dirigée par le chef d'escouade, élabore les figures avec les petits bateaux de sauvetage (*sanban* 三板). Qi Jiguang explique par ailleurs qu'il est plus important d'évaluer les conditions géographiques des sites (déferlement des flots et des vagues, configuration et profondeur des mouillages, etc.) que de respecter les formations[65].

Un exercice de tir conjoint, pour lequel la hiérarchie et les responsabilités de chacun sont à nouveau précisées, punitions à l'appui en cas d'accident, est également organisé. Au bout du champ de manœuvre, deux cibles, séparées entre elles par une distance de cent pas (*bu* 步, 160 m), sont disposées à gauche et à droite. Leur hauteur et leur largeur sont respectivement de six (1,92 m) et trois pieds (*chi* 尺, 0,96 m), et chacune est soutenue par un haut mât de trois toises (*zhang* 丈, 9,6 m) et d'un diamètre variable. Deux autres objectifs, de taille plus réduite (h. 0,96 m; l. 0,32 m), séparés l'un de l'autre par vingt-quatre pas (38 m), sont interposés à plus courte distance. L'escadre appelée se déploie en cercle et s'avance alors vers les cibles, les équipages se suivant à environ cinquante pas (80 m). Ce sont d'abord les fusiliers et les canonniers qui tirent, en visant vers le haut, sur l'objectif le plus éloigné avec des flèches incendiaires. Chaque tireur a droit à un seul coup, sauf les archers qui bandent trois fois. L'objectif rapproché est attaqué par les fusiliers avec des tirs de pierres, tandis que les canonniers lancent de la poudre pour l'incendier (chacun dispose de cinq *liang* 兩, équivalant à 179 gr). Ensuite, ce sont les lanceurs et les arbalétriers qui se produisent trois fois. Après cette démonstration, vient le tour du prochain équipage. Des

[65] Qi Jiguang, *Jixiao xinshu*, *juan* 18, p. 658-659.

instructions sont également dispensées sur l'usage des armes en fonction de leur qualité et de la position de l'ennemi. Ainsi, par exemple, les flèches incendiaires ne sont utiles que pour détruire les voiles, et l'arbalète n'est d'aucune utilité pour frapper un adversaire lointain[66].

Outre cette formation, il est également précisé, dans les *Statuts et articles additifs de la dynastie Qing*, que les hommes sont astreints à la pratique de la natation et à l'escalade des mâts. Cet exercice était normalement prévu en hiver, afin d'habituer les troupes au contact de l'eau froide, mais à partir de 1797 l'empereur, pris de compassion, le retire du programme hivernal à cause de la basse température[67]. L'entraînement à la nage comprend vraisemblablement l'apprentissage de la plongée, car en 1734, lorsqu'il s'agit d'ériger une digue maritime dans la sous-préfecture de Haining 海寧, au Zhejiang, dont les fondations doivent être à environ trente mètres sous l'eau, les autorités font appel aux gradés et aux soldats du Fujian, connus pour leur habilité dans ce domaine[68]. Les fonctionnaires du littoral confirment, dans leur correspondance avec l'empereur, que savoir nager est l'une des qualités requises et fort appréciée chez un soldat des forces navales.

À bord des navires militaires (sauf les petits), les responsabilités sont réparties entre les commandants de l'armée et les «techniciens» de la navigation: le timonier (*duogong* 舵工), dont les compétences s'étendent également au pilotage[69], le maître à la voilerie (*liaoshou* 繚手), le chef de manœuvre (*doushou* 斗手) et le maître préposé à l'ancre (*dingshou* 碇手). Cette différenciation est probablement identique à celle existant en France entre les officiers «d'épée» (le personnel destiné à commander les vaisseaux et les escadres et à combattre) et les «mariniers». En Chine toutefois, le personnel navigant ne bénéficie pas du statut d'officier. Certains sont inscrits comme faisant partie du personnel des bataillons des forces navales, mais les sources ne donnent aucune indication à leur sujet et ne précisent pas leur statut exact: sont-ils assimilés à la population civile ou aux militaires? La composition des membres des bâtiments de guerre, mariniers et troupes, confirme cette organisation: aux côtés des soldats, un certain nombre de marins est chargé de la bonne marche du bateau.

66 *Ibid.*, *juan* 18, p. 696-698.

67 *DQHDSL-GX*, *juan* 639, p. 1a.

68 *GZD-YZ*, vol. 22, p. 702-703: mémoire au palais du gouverneur général du Fujian, Hao Yulin 郝玉麟, daté du 15.4.1734 (YZ 12.3.12).

69 Sur les navires hauturiers, le pilote (*huozhang* 火長 ou *huozhang* 伙長) fait partie du personnel navigant, tandis que sur les caboteurs, dont font aussi partie les vaisseaux des forces navales, c'est le timonier qui assume cette tâche.

La transmission de leur savoir repose sur la pratique et l'apprentissage oral, et il est ainsi probable qu'une partie d'entre eux ait exercé ces fonctions de façon héréditaire, de père en fils. Si certains sont enrôlés de façon permanente, la correspondance administrative indique qu'ils peuvent être engagés temporairement, lorsque le besoin s'en fait sentir.

En 1656, leur rémunération est fixée à 1,8 taëls pour les timoniers et une once d'argent pour les matelots qui sont, de toute évidence, des soldats (*shuishoubing* 水手兵)[70]. La solde des premiers équivaut à un peu plus de la moitié de celle d'un sergent (trente-six taëls annuels, *waiwei qianzong* 外衛千總)[71]. Pendant le conflit qui oppose les troupes Qing à celles des loyalistes Ming, cette somme est légèrement augmentée, du moins pour les techniciens: les hommes d'expérience (*qimin* 耆民) et le premier timonier touchent deux taëls, le second timonier un et demi et les matelots un seul, auxquels viennent s'ajouter pour chacun trois *dou* 斗 de riz par mois[72]. Le salaire fixé en 1656 bénéficie de quelques améliorations, en particulier au Jiangnan et dans les unités navales des bannières (Tianjin et Zhapu), où les soldats, spécialement détachés de leurs bataillons des forces chinoises, touchent deux taëls par mois[73]. En 1761, le gouverneur général du Minzhe, Yang Tingzhang 楊廷璋 (1688-1772), propose à nouveau des hausses de salaire, l'ajout d'une ration de guerre (*zhanliang* 戰糧) en plus de la solde, pour les timoniers faisant preuve de bonnes connaissances en matière de pilotage des gros navires de guerre du type *ganzeng chuan* 趕繒船, et la possibilité, en cas de bons services, d'accéder à la carrière militaire, au grade de sergent ou de caporal (*waiwei* 外衛)[74]. Ceux qui manœuvrent les vaisseaux de la catégorie *jugu chuan* 脹古 船 et sont dans la force de l'âge reçoivent selon les statuts la solde en grain, mais s'ils s'appliquent à monter dans la catégorie supérieure, ils sont alors promus et rémunérés en argent. Par contre, dès que leurs forces sont affaiblies par la vieillesse, ils sont rétrogradés au poste

[70] *DQHDSL-GX*, *juan* 255, p. 1b.

[71] *Xiamen zhi*, *juan* 3, p. 17a. Un sergent (*waiwei*) reçoit 1,5 taëls par mois et en touche dix-huit dans le cadre de l'allocation pour encourager l'intégrité.

[72] *Zheng Chenggong dang'an shiliao xuanji* 鄭成功檔案史料選輯, 1985, p. 20: mémoire de routine de l'intendant de la solde, général en charge des affaires militaires, gouverneur de Jianning et de sa région, vice-président de droite de la Cour des censeurs, Tuguobao 土國寶, daté du 25.11.1649 (SZ 6.10.22).

[73] *DQHDSL-GX*, *juan* 255, p. 5b.

[74] Le terme de «bons services» signifie avoir mené à bon port et à plusieurs reprises des allers et retours entre le continent et les îles Penghu. Yang Tingzhang est membre de la Bannière jaune bordée et occupe la fonction de gouverneur général du Minzhe de 1759 à 1764.

de seconds timoniers et reçoivent la ration allouée pour ce poste; au-delà de soixante *sui*, ils doivent impérativement prendre leur retraite[75].

En 1790, l'empereur Qianlong (1736-1796), constatant le peu de résultats obtenus par les mesures prises par Yang Tingzhang, enjoint aux officiers militaires d'intensifier l'entraînement des troupes et de recruter des timoniers de la flotte marchande. Il augmente également leur solde par l'ajout d'une prime de deux *fen* au montant fixé par les statuts. En 1797, avec le nouveau programme de construction navale qui prévoit de copier les grands navires de commerce, l'embauche du personnel navigant devient encore plus urgente. Cette fois-ci, les autorités comprennent que pour disposer de ces techniciens, elles doivent les payer en conséquence. Le gouverneur du Fujian, Fei Chun 費淳 (1739-1811), propose ainsi de leur allouer, en plus de leur ration personnelle (*mingliang* 名糧) et de celle destinée aux repas (*chuiliang* 炊糧), deux *fen* supplémentaires, correspondant au complément de solde versé aux soldats rattachés à la défense des fortifications (*shoubing* 守兵)[76].

Face à l'essor de la piraterie à la fin du XVIIIe et au début du XIXe siècle, le gouvernement n'a toutefois plus le temps d'investir dans un programme de reprise en main du corps naval. Il lui faut un personnel maîtrisant parfaitement les techniques de la navigation, des hommes immédiatement opérationnels. Il recourt alors à l'embauche de capitaines et de marins de la flotte marchande et de pêche qui lui fournissent, outre leur compétence, les navires qui font défaut à l'armée pour affronter la puissance des escadres pirates. Cette tendance n'est pas nouvelle, déjà sous les Ming, les autorités étaient obligées de recourir à cette pratique pour consolider les assises des forces navales[77]. Dans les moments critiques, comme pendant les assauts des Wokou au milieu du XVIe siècle et à partir des années 1780, l'administration a pu compter, en dehors du recrutement, sur les miliciens qui participaient aux côtés des troupes à la capture des pirates. Ces hommes, de même qu'une majorité des individus enrôlés pour les campagnes, disposaient d'embarcations, ce qui représentait un avantage pour les fonctionnaires locaux souvent à court d'argent pour financer l'élargissement de la flotte de guerre. Lorsque le temps était compté,

[75] L'âge du personnel spécialisé des navires de commerce ralliant le Japon est compris, au XVIIIe et au début du XIXe siècle, entre 30 et 60 *sui* (Chen Xiyu, p. 162).

[76] *Qingshi liezhuan*, vol. 7, *juan* 28, p. 237-238. Fei Chun est originaire de Qiantang (Zhejiang) et obtient son degré de docteur en 1763.

[77] *Ming jingshi wenbian* 明經世文編 (1638), vol. 5, p. 3810. Sous la dynastie Qing, cette pratique est attestée dès le règne Kangxi (1662-1723): *KXZPHB*, vol. 4, p. 265: mémoire daté du 20.7.1712 (KX 51.6.17). Sous le règne précédent, elle existe également, mais il s'agit à ce moment d'une période de guerre.

il était probablement plus rapide d'enseigner à des marins compétents l'art de se défendre (que certains maîtrisaient certainement déjà), plutôt que d'initier des soldats à la vie et aux manœuvres à bord des bateaux. Les marins chinois jouissent en effet d'une bonne réputation même parmi les Européens:

> Les matelots chinois sont d'une adresse remarquable. Il n'est pas rare de voir, pendant la nuit, un seul homme conduire une grande embarcation, en dirigeant d'une main la barre du gouvernail, tandis que de l'autre il oriente les voiles au moyen de quelques cordages qu'il manie avec autant d'aisance qu'un cavalier les rênes de son cheval[78].

Après avoir évoqué la composition du commandement de la flotte militaire et le contenu de la formation en principe donnée aux hommes des forces navales, ainsi que les problèmes rencontrés par le gouvernement dans sa recherche de bons navigants, il est tout de même possible d'affirmer que, du moins en théorie, l'État chinois avait prévu les infrastructures et la formation des hommes de la flotte militaire nécessaires à assurer la défense côtière. Mise en place dès l'avènement des Ming, cette politique est renforcée par les souverains mandchous, par la création d'un noyau de marine militaire qui présente déjà, dans certaines provinces, un commandement indépendant de celui des troupes terrestres. L'enseignement dispensé aux soldats des forces navales consistait en un programme complet combinant des séances théoriques comprenant des cours d'hydrographie, l'apprentissage des signaux et des éléments de tactique navale, et la formation pratique incluant des exercices navals et militaires, ainsi que la mise en situation lors du service de garde-côte. Il est alors permis de se demander pourquoi avec une telle organisation les forces navales ont abouti au déclin que nous connaissons depuis la seconde moitié du XVIIIe siècle.

Les raisons de l'affaiblissement des forces navales

Trois causes sont directement liées à cet affaiblissement et relèvent toutes d'une perversion du système: la mainmise locale sur la surveillance côtière; le détournement loin des sites stratégiques des bons marins de

[78] Haussmann, vol. 1, p. 293. Quelques années plus tôt, dans les années trente, un autre témoin confirmait cette appréciation en notifiant: «Nous avons déjà dit que les Chinois sont matelots; en effet, pendant la dernière guerre, les vaisseaux anglais des Indes-Orientales, n'ayant pas leurs équipages au complet, prirent des Chinois et en furent très satisfaits; on n'a à leur reprocher qu'un peu de timidité lorsqu'il s'agit de manœuvrer par une grosse mer» (Dobel Pierre, 1842, p. 33). L'auteur est Conseiller de Collège au service de la Russie et ancien Consul de ce pays aux îles Philippines.

l'armée et le sous-financement des unités des forces navales. La première a déjà été abordée précédemment et représente un réel danger non seulement pour la sécurité du littoral, mais également pour le contrôle des activités commerciales, dont bon nombre échappent aux vérifications et aux taxations douanières. Les accointances entre militaires et habitants du littoral sont telles que la destitution des soldats et des gradés pour non respect des lois n'est d'aucun effet, car il existe un risque certain que ces personnes, oisives et sans emploi, se laissent tenter par des affaires illicites. C'est pourquoi, en 1727, le ministère des Armées propose d'envoyer vivre dans d'autres provinces les officiers démis de leur charge parce que coupables d'avoir toléré le commerce illégal en échange de pots-de-vin: ceux du Guangdong sont ainsi «exilés» au Shandong, ceux du Fujian au Henan et ceux provenant des préfectures de Taizhou 臺州 et Wenzhou 溫州 au Zhili[79]. De plus, le recrutement local des officiers au bas de la hiérarchie a probablement souffert de favoritisme, aux dépens d'un choix basé sur les compétences navales.

La carence de commandants expérimentés dans l'art nautique n'est, par ailleurs, pas seulement imputable aux abus ci-dessus mentionnés et à la négligence dans la pratique de la navigation, mais est également à chercher dans l'envoi des meilleurs éléments dans d'autres unités, en qualité d'instructeurs. Ainsi, l'armée est soumise, outre à la concurrence de la flotte commerciale, à des transferts de personnel compétent vers des unités nécessitant une formation. Ce sont principalement les contingents navals des Huit Bannières qui bénéficient de ces déplacements dommageables à l'ensemble de la défense côtière. Ce ne sont en effet pas les hommes des Bannières qui assurent la police le long du littoral, dont le gros des troupes navales est stationné dans les environs de la capitale qui n'est, pendant la période considérée, que très légèrement menacée par les attaques des pirates. Par contre, les rivages entre le delta du Yangzi et l'extrême sud-ouest de la Chine sont directement touchés par les problèmes de piraterie et de contrebande et sont militairement et économiquement stratégiques. Ce sont ainsi des régions où la transmission du savoir-faire nautique relève de la nécessité absolue, mais que le gouvernement se permet d'affaiblir en enlevant aux troupes des Bataillons verts (les unités assurant la surveillance littorale) une partie de leurs meilleurs éléments.

Nous ne sommes, dans l'état actuel des recherches, pas en mesure d'affirmer que ces déplacements correspondent à des sinécures, mais la question pourrait être posée. Peut-être moins au niveau des transferts que du

[79] *Yongzheng shilu, juan* 63, p. 989 (13a-14b): entrée datée du 24.12.1727 (YZ 5.11.12).

maintien en place d'hommes, en particulier les plus hauts gradés, ayant dépassé depuis longtemps l'âge de la retraite. Jusqu'au milieu du XVIIIe siècle, de nombreux amiraux sont morts de vieillesse à leur poste, et certains ne disposaient probablement plus de toutes les facultés nécessaires (en particulier la forme physique) à l'accomplissement de leurs tâches. En 1729, par exemple, Shi Yizhi 史貽直 (1682-1763) transmet un mémoire à la Cour, dans lequel il notifie le grave état de santé de Lan Tingzhen et souhaite que des dispositions soient prises pour son remplacement[80]. Il commence par mentionner dans son rapport l'importance et le caractère éreintant de la fonction, dont dépendent vingt-cinq bataillons, dans une province qui ne peut souffrir de la plus minime inattention. Il poursuit par l'aggravation de l'état de santé de l'amiral qui a désormais dépassé les 60 ans et ne peut plus se déplacer depuis l'arrivée de l'hiver à cause d'une terrible colique. Il termine en suggérant de le remplacer par Xu Liangbin[81], alors âgé de 59 *sui* et qui restera en poste jusqu'à son décès en 1733, à 72 ans. Parmi les amiraux, les vétérans sont Shi Lang et Wu Ying 吳英 (1637-1712), décédés alors qu'ils étaient encore en poste à 75 ans[82]. Un autre officier à avoir atteint une certaine ancienneté est Wang Jun qui, en 1746, demande à se retirer pour cause de vieillesse. Bien que sa date de naissance ne soit pas connue, il devait probablement être septuagénaire. En effet il était arrivé au Fujian depuis le Shaanxi en 1691, fuyant la famine, et s'était alors engagé dans l'armée. L'âge minimum pour le recrutement étant de 15 ans, même s'il a menti sur ce sujet, il semble vraisemblable qu'il ait approché les 70 ans ou les dépassait lorsqu'il a exprimé son souhait de prendre sa retraite[83].

La nomination ou le maintien d'officiers âgés, mais expérimentés, à un poste si important devait sûrement être considéré par la Cour comme un gage de stabilité et de bonne administration. Leur connaissance du terrain et des habitants était probablement primordiale à une époque où les actes de piraterie étaient de faible portée, mais pendant laquelle l'émigration

[80] Shi Yizhi est originaire de Liyang 溧陽 (Jiangsu) et devient *jinshi* en 1700. Il est gouverneur général par intérim du Fujian de 1729 à 1730. Pendant sa carrière il s'intéresse en particulier aux problèmes relatifs aux greniers et aux travaux hydrauliques. Il sera Grand secrétaire de 1744 à 1763.

[81] *GZD-YZ*, vol. 14, p. 903-904: mémoire daté du 31.12.1729 (YZ 7.11.12).

[82] Wu Ying, en poste de 1698 à 1712, est originaire de Putian et participe activement à la lutte contre les Zheng. Il sera aux côtés de Shi Lang lors de la conquête de Taiwan et sera rappelé au Fujian après la mort de celui-ci, d'abord en qualité de général provincial, puis d'amiral (*Fujian tongzhi liezhuan xuan*, 1993, p. 164-167; *Qing shi gao*, vol. 33, *juan* 261, p. 9875-9877).

[83] *Qing shi gao*, vol. 34, *juan* 299, p. 10426-10427.

clandestine et la contrebande étaient devenues des questions stratégiques pour la sécurité de l'empire. De plus, une partie de ces vétérans des forces navales avait participé aux batailles importantes qui ont suivi l'instauration de la dynastie Qing (révolte des trois gouverneurs militaires, répression du régime des Zheng et conquête de Taiwan, révolte de Zhu Yigui), et disposait ainsi d'un capital de connaissances à transmettre à leurs cadets. Toutefois, comme le montre Shi Yizhi dans sa requête, certains de ces hommes n'étaient plus aptes à occuper leur charge, sauf probablement à toucher leur part des surcharges imposées aux navigateurs civils et partagées entre les plus hautes instances provinciales.

Un autre facteur a peut-être joué un rôle encore plus important dans le déclin de la flotte militaire, à savoir le sous-financement de l'armée qui a empêché l'entretien et les améliorations du matériel, le bon déroulement des exercices prévus dans le cadre de l'entraînement des officiers et des soldats et la constitution d'unités numériquement suffisantes pour assurer la tâche qui incombait aux hommes des forces navales. Les autorités locales sont convaincues de disposer d'un nombre de soldats et de vedettes insuffisant pour assurer une réelle protection ne serait-ce qu'aux navires civils qui sillonnent les eaux côtières. Le général de brigade de Su-Song 蘇松 (Suzhou 蘇州 — Songjiang 松江), Zhang Tianjun 張天駿, ne cache d'ailleurs pas le problème:

> À chaque saison de pêche, il est fréquent que des malfaiteurs pillent et causent des dommages aux marchands et aux pêcheurs. Votre serviteur, lorsqu'il s'est enquis de la situation, [s'est aperçu que même si] les grands navires de surveillance sont bien présents, ils n'arrivent pas à imposer leur autorité[84].

Les différents articles réglementant la gestion des navires de la flotte militaire laissent transparaître un souci majeur: les finances. Les sommes consacrées à l'entretien de la flotte sont visiblement insuffisantes. Sur place, les fonctionnaires doivent sans cesse demander des subventions et, lorsqu'ils ne les reçoivent pas, ils sont obligés de différer l'entretien des navires, et de risquer ainsi d'en perdre. En dehors de l'entretien régulier des bateaux, les officiers locaux doivent faire face aux destructions des bâtiments de la flotte pendant les opérations en mer ou lorsque des

[84] *GZZP*, *jw*, 11: mémoire daté du 4.7.1742 (QL 7.6.3). Dans le même rapport, il explique qu'il a d'ailleurs chargé les pêcheurs honnêtes de surveiller la situation en mer. Zhang Tianjun, originaire de la province du Zhejiang, est promu dans les forces navales du Fujian après s'être distingué en tant que lieutenant à la capitale. Ayant remporté des victoires sur les pirates, il monte graduellement la hiérarchie jusqu'au poste de général provincial du Guangdong. Il est amiral du Fujian de 1746 à 1751.

typhons, fréquents le long de la côte sud-est, balayent les rivages[85]. Les limites étroites de leur budget ont non seulement réduit le nombre des bateaux à disposition de l'armée, mais également ralenti les améliorations et l'innovation de ses embarcations qui sont souvent moins performantes que celles de la flotte marchande, et donc des pirates. Restriction budgétaire d'un côté, abus, crainte et paresse de l'autre, minent la flotte militaire et affaiblissent les forces navales aussi bien du point de vue de la qualité des navires que des équipages, comme l'explique Xu Xudan 徐旭旦:

> L'usage des bateaux par les forces navales est semblable à celui que font les troupes terrestres des chevaux. Si ces derniers ne galopent pas toute la journée, hommes et bêtes s'entraînant ensemble, au moment d'engager le combat, craintifs, ils ne connaîtront que des défaites. Comment pourraient-ils tuer les bandits? Si les navires de la flotte militaire ne naviguent pas sans relâche, les hommes et les embarcations travaillant en harmonie, au moment d'engager le combat, ils se renverseront à tout coup. Comment pourraient-ils aspirer à la victoire? À présent, les vaisseaux de guerre mouillent au port et de toute l'année on ne les a pas vu bouger. Si le matériel n'est pas manœuvré, il risque fort de pourrir et de finir en morceaux au bout de quelques années[86].

Les restrictions ont également sévèrement compromis la formation des hommes des Bataillons verts au maniement des armes à feu. Dans un mémoire de routine daté du 12.6.1725, le gouverneur du Fujian, Huang Guocai 黃國材, demande de dispenser les soldats de se procurer eux-mêmes la poudre pour les exercices[87]. Il fait en effet remarquer que les soldats pauvres ne peuvent se permettre une telle dépense et que l'entraînement s'en ressent[88]. En 1771, le général de brigade de Nan'ao, Lin Guocai 林國彩, signale qu'au moment prévu pour l'entraînement au canonnage en mer, celui-ci ne peut avoir lieu pour cause de manque de boulets[89]. Les armes à disposition des hommes des Bataillons verts, strictement réglementées, sont de qualité moyenne ou mauvaise, et surtout chichement distribuées. Documents européens, entrées des Annales dynastiques et mémoires envoyés à la Cour nous signalent l'intérêt que les autorités locales ont toujours porté à l'armement des navires privés et

85 Au sujet du financement des dépenses de l'armée et de la flotte se reporter à Calanca, 1999, p. 212-220.

86 *Qing jingshi wenbian* 清經世文編 (1836), vol. 3, *juan* 83, p. 2046 (42b).

87 Il s'agit en fait des soldats des Bataillons verts, à l'exclusion des hommes attachés au régiment du gouverneur et des troupes des Bannières auxquelles les munitions sont fournies. Huang Guocai est originaire de Haicheng (Fengtian); il est gouverneur du Fujian de 1722 à 1725, lorsqu'il est destitué.

88 *YZZP*, vol. 4, p. 245-247.

89 *GZZP*, QL, *jw-fw*: 28: mémoire daté du 23.11.1771 (QL 36.10.17).

l'admiration face aux canons récupérés après des victoires sur les pirates[90].

Bien que théoriquement interdit, le trafic d'armes avec l'étranger ne s'est jamais interrompu pendant toute la période prise en considération. Pour preuve, les différentes réglementations, éditées ou non, par lesquelles le gouvernement tente d'en maîtriser le flux ou tout simplement d'en tirer profit. En 1731, par exemple, une loi, non notifiée dans les statuts dynastiques, autorise les Chinois à acheter Outre-mer des canons en bronze qu'ils doivent, à leur retour, remettre contre paiement à l'administration. Cette mesure est très vite controversée pour son inefficacité car, d'après les fonctionnaires en charge du Fujian, aucune bouche à feu n'a été présentée dans ce cadre aux officiers. En effet, les tracasseries auxquelles sont soumis les marchands, en particulier une certaine «avarice» du personnel chargé du rachat de ces pièces, qui refuserait de les payer à leur prix, inciterait les capitaines de navires à s'en débarrasser en mer plutôt que de les vendre à perte[91]. Le gouvernement semble avoir été intéressé par ce trafic et les rapports des fonctionnaires insistant sur la maladresse de ce règlement sont d'ailleurs explicites: la loi est mauvaise parce qu'elle les empêche de bénéficier de ce matériel.

Pour finir, il faudrait s'interroger sur les raisons qui ont poussé la Cour à se désintéresser de l'entretien de la flotte militaire et en conséquence de la sécurité des côtes chinoises. L'examen du dispositif mis en place pour assurer la sécurité du littoral et de la formation distribuée aux troupes de la flotte, tout comme celui des lois régissant la vie littorale et navigante, porte à croire que le but premier de leur établissement relève des questions de sécurité interne. L'adoption d'une stratégie maritime défensive doit ainsi être interprétée avant tout à la lumière du contexte local et temporel, dépassant la notion du *repli sur soi* si souvent appliquée à la Chine ou de l'opposition entre l'aspect continental et maritime de son histoire. N'ayant pas d'aspiration Outre-mer et jouissant d'une tranquillité relative le long des côtes, le gouvernement n'a pas senti le besoin d'accorder l'attention que lui réclamaient au contraire ses fonctionnaires sur place. Ainsi, bien que théoriquement en avance sur son programme d'entraînement des troupes navales, l'État a négligé sa mise en application réelle.

[90] À ce sujet, *cf.* Calanca, 1999, p. 335-339.

[91] *GZD-YZ*, vol. 23, p. 482-483: mémoire du général provincial du Fujian, Wang Jun, daté du 2.10.1734 (YZ 12.9.6); *GZD-YZ*, vol. 24, p. 391-392: mémoire daté du 10.5.1735 (YZ 13.4.18).

LE SAVOIR JURIDIQUE CHINOIS À LA VEILLE DE L'INTRODUCTION DU DROIT OCCIDENTAL

Jérôme Bourgon

Le droit de la Chine impériale a rarement été envisagé comme une discipline savante, un savoir spécialisé. À de très rares exceptions près, les sinologues européens ont étudié les lois comme des instruments de gouvernement, des rouages d'un système institutionnel[1]. Les auteurs anglo-saxons ont plutôt adopté une démarche de sociologie juridique, selon laquelle la pratique judiciaire est une source précieuse dans l'étude des conflits sociaux ou celle des pratiques bureaucratiques, qui a l'avantage de révéler des traits de mentalité originaux chez les gouvernants et/ou les gouvernés[2]. Mais aucun auteur, à ma connaissance, n'a consacré une étude importante au droit chinois en tant que corps de doctrine mis en œuvre par des spécialistes et transmis par une littérature formant une tradition. Cela tient sans doute pour une part à la croyance bien enracinée que les juges chinois étaient avant tout des praticiens, qui ne réfléchissaient pas trop à ce qu'ils faisaient, en vertu de leur «pragmatisme» inné. En fait, l'impuissance doctrinale des Chinois est un préjugé bien commode. Présumer que le droit chinois n'était qu'un ensemble de pratiques répressives justifiées par un creux verbiage confucéen équivaut à lui dénier toute dimension historique. Combien d'auteurs, avant d'analyser en détail ce qui leur paraît le seul événement digne d'attention, l'introduction du droit occidental, se contentent d'une courte introduction centrée sur les démêlés qui opposèrent les légistes aux confucéens à l'orée du IIe siècle avant Jésus-Christ? Il semble bien admis que l'enseignement juridique en Chine commence avec l'apparition des sociétés de juristes et la création des écoles de droit et d'administration sur le modèle japonais, à partir de 1905[3]. Différentes par nature, les lois et pratiques

[1] Ces exceptions sont à ma connaissance au nombre de deux: ce sont la note bibliographique de Pelliot citée plus loin (voir Pelliot, 1909) et le chapitre sur l'enseignement juridique dans *Le droit chinois* de Jean Escarra, 1936, qui n'est qu'un résumé de l'article de Dong Kang (voir Dong Kang, 1929), également cité plus loin.

[2] Sur la sinologie juridique anglo-saxonne, *cf.* Bourgon, 1998; pour une récente et excellente étude sur les traits de mentalité révélés par la «legal culture» chinoise, voir Macauley, 1998.

[3] Voir à ce sujet l'article de Lilian Pudles dans le présent ouvrage.

judiciaires de la Chine impériale et la science juridique occidentale ne pouvaient se conjuguer: il fallait que la seconde se substitue aux premières, radicalement. Des juristes de la fin des Qing envisageaient-ils, en reprenant une vieille formule, de «prendre le droit chinois pour principe et le droit occidental comme son instrument de réalisation pratique», ou de faire appel à des principes doctrinaux anciens pour les confronter à des notions occidentales? Ces formules devaient être rangées parmi les concessions faites aux conservateurs, ou mises au compte de la manie bien chinoise de trouver à tout événement nouveau des précédents historiques anciens[4].

Cette opposition radicale entre droit traditionnel et moderne ne résiste pas à un examen sérieux des sources, en l'occurrence les divers ouvrages qui circulaient dans les deux derniers siècles des Qing. Ces traités et manuels étaient partie intégrante d'une littérature administrative abondante, diverse, en évolution rapide, comme le montre le catalogue descriptif qu'une équipe internationale a entrepris sous la direction de Pierre-Étienne Will[5]. Les deux premières parties de cet article sont basées sur le descriptif de quelques-uns des six cents ouvrages actuellement inventoriés pour dégager la place qu'y occupait le savoir juridique. La première partie est consacrée au renouveau du droit à partir du XVIIIe siècle, sous divers aspects tant quantitatifs (augmentation et diversification des ouvrages en circulation) que qualitatif (retour aux sources doctrinales renouvelant l'interprétation des normes juridiques). La deuxième partie décrit les initiatives de certains gouverneurs provinciaux pour améliorer la formation juridique des magistrats au cours de la Restauration de l'ère Tongzhi (1861-1875). La troisième partie montre comment ce regain du droit culmine avec l'affirmation d'une école de juristes formés dans les services spécialisés du ministère des Châtiments. Leurs travaux constituent le stade final du savoir juridique chinois, la somme de ce qu'ils appelaient la «science du code» (*lüxue* 律學); c'est cette science qu'ils ont confrontée avec le droit occidental dont ils étaient chargés de superviser l'importation. Les passages concernant la reconstitution du savoir juridique sont inspirés du regard rétrospectif qu'ils ont jeté sur les phases de prospérité et de déclin de leur discipline.

[4] Ce paragraphe fait allusion aux arguments de Meijer, 1976, p. 2 à 7 et p. 75-76. Bien d'autres auteurs dénient toute continuité entre droit impérial et droit moderne, par ex.: Van der Valk, 1939; Michael, 1962; Cameron, 1963; et, plus récemment, Reynolds, 1993, notamment l'introduction p. 1-4, et le chap. 10 sur les réformes juridiques.

[5] Voir Pierre-Étienne Will (éd.), à paraître.

Le renouveau du droit au cours des XVIIIe et XIXe siècles

L'historien qui cherche à avoir une vision d'ensemble du savoir juridique au cours des deux derniers siècles de l'empire prend vite conscience d'un paradoxe. D'une part, il est confronté à une documentation pléthorique, d'une grande diversité: manuels de pratique judiciaire, recueils de jugements, éditions du code par des maisons privées, qui sont soit sous forme de texte intégral assorti de commentaires, soit sous forme d'abrégé en langue vernaculaire, de réduction en tableaux, en bouts rimés, etc. Cette littérature comprend même quelques traités théoriques, montrant comment utiliser des catégories juridiques assez techniques, comment, par exemple, prononcer une sentence par analogie tout en restant dans le cadre de la légalité. Bref, tous les signes distinctifs d'un savoir spécialisé consistant en un ensemble de principes et de techniques guidant l'application de textes de lois à des cas concrets. D'autre part, l'historien doit constater que les juristes ne jouissaient pas d'une pleine reconnaissance institutionnelle à l'instar de leurs pairs occidentaux du Moyen Âge et de l'époque moderne. Comme le remarquait Paul Pelliot en introduisant sa précieuse note bibliographique sur le droit chinois:

> Paradoxe ajouté à tant d'autres, le peuple le plus positif du monde, le moins enclin à la rêverie, au lyrisme, n'a pas estimé un juriste à l'égal d'un versificateur.[...] L'absurde triomphe d'un examen littéraire unique habilitant à toutes les charges a tué en Chine les disciplines techniques. Aussi les nombreux codes et leurs commentaires que signalent les histoires dynastiques des Souei, des T'ang et des Song, sont-ils presque tous perdus; dans la grande bibliothèque réunie au XVIIIe siècle par l'empereur K'ien-long, la part du droit est insignifiante[6].

Le grand sinologue paraphrasait là les principaux arguments des derniers juristes des Qing. L'abondance, la diversité des sources, témoignant d'un réel dynamisme, tranchent avec le dédain officiellement affiché à l'égard du droit et de ceux qui le pratiquaient. Cette situation paradoxale s'explique lorsqu'on s'attache à identifier les diverses catégories de juristes et leur contribution au savoir juridique.

Hétérogénéité de la profession, statut incertain de la discipline

Le droit occupait une place privilégiée parmi les savoirs spécialisés requis par la pratique administrative locale. Ceux qui l'exerçaient étaient connus sous le nom de «maître des noms et des peines» (*xingming shiye*

[6] *Cf.* Pelliot, 1909, p. 121-122.

刑名師爺), car ils avaient pour mission de déterminer la peine prévue pour un crime dont le nom figurait dans le code pénal. Ces experts juridiques formaient la corporation la plus qualifiée et la mieux payée parmi les secrétaires spécialisés, car leur compétence était d'une importance vitale pour le magistrat qui les employait, toute erreur judiciaire pouvant avoir des conséquences fâcheuses pour la carrière de ce dernier. À cette élémentaire prudence s'ajoutait une révérence certaine pour une science un peu mystérieuse dont les initiés gardaient jalousement les arcanes. Le maniement des «noms et des peines» mettait la «vie des gens» à la merci d'un trait de pinceau et divers proverbes assuraient que le droit était plus redoutable que l'arme la plus tranchante[7]. Selon Wang Huizu 汪輝組 (1731-1807), qui rédigea les manuels pour fonctionnaire les plus diffusés, un bon expert juridique devait non seulement connaître son code sur le bout des doigts et avoir une expérience consommée de la pratique judiciaire, mais il devait aussi être capable d'interpréter les lois en s'inspirant de techniques dérivées des commentaires des Classiques[8]. Les experts juridiques n'étaient donc pas seulement des praticiens, mais aussi des auteurs savants, voire des théoriciens, à qui l'on doit les meilleurs commentaires du code et les plus importants recueils de jurisprudence. Du reste, leur prestige débordait largement le cadre de leur spécialité, puisque certains des ouvrages généraux d'administration les plus diffusés furent composés par des experts juridiques. Certains recueils qui rassemblent des ouvrages portant sur des disciplines diverses ont néanmoins un titre juridique, leurs préfaces présentant le droit comme une sorte de quintessence du bon gouvernement[9]. Il est d'ailleurs frappant de constater que les quelques rares bibliographies de la littérature administrative réalisées par des historiens japonais ou chinois du XXe siècle perpétuent cette tendance, en adoptant un titre et des subdivisions juridiques[10]. Qui s'en tiendrait à ces titres et à certaines intentions

[7] Le proverbe «Tuer de sa plume sans se servir d'un couteau», qui figure à la page 179 du petit recueil de Darrobers, 1995, s'appliquait notamment aux experts juridiques, *cf.* Macauley, 1998, p. 306-307.

[8] *Cf.* Wang Huizu, 1785, p. 15b à 16b; paragraphes intitulés «Étude du code» (*Dulü* 讀律) et «Étude des Classiques» (*Dushu* 讀書); le second s'achève sur cette remarque révélatrice: «S'il ne s'agissait que de savoir citer un statut, et d'étiqueter un article sur une sentence par comparaison, il suffirait d'un commis aux châtiments (*xingxu* 刑胥): à quoi bon embaucher un secrétaire spécialisé?»

[9] C'est notamment le cas du *Dulü shizhong* dont il sera question dans la seconde partie de cet article.

[10] *Cf.* par exemple le catalogue du fonds Ôki Kan'ichi, publié par Tian Tao, 1991; Zhang Weiren, 1976.

programmatiques exprimées dans les préfaces pourrait croire que le savoir juridique exerçait sur les institutions impériales une sorte d'hégémonie.

Ce serait prendre un phénomène éditorial pour une réalité institutionnelle. Le label «science du code» était certes «porteur» auprès du public auquel s'adressaient les manuels de gouvernement. Cette image de marque tranche pourtant avec la faible reconnaissance des juristes et du savoir juridique dans les institutions. Les secrétaires spécialisés n'étaient jamais que des experts itinérants louant leurs services aux magistrats en poste. L'absence de tout statut officiel faisait dépendre leur carrière, mais aussi la diffusion de leurs écrits, de la sympathie et du soutien que leur accordaient leurs employeurs. Les experts juridiques prenaient souvent soin de présenter leur ouvrage comme résultant de leur activité au service de tel magistrat local ou préfet, dont la préface venait conférer au contenu un cachet semi-officiel. Ce parrainage s'accompagnait parfois de la mention «publié par le service (*yamen*) de la sous-préfecture X ou Y», ou «planches conservées dans ce service». Sage précaution, si l'on considère que des ouvrages dont le contenu était de même nature étaient proscrits depuis 1742 sous la qualification de «livres secrets des maîtres de chicane» (*Songshi miben* 訟師秘本). Ces «maîtres de chicane» (*songshi* 訟師), également connus sous l'appellation plus péjorative encore de «gredins de chicane» (*songgun* 訟棍), partageaient la même formation lettrée, le même savoir, transmis par les mêmes canaux que les experts juridiques, la seule différence étant qu'ils louaient leurs services non à des magistrats, mais à des personnes privées. Le conseil juridique aux particuliers avait été proscrit dès le XIIIe siècle et tomba sous le coup de sanctions de plus en plus sévères sous les Ming et les Qing, assorties de la mise à l'index de cinq titres accusés de transmettre ce savoir occulte et nocif[11]. Comme le notait Xue Yunsheng 薛允升 (1820-1901), l'auteur du principal commentaire du code à la fin des Qing, cette interdiction n'était guère plus effective que celle qui frappait les ouvrages licencieux ou hétérodoxes, la diffusion privée étant largement hors de portée de l'État[12]. Les manuels pour maîtres de chicane étaient d'autant plus difficiles à détecter qu'ils ressemblaient à s'y méprendre à ceux destinés aux conseillers juridiques des magistrats et que leurs auteurs brouillaient les pistes en leur donnant des titres différents de ceux mentionnés dans l'index, allant même jusqu'à reproduire la mention: «publié par le service de la sous-préfecture X ou Y».

[11] *Cf.* Macauley, 1998, p. 38-45.
[12] Xue Yunsheng, 1970, p. 1021.

Mentionnons enfin une troisième catégorie de juristes dont les ouvrages revêtaient une importance particulière pour le développement du savoir juridique: les experts des services spécialisés du ministère des Châtiments. Chargés de la révision et de la mise en forme finale des sentences, ainsi que de la réalisation technique des diverses versions du code pénal, ils étaient les mieux à même d'exposer les règles et principes censés assurer la cohérence de la législation. Les grands traités sur le code pénal composés par un Wang Mingde 王明德 sous Kangxi, par un Wu Tan 吳壇 sous Qianlong, témoignent d'une haute érudition juridique et font état d'échanges entre collègues des services centraux[13]. Toutefois, le statut de fonctionnaire à la capitale dont jouissaient ces experts ne dépendait pas, réglementairement parlant, de leur compétence juridique. La présence permanente d'une corporation spécialisée au ministère des Châtiments est au stade actuel de la recherche impossible à vérifier avant les trente dernières années des Qing, auxquelles est consacrée la dernière partie de cet exposé. De même, l'influence de ces juristes des services centraux sur le reste de la fonction publique est bien difficile à mesurer. Leurs contributions à la «science du code», pour remarquables qu'elles aient pu être par leur qualité, sont bien rares comparées à la production des secrétaires spécialisés. Nous avons donc affaire à une corporation éclatée en catégories dont l'une était officieuse, la seconde proscrite, tandis que le statut officiel dont jouissait la troisième n'était pas explicitement lié à la reconnaissance de sa compétence juridique. La science dont se targuaient ces différentes catégories était un label de qualité sur le marché de l'édition privée, mais elle dépendait du parrainage de magistrats éclairés et était à la merci de la mise à l'index qui frappait certains «traités secrets».

Marginalisation du droit dans le savoir officiel

Selon les juristes des Qing, la marginalisation de leur profession s'expliquait par le fait que le droit avait été graduellement exclu du savoir officiel, tel qu'il était avalisé par les concours de recrutement et conservé dans les grandes bibliographies impériales. Ceux qui se désignaient volontiers comme «les disciples de Shen [Buhai 申不害] et Han[fei 翰非]», les deux célèbres maîtres de l'école des Lois, ne faisaient pas pour autant remonter le discrédit du droit à l'échec des légistes lors de la chute des Qin. Au contraire, les quelque dix siècles écoulés entre les Han et les

[13] *Cf.* Wang Mingde, 1674; et Wu Tan, 1782.

Song avaient vu s'épanouir une riche tradition juridique, qui s'appuyait tant sur la spécialisation des fonctions au sein de la bureaucratie que sur la reconnaissance du savoir juridique dans la formation et l'évaluation des fonctionnaires. Les derniers juristes de l'empire, en même temps qu'ils jetaient les bases de l'enseignement du droit moderne en Chine, exhumèrent les preuves d'un âge d'or de la science du code[14]. Sous les Tang comme sous les Song, il existait des épreuves spéciales, placées sous la responsabilité de juristes, les «érudits dans la science du code» (*lü boshi* 律博士), qui faisaient également office de correcteurs sous l'égide du Collège impérial. Les divers concours de la fonction publique, notamment le doctorat, comprenaient des questions sur le code ou sur des arrêts de jurisprudence. La tendance à la spécialisation de la bureaucratie culmina sous les Song, qui mirent en place tout une gamme d'épreuves sur la «compréhension du droit» (*mingfa ke* 明法科), sur les «lois pénales» (*xingfa ke* 刑法科) etc. La promotion des compétences juridiques subit un coup d'arrêt par suite de l'échec de Wang Anshi 王安石 (1021-1086), dont une des réformes les plus controversées consistait à couronner les études juridiques d'un titre de Docteur ès science du code (*lüxue jinshi* 律學進士)[15]. Les arguments hostiles à la spécialisation juridique avaient alors trouvé leur formule consacrée dans un conseil que Su Shi 蘇軾 (1036-1101) adressait à un cadet influencé par Wang Anshi: «Lis les livres [les Classiques confucéens], mais pas les lois, car c'est un savoir sans utilité pour le gentilhomme accompli qui veut imiter Yao 堯 et Shun 舜». À l'instar de Yao et Shun, les deux souverains mythiques du confucianisme, le fonctionnaire devait agir par l'exemple moral plutôt que gouverner par les lois. Même si des épreuves juridiques furent rétablies sous divers empereurs des Song, la défaite de Wang Anshi marque certainement un retournement de tendance: on assiste dès lors à une marginalisation graduelle des fonctions et du savoir juridiques. À partir des Ming, les lois furent surtout conçues comme l'expression directe de la volonté impériale. Les fonctionnaires, les cadres de la société (les «aînés et anciens») devaient être en mesure de les réciter par cœur, mais il était hors de question que des spécialistes s'autorisassent de leur «compréhension» pour les interpréter, ni que cette compétence fût reconnue par des épreuves d'examen ou des fonctions particulières. S'il arriva encore parfois que des questions sur le code fussent posées dans les concours, ou lors de l'évaluation quadriennale des fonctionnaires, elles visaient à

[14] *Cf.* Shen Jiaben, 1907a, «Faxue shengshuai»; Dong Kang, 1929.
[15] Je résume ici Dong Kang, 1929, p. 409-410 et 583-585.

vérifier cette connaissance mécanique des lois davantage que leur «compréhension».

Dans la mémoire collective des juristes, la réforme de Wang Anshi demeura comme l'origine de la décadence de leur discipline et la formule de Su Shi comme le plus cinglant camouflet qui ait été infligé à leur amour-propre. D'innombrables auteurs préfaciers de traités juridiques s'essayèrent avec des bonheurs divers à réfuter cette maxime. L'auteur d'un guide d'utilisation du code des Qing publié en 1732 remarquait par exemple que ce conseil est impossible à suivre: on ne peut lire les livres sans lire les lois, tant les Classiques chinois sont truffés de textes normatifs et de notions juridiques; il était dès lors bien étonnant que la formation juridique ne soit plus inscrite au programme des examens, bien qu'elle touchât à l'essence des institutions[16]. Les juristes revendiquaient hautement une tradition d'orthodoxie normative qui faisait des châtiments les auxiliaires des rites. Ils s'étonnaient et s'indignaient qu'une fonction qui touchait aux fondements des institutions fût laissée au hasard des pérégrinations d'experts itinérants, à l'instar de savoirs marginaux pour l'activité étatique, comme la géomancie, la médecine ou le théâtre.

Une seconde menace, plus insidieuse, pesait sur la transmission du savoir juridique et sur son identité même. C'était un contrecoup de la compilation des grandes collections impériales, tout particulièrement celle des Qing, la *Somme d'ouvrages classés en quatre magasins* (*Siku quanshu* 四庫全書), dans les trois dernières décennies du XVIIIe siècle. Certes, les quelques «traités secrets» pour maître de chicane mis à part, les ouvrages juridiques ne tombaient pas sous le coup de l'inquisition littéraire qui détruisit alors de nombreux ouvrages jugés licencieux et hétérodoxes. Mais les méthodes de collecte et de classement étaient un lit de Procuste qui mutilait les savoirs insuffisamment reconnus. La division en «quatre magasins» et les subdivisions en leur sein entraînaient l'élimination des ouvrages juridiques qui ne leur correspondaient pas et la dispersion des autres dans des catégories diverses[17]. Ainsi la rubrique «législation» de la catégorie des «Livres d'administration» recensée au sein de la partie «Histoires» contenait-elle le code des Qing et le code des Tang.

[16] Voir la préface de Zhang Shi 張適 à Chen Dengxuan 陳登鉉, 1732; voir également la préface de Ling Tianshi 凌天時, 1688, selon laquelle la connaissance du code permettant de brandir les châtiments sans les appliquer est conforme à «l'enseignement même de Yao et Shun», contrairement à l'assertion de Su Shi.

[17] Dans les collections impériales, les livres étaient répartis en quatre grandes parties ou «magasins», intitulés: 1) «Classiques», 2) «Histoires», 3) «Maîtres», 4) «Divers». Les ouvrages juridiques se trouvaient dans diverses sections des parties 2 et 3.

Il fallait se reporter à la catégorie «école des Lois» placée dans la partie «Maîtres» pour trouver, à la suite des principaux ouvrages des légistes, les recueils de jugements composés sous les Song qui fournirent le modèle des nombreux *casebooks* publiés sous les Qing. Deux codes, dont l'un très ancien, et quelques recueils de jugements presque aussi anciens, voilà toute la «science du code» disponible dans les exemplaires de la *Somme d'ouvrages classés en quatre magasins* entreposés dans quelques lieux privilégiés de l'empire. Les juristes y voyaient la raison principale du discrédit dans lequel était tombée leur discipline[18].

Encore s'agissait-il là des ouvrages intégralement reproduits, une dizaine d'autres étant recensés dans la liste complémentaire des «Sommaires conservés» (*cunmu* 存目): seuls les sommaires et un bref descriptif du contenu étaient recopiés, après quoi les livres devaient être en principe retournés à leur propriétaire. La publication récente de cette catégorie d'ouvrages montre qu'elle fournissait un échantillon certes très succinct, mais plus représentatif du droit vivant. Elle incluait notamment des ouvrages caractéristiques de la «science du code», comme ceux qui enseignent l'usage modéré, ou bien tempéré des peines; ou le *Guide portatif de la lecture du code* (*Dulü peixi* 讀律佩觿) de Wang Mingde, qui condense les techniques d'interprétation du code des Qing. Ces dix titres auraient pu fournir une panoplie assez complète du savoir juridique s'il en avait été conservé davantage que la table des matières. Or l'envoi des ouvrages à la commission chargée de les inventorier, bien qu'en principe bénévole et temporaire, s'éternisa par suite des retards pris dans le recensement. Au total, l'opération prit les allures d'une confiscation et porta un coup sévère à la diffusion du droit, du moins si l'on en croit Shen Jiaben 沈家本, le juriste réformateur qui introduisit le droit occidental à la fin des Qing. Shen, après une allusion perfide à l'incendie des livres par Li Si 李斯 (mort en 208 avant notre ère), le ministre légiste des Qin, concluait ainsi sa harangue:

> La *Somme d'ouvrages classés en quatre magasins* ayant donné le ton, l'empire tout entier s'est conformé à cette tendance. Le discours institué se répand de haut en bas, les gens suivant le vent foulent au pied les études juridiques, qui déclinent un peu plus chaque jour[19].

[18] «Dans la *Somme d'ouvrages classés en quatre magasins*, grand comme l'océan, dans lequel le moindre écrit d'un fonctionnaire est consigné, il n'y a que la section "École des lois" qui soit aussi clairsemée. Comment une science aussi méprisée que nul ne daigne en débattre, ni lui consacrer un ouvrage, ou, lorsque c'est le cas, dont personne ne répertorie les débats ni les ouvrages, ne disparaîtrait-elle pas, faute d'être transmise?» (Shen Jiaben, 1907b, 6, p. 16a).

[19] Shen Jiaben, 1907a, p. 42b-43a. Au même moment, Liang Qichao présentait la compilation de la *Somme d'ouvrages classés en quatre magasins* comme l'aboutissement d'un

Il ne faudrait pas prendre au pied de la lettre ces plaintes sur la décadence des études juridiques. En fait, la redécouverte des épisodes les plus glorieux de l'histoire juridique chinoise couronne un long mouvement d'affirmation du droit non plus seulement comme pratique spécialisée, mais comme discipline savante. Au lieu d'un déclin, le dernier siècle des Qing voit au contraire la promotion du savoir juridique sous des formes diverses, mais complémentaires. C'est tout d'abord le retour en force d'un confucianisme plus normatif, celui des textes dits «en caractères modernes» (*jinwen* 今文), qui remet à l'honneur l'interprétation des lois selon le «sens des Classiques». C'est ensuite l'application des méthodes de critiques textuelles (*kaozheng* 攷證) aux ouvrages diffusant des savoirs pratiques, liés à l'administration concrète. C'est enfin l'insertion du droit dans le bagage des lettrés, ce qui lui permet de bénéficier de nouveaux moyens de diffusion comme les collections privées et les académies.

Le regain d'un confucianisme plus normatif

Bien qu'une abondante historiographie ait fait des normes codifiées l'apanage des légistes, la tradition confucéenne a périodiquement nourri des courants qui avaient une haute conception de la loi. Sous les Han, les tenants des textes en «caractères modernes» (*jinwen*), dont le dernier représentant antique fut He Xiu 何休 (129-182), s'étaient attachés à confronter les Classiques et les codes de lois en commentant les premiers à la lumière des seconds. Selon les tenants de cette tradition, les *Annales*, une chronique du royaume de Lu, pays natal de Confucius, avaient été rédigées par le Maître en personne. Les initiés devaient savoir y reconnaître le «code pénal des sages», modèle de toutes les législations historiques. Le renouveau de ce courant au cours du XVIIIe siècle replaça le droit au centre de la réflexion théorique sur les institutions[20]. Gong Zizhen 龔自珍 (1792-1841), un lettré renommé qui fut en contact avec l'élite des fonctionnaires représentatifs du mouvement «administrer le siècle»

long cycle de destruction des livres de droit: «On voit que sous les Song, le droit écrit faisait l'objet de très nombreux ouvrages.[...] Finalement, lorsque notre dynastie entreprit de compiler la *Somme d'ouvrages classés en quatre magasins*, ce qui restait de ce bel ensemble ne suffit même plus à composer un chapitre! Les troubles de la fin des Ming avaient parachevé la destruction, d'autant plus qu'on n'avait pas pris soin de tout enregistrer. Hélas, de tous les ouvrages dont nous avons parlé, il n'en resta qu'un ou deux exemplaires dans les mains de particuliers, de sorte qu'on ne pouvait plus disserter, fût-ce superficiellement, sur la «science du code»; Liang Qichao, 1904, p. 34.

[20] Elman, 1990, p. 257 *sq.*

(*jingshi* 經世), porta sa réflexion sur les normes fondamentales de l'empire et leur adaptation aux exigences contemporaines. C'est ainsi qu'il entreprit de réexaminer le code des Qing à la lumière des Précédents des Annales relevés par Dong Zhongshu 董仲舒, le fondateur du confucianisme des Han[21]. La recherche de principes aptes à guider la pratique judiciaire entra dans la formation dispensée par le réseau d'académies qui s'épanouit dans la première moitié du XIXe siècle. En 1868, les élèves du Xuehai tang 學海堂, une prestigieuse académie fondée à Canton par Ruan Yuan 阮元, se virent poser la question suivante:

> *L'Étude sur les citations du Code des Han* dans les *Notes sur le Commentaire [des Printemps et automnes par] Gongyang* (*Gongyang zhuan zhu yin Hanlü kao* 公羊傳注引漢律考) indique que He Xiu utilisa le code de la dynastie des Han sous laquelle il vivait pour vérifier ses annotations au commentaire de Gongyang. Examinez ses propositions à la lumière des lois actuelles et développez ses conclusions[22].

Un tel exercice préparait sans doute mieux les futurs fonctionnaires à la pratique judiciaire que les examens officiels. C'est du moins ce qui ressort de la lecture d'un traité sur le code pénal composé par Yang Rongxu 楊榮緒 en 1870. Selon la préface de Chen Li 陳澧 (1810-1882), qui avait été le condisciple de l'auteur au Xuehai tang, l'ouvrage témoigne tout autant de l'expérience judiciaire de celui qui avait été durant dix ans le préfet de Huzhou 湖州 que de son aptitude à saisir les «grandes lignes» du code en le confrontant au sens des Classiques, comme l'y disposait sa formation initiale[23].

La reconstitution des ouvrages juridiques

Cette effervescence doctrinale s'accompagna d'un effort de redécouverte et de remise en circulation d'ouvrages juridiques grâce aux méthodes de critique textuelle. Zheng Qiao 鄭樵 (1104-1162), le célèbre historien des Song, définit parfaitement l'enjeu de cette méthode lorsqu'il eut cette formule lapidaire: «Parmi les livres perdus, il y en a qui ne le sont pas vraiment»[24]. La clé de cette apparente énigme se trouve dans les techniques chinoises de citations, commentaires et paraphrases.

21 Sur le renouveau du courant des textes «en caractères modernes», voir Anne Cheng, 1995, p. 22-24.
22 *Ibid.*, p. 269.
23 Préface de Chen, Yang Rongxu, 1877. Sur Chen Li et le Xuehai tang, voir Hummel, 1970, p. 90-92.
24 *Cf.* Huang Aiping, 1989, p. 16.

Composer un texte, c'était souvent accoler les unes après les autres une série de citations plus ou moins contractées; de même, les commentaires d'un texte historique ou légal ne faisaient souvent que reproduire tout ou partie d'un texte antérieur, l'article d'un ancien code par exemple; enfin, l'habitude de conserver les plans et sommaires d'un ouvrage était très ancienne, la rubrique des «sommaires à conserver» dans la *Somme d'ouvrages classés en quatre magasins* n'en étant que le dernier avatar. Des savants érudits pouvaient donc reconstituer les grandes lignes et une partie du contenu d'un ouvrage, à partir des citations éparses dans l'énorme corpus des textes canoniques, des histoires etc. Ils pouvaient également le faire à partir de tel exemplaire imprimé ou manuscrit qui pouvait leur tomber entre les mains, le travail consistant alors à corriger les erreurs des copistes. Guidés par les «sommaires conservés», les lettrés s'employèrent à détecter et pallier les caviardages, coupures, interpolations ou modification de plan qui avaient souvent altéré l'ouvrage original.

Zhang Haipeng 張海鵬 (1755-1816) contribua à la remise en circulation des «recueils de cas historiques» des Song, dont le plus célèbre est le *Tangyin bishi* 棠陰比事, traduit par Van Gulik sous le titre *Parallel Cases From Under the Pear-tree*[25]. Le sinologue a d'ailleurs rendu hommage au bibliophile dont le travail fournit aux juristes des Qing les modèles historiques des nombreux recueils de jurisprudence publiés au cours du XIXe siècle[26]. Le meilleur représentant de ce courant de bibliophilie juridique fut sans doute Sun Xingyan 孫星衍 (1753-1818)[27]. Cet érudit fut durant une dizaine d'années employé au ministère des Châtiments, et il en garda un profond intérêt pour le droit. Il mit à profit sa formation aux méthodes de «critique textuelle» pour reconstituer les textes juridiques à partir de copies rares et souvent fautives. De longues séances de recopiage au Wenlange 文瀾閣 de Hangzhou 杭州, où avait été entreposée l'une des copies de la *Somme d'ouvrages classés en quatre magasins*, lui permirent ainsi de publier une version des *Cas parallèles à l'ombre du sorbier*. Il s'intéressa aussi à l'histoire des lois codifiées, puisqu'il fut le premier lettré des Qing à rassembler les fragments du *Classique des lois* (*Fajing* 法經), qu'il pensait être le code impérial primitif,

[25] *Cf.* Van Gulik, 1956.

[26] Sur Zhang Haipeng et la reconstitution du *Taiping yulan* 太平御覽, une énorme collection des Song de plus de mille chapitres, dont dix-sept (les *juan* 635 à 652) rassemblent des ouvrages juridiques, voir Hummel, 1936, p. 36. Sur la publication du *Zheyu guijian* 折獄龜鑒 dans sa «collection privée», le *Mohai jinhu* 墨海金壺 (Vase d'or de la Mer d'encre) édité en 1817, voir l'introduction bibliographique de Van Gulik, 1956, p. 33.

[27] Sur Sun Xingyan, ses ascendants et sa carrière, voir Hummel, 1970, p. 675-676.

modèle de tous les autres, attribué au semi-légendaire Li Kui 李悝. Enfin, il inséra dans la collection de quarante volumes qu'il compila sous le nom de *Dainange conglu* 岱南閣叢錄, quelques ouvrages de base qui furent ensuite couramment réédités, comme le *Code commenté des Tang* (*Tanglü shuyi* 唐律疏義), et les divers traités constituant la tradition de médecine légale. Autre innovation, Sun ménagea une rubrique particulière au droit dans sa bibliothèque et le catalogue qu'il publia en 1810[28]. Cette rubrique juridique contenait une quinzaine de titres, comprenant des ouvrages classiques déjà recensés dans les bibliothèques impériales, mais également des ouvrages contemporains, comme les manuels pour experts juridiques et financiers. Avec Sun Xingyan, la pratique juridique vivante entre dans le bagage intellectuel du bon lettré. Les juristes de la fin des Qing citaient son œuvre comme un jalon indispensable dans la reconstitution du savoir juridique[29].

Sun ne fut que le plus clairvoyant représentant d'une tendance qu'on sent à l'œuvre chez d'autres bibliophiles, comme en témoignent certaines collections (*congshu* 叢書). Ces collections privées étaient publiées par des compilateurs qui y rassemblaient les ouvrages selon leurs goûts, leurs intérêts et le hasard des acquisitions. C'était un canal de diffusion des auteurs et des disciplines qui n'avaient pas droit de cité dans les collections officielles. Certaines de ces collections privées jouèrent un rôle non négligeable dans la diffusion des ouvrages juridiques. On peut citer l'*Encyclopédie classifiée, océan de connaissances* (*Xuehai leibian* 學海類編), qui parmi les quelque quatre cent quarante monographies qui le composaient, comptait la version originale des *Cas parallèles à l'ombre du sorbier* ainsi que ses suites composées sous les Ming, un traité sur le code des Song et sa continuation sous les Qing et un traité de jugement d'après les Classiques. La *Collection d'ouvrages du jardin des siffleurs* (*Xiaoyuan congshu* 嘯園叢書), publiée en 1883, incluait quant à elle trois des ouvrages les plus prisés par les experts juridiques des Qing[30]. Ces collections remettaient ainsi à disposition du lettré des pans de la tradition juridique qui avaient été éliminés des canaux de transmission du savoir officiel. À ces collections générales s'ajoutent enfin les anthologies de la

[28] *Cf.* Sun Xingyan, 1810.

[29] Xue Yunsheng, préface au *Tang Ming lü hebian* 唐明律合編 (Édition conjointe du code des Tang et du code des Ming), «Règles de composition» (Liyan 例言), p. 2.; Shen Jiaben, «*Wu yuan lu* xu» 無冤錄序 (Préface au *Traité de la suppression des injustices*), dans Shen Jiaben, 1912, p. 265.

[30] Il s'agissait de deux traités sur le code, le *Mingxing guanjianlu* 明刑管見錄 et le *Dulü guanlang* 讀律琯郎, ainsi que d'un recueil de jugements, le *Wuzhong pandu* 吳中判牘.

science administrative, qui contenaient des morceaux choisis tirés d'ouvrages juridiques. Le plus fameux, le *Huangchao jingshi wenbian* 皇朝經世文編, incluait ainsi dans ses cinq chapitres consacrés à «l'administration des peines» (*xingzheng* 刑政) des textes juridiques de référence rédigés par des auteurs célèbres pour leur œuvre littéraire, comme Li Yu 李漁 (1611-1680), Yuan Mei 袁枚 (1716-1798), ou Wang Chang 王昶 (1725-1806).

À partir des années 1850, les effets cumulés des éditions privées, du mouvement académique et du renouveau doctrinal avaient commencé de modifier en profondeur les données de cette lancinante question qu'était la formation juridique des magistrats. Il fallut toutefois les grandes insurrections du milieu du siècle et le sursaut qu'elles suscitèrent dans les sphères dirigeantes lors de la Restauration de l'ère Tongzhi pour que les initiatives privées soient relayées par des mesures officielles.

Les initiatives des autorités provinciales pour assurer la formation juridique des magistrats locaux

On sait que la Restauration de l'ère Tongzhi (1861-1875) fut principalement l'œuvre de quelques grands gouverneurs provinciaux qui cherchèrent à pallier les tares du régime impérial par des mesures institutionnelles. Mary C. Wright a campé cet épisode comme le «dernier sursaut du conservatisme chinois», une sorte de baroud d'honneur des méthodes traditionnelles avant que s'ouvre l'ère des réformes à l'occidentale. Tout en remarquant que «la loi fut un instrument efficace de retour à l'ordre», cet auteur limitait son étude à la restructuration des instances judiciaires, sans évoquer le vigoureux effort de diffusion du savoir juridique au sein de la fonction publique qui accompagna cette réorganisation[31]. C'était un vieux poncif que d'attribuer à l'absence de formation des magistrats les exactions des commis et secrétaires sur les justiciables, mais les auteurs qui dénonçaient de tels abus s'étaient jusque là contentés d'exhorter leur lecteur à se former individuellement, en consultant des traités spécialisés après ses heures de service. Sous le règne de Tongzhi, on voit quelques provinces pilotes mettre en place les moyens d'une telle formation.

[31] *Cf.* Wright, 1957. Voir particulièrement le sous-chapitre: «The Role of the Law», p. 138-141.

L'initiative la plus répandue fut l'établissement par les autorités provinciales d'un bureau d'édition officiel, chargé de publier des manuels administratifs et des traités juridiques. Parmi les ouvrages publiés entre les années 1860 et 1893 que nous avons recensés dans le catalogue des manuels de gouvernement auquel il a déjà été fait allusion, un nombre significatif est le fait de tels bureaux d'édition, au Zhejiang, au Shandong, ou au Jiangxi par exemple. Deux maisons d'édition provinciales se distinguent par le nombre relativement élevé de titres publiés: ce sont les bureaux d'édition du Jiangsu (Jiangsu shuju 江蘇書局) et du Hubei (Chubei chongwen shuju 楚北崇文書局) avec respectivement une quinzaine et une dizaine de titres à leur actif. Cela peut paraître assez peu sur plus de six cents titres déjà recensés et sur le millier prévu, mais il faut tenir compte de la brièveté de la période envisagée: la plupart des titres ont été publiés entre 1868 et 1873, l'année 1868 étant particulièrement prolifique. Surtout, si l'on passe du quantitatif au qualitatif, on s'aperçoit que ces deux provinces ont alors réédité l'essentiel de la littérature administrative: on y trouve tous les classiques composés par Chen Hongmou 陳宏謀 (1696-1771), Wang Huizu, Liu Heng 劉衡 (1776-1841), etc.; certains titres étant d'ailleurs des recueils regroupant plusieurs ouvrages. C'est par exemple le cas de *Dix ouvrages sur l'étude du code* (*Dulü shizhong* 讀律十種) publié en 1868 par le bureau d'édition du Hubei, qui réunit en effet dix traités composés par Wang Huizu et Liu Heng. Notons en passant que si le titre place le recueil à l'enseigne de l'étude du code, les ouvrages qui le composent sont pour la plupart des manuels généraux d'administration.

La formation juridique semble en effet avoir fait l'objet d'une particulière attention. Au Jiangsu, dont on connaît grâce à John Ocko les efforts du gouverneur Ding Richang 丁日昌 pour restaurer un fonctionnement régulier des institutions judiciaires, l'édition de traités sur le code pénal réalisé par des experts du ministère des Châtiments est venue consolider les mesures prises sur un strict plan institutionnel[32]. En témoigne cet «ordre de recopier les nouveaux articles additionnels de l'année 1865 pour les publier à la suite du code» qui figure dans le recueil de documents officiels du gouverneur du Jiangsu. Le code y est présenté comme «le gué et le pont de la pratique administrative», publié par la Cour dans l'attente que «les lecteurs de livres» (*i.e.* les lettrés-fonctionnaires) soient aussi des «lecteurs du code». Le gouverneur Ding Richang mettait ainsi la vieille formule de Su Shi au service d'un projet de formation juridique qu'il décrivait ensuite en ces termes:

[32] *Cf.* Ocko, 1983, p. 64 *sq.*

> Nous observons que [les frères] Cai 蔡 [Songnian 嵩年 et Fengnian 逢年] de la sous-préfecture de Dantu (丹徒) ont composé un *Précis du code pénal* (*Lüli bianlan* 律例便覽) qui a été édité par le ministère des Châtiments, ainsi qu'un *Résumé en tableau des sanctions administratives* (*Chufen zeli tuyao* 處分則例圖要), qui représentent un total de six fascicules. Ce sont des ouvrages pratiques à consulter et le sens en est facile à comprendre. Le problème est qu'on ne les trouve plus dans les librairies de la métropole provinciale. Les planches de la première édition ont déjà cinq ans, et les caractères en sont devenus illisibles en bien des endroits. Le gouverneur ordonne que le responsable du bureau d'édition les fasse refaire ou réparer pour une nouvelle édition qui sera annexée à la suite des *Extraits du livre des préfets* (*Muling shu jiyao* 牧令書輯要) [33].

L'objectif était donc de constituer un précis complet d'administration, comprenant la partie du code la plus utile pour les jugements locaux, complétés par des tableaux permettant au magistrat de prendre facilement connaissance des sanctions qu'il encourait s'il prononçait une sentence contraire à la loi. Cette trousse d'urgence du juriste de terrain fut en effet éditée à la suite des *Extraits du livre des préfets*, un florilège de textes administratifs sélectionnés par le gouverneur Ding Richang en personne. Le texte nous donne un premier indice de la liaison entre les experts du ministère et les autorités provinciales, puisque Cai Fengnian était à la fois fonctionnaire au ministère des Châtiments et originaire du Jiangsu. On peut parler d'un relais provincial dans la diffusion des ouvrages juridiques, qui pallie dans une certaine mesure l'insuffisance des éditions en provenance de la capitale.

L'activité du bureau d'édition du Hubei nous conforte dans cette hypothèse. Outre les dix traités et manuels recensés dans le catalogue dont j'ai parlé, la province possède à son actif la publication en 1871 d'une édition du code aux dimensions inusitées jusque-là[34]. Constatant que les exemplaires officiels étaient trop rares, ce qui forçait les magistrats les plus consciencieux à recourir à des éditions privées souvent fautives, en tout cas incontrôlables, le trésorier provincial et le juge provincial demandèrent au gouverneur de la province d'ordonner la publication d'une édition officielle. Ce *Précis de la somme du code pénal de la dynastie Qing* (*Da Qing lüli huiji bianlan* 大清律例匯集便覽), qu'il ne faut pas confondre avec le *Précis du code pénal* des frères Cai, reproduisait le texte intégral du code avec ses annotations officielles et ses commentaires de marge, ainsi qu'une sélection des règlements administratifs des six ministères (*Liubu zeli* 六部則例). Il contenait enfin, ce qui était une innovation, des

[33] Ding Richang, 1875, 41, p. 9a.
[34] *Cf.* Ch'en Fu-mei, 1970, p. 94-95.

textes réglementant la préparation des cas soumis par les provinces aux instances de révision tenues à la capitale sous le nom d'Assises d'automne.

Cette édition fournissait donc une sorte de panoplie complète de l'usager du code; elle fut bientôt publiée par d'autres bureaux d'édition provinciaux, par exemple le Zhejiang shuju 浙江書局, en 1873. Une édition privée parut à Pékin en 1877, bien qu'elle fût réalisée sur des planches officielles du ministère des Châtiments, ce qui laisse penser que le ministère manquait de moyens pour assurer ses propres publications, à la différence des instituts de province[35]. On a parfois l'impression d'assister à une division du travail entre la capitale qui a les experts et les provinces qui ont les instituts d'édition. C'est assez flagrant dans le cas du code du Hubei, puisque le trésorier provincial qui était à l'initiative de la publication était Pan Wei 潘霨, frère cadet de Pan Zuyin 潘祖蔭, alors vice-président du ministère des Châtiments. Cette édition est donc le fruit d'une collaboration entre les services spécialisés du ministère et les autorités provinciales, facilitée par des liens familiaux, comme c'était le cas du *Précis du code pénal* des frères Cai. Quant aux frères Pan, devenus l'un, Wei, gouverneur du Hubei et l'autre, Zuyin, président du ministère des Châtiments, ils poursuivirent leurs fructueux échanges en rééditant en 1877 l'*Explication détaillée des Annales pour laver les injustices* (*Xiyuan lu xiangyi* 洗冤錄詳義), une version «à la page» d'un vieux traité de médecine légale dont les Qing avaient fait le texte réglementaire sur lequel on devait obligatoirement se fonder pour mener à bien les autopsies. On pourrait citer d'autres exemples de ces transferts de connaissance juridique entre services spécialisés de la capitale et États-majors provinciaux. Par exemple, une quinzaine d'années plus tard, Gangyi 剛毅 (1834-1900), vieux briscard du ministère des Châtiments, qui utilisa la formation et les relations acquises à la capitale pour publier au Shanxi dont il fut le gouverneur à partir de 1885 une nouvelle version du traité de médecine légale incluant des planches anatomiques occidentales, les *Discussions et témoignages sur les Annales pour laver les injustices* (*Xiyuan lu yizheng* 洗冤錄議證), ainsi que divers traités sur les Assises d'automne et divers manuels de gouvernement. Notons en passant que Gangyi est parfois présenté comme un «réactionnaire borné», du fait qu'il fut un des grands secrétaires les plus impliqués dans le soutien aux Boxeurs, ce qui fit de lui la bête noire des Occidentaux[36]. Considéré du strict point de

[35] *Ibid.*, p. 102.

[36] Pour une allusion succincte aux menées de Gangyi durant la crise des Boxeurs, voir Hummel, 1970, p. 403. L'image d'un «réactionnaire borné» a été imposée par le livre de Bland et Backhouse sur Cixi, *China Under the Empress Dowager.*

vue de la formation des fonctionnaires et de la diffusion du savoir juridique, il fut un des gouverneurs les plus dynamiques et les plus novateurs.

Ces transferts de connaissances juridiques ne concernaient toutefois qu'une élite assez restreinte. Il est difficile de savoir dans quelle mesure les ouvrages techniques publiés par les provinces étaient véritablement à la portée du magistrat de rang. En tout état de cause, même si ces publications étaient plus fiables et plus soignées, elles ne suffisaient pas à garantir l'élévation du niveau de formation des magistrats. Seuls des instituts de formation pouvaient y pourvoir. On pourrait s'attendre à ce que des initiatives en ce sens aient accompagné la floraison des maisons d'édition, mais les indices sont des plus rares et datent des débuts de l'ère Guangxu (1875-1908). Gangyi, par exemple, dit avoir organisé un institut de formation des fonctionnaires (Keliguan 課吏館) au Shanxi, vers 1888[37]. Un autre a été institué au Hubei, comme nous l'apprend une des préfaces d'un résumé du code en vers de sept pieds publié en 1887. Cette préface est signée de Huang Pengnian 黃彭年, qui fut Juge provincial du Hubei dans les années 1882[38]:

> Lorsque j'étais Juge provincial du Hubei, j'établis un «Institut pour l'étude du code» (*Xuelü tang* 學律堂), où l'on enseignait le code aux collègues. L'initiation commençait par une lecture phrase à phrase, puis on employait plusieurs méthodes. Certains confrontaient des libellés différents, d'autres disséquaient et analysaient des passages douteux, ou collationnaient de nombreux «cas homologués» (*cheng'an* 成案); ou bien l'on illustrait par des diagrammes (*tu* 圖) et l'on distinguait par des tableaux (*biao* 表); enfin, on faisait des comptines faciles à mémoriser[39].

Huang Pengnian ne nous dit rien de la fréquentation ni de la longévité de cet institut et l'on ne sait s'il a réitéré l'expérience dans ses fonctions suivantes, au Jiangsu dont il fut gouverneur, au Hubei où il revint comme trésorier jusqu'à sa mort en 1890. Contentons-nous de trouver dans cette brève notation un bon résumé des diverses techniques pédagogiques utilisées pour inculquer le code à des non-spécialistes: la lecture phrase à phrase, suivie de la confrontation des diverses leçons avec discussion des passages douteux et comparaison avec des cas jurisprudentiels reproduit assez exactement la méthode des commentaires linéaires du code, très nombreux à toutes les époques.

Les deux autres méthodes sont plus déroutantes; typiquement chinoises, elles font appel à la mémoire visuelle et auditive. La mise en

37 Gangyi, préface, dans Gangyi, 1889; Postface dans Gangyi, 1991.

38 Hummel, 1970, p. 342.

39 *Cf.* préface de Huang Pengnian dans Zong Jizeng, 1887.

tableaux donnait lieu à des prouesses typographiques. La virtuosité des graveurs de planches xylographiques permettait de condenser l'intégralité du code, y compris les articles additionnels les plus récents ainsi que toutes les annexes et textes associés (les règlements des divers ministères, les sanctions administratives, les règlements sur les arrestations et même les *Annales pour laver les injustices* [*Xiyuan lu* 洗冤錄], le traité de médecine légale), bref une collection complète des normes en vigueur, en quelques fascicules aisément transportables et consultables. La vertu des caractères chinois de pouvoir être disposés dans n'importe quel sens permettait une grande subtilité dans l'organisation des pages, que les auteurs explicitent dans leurs notes introductives. La dernière méthode, la mise en comptines, était sans doute le genre le moins distingué. Le code était couché en vers de mirliton, plus faciles à retenir que des textes de lois, mais qui n'avaient pas la précision de l'original. Plutôt que d'un moyen pédagogique, il s'agissait d'un procédé de vulgarisation, dont on peut s'étonner qu'il ait été employé pour former des juges.

D'où les réserves d'un Ding Richang, le gouverneur du Jiangsu, qui fut pourtant l'un des plus actifs dans la diffusion du savoir juridique. Dans un texte intitulé «À propos du code en vers de sept pieds transmis par la sous-préfecture de Jiangning (江寧)», le gouverneur prenait acte de ce que cette version du code était très facile à comprendre, mais s'inquiétant des nombreuses erreurs, il exigeait qu'elles soient corrigées avant publication par les presses de la province. Il émettait également des réserves sur la facture du traité: «Voilà que la réduction en vers de sept pieds et l'accord forcé des rimes taillent et mettent en pièce [les textes de lois], écorchent le sens et forcent l'expression. Si l'on cherche à suivre le texte en se conformant à l'ordre des caractères, le sens s'avère souvent contradictoire». Et de conseiller aux magistrats de s'en tenir à la version officielle du code, complétée par un recueil sur les passages et expressions difficiles qu'on gardera à portée de la main.

La fin du texte ne porte pas sur la diffusion du code parmi les magistrats, mais sur une proposition beaucoup plus ambitieuse, dont l'auteur n'est malheureusement pas clairement désigné:

> Certains en sont venus à demander que le *Code en vers de sept pieds* soit enseigné à la suite de l'Édit sacré et de la *Petite étude annotée et commentée* (*Xiaoxue yishu* 小學義疏), qu'il soit donc diffusé dans toutes les écoles de village (*xiangshu* 鄉塾) pour que les enfants dûment avertis apprennent à se modérer. On publie les livres, on lit les lois, dans le souci de prendre soin du peuple dans chaque préfecture et sous-préfecture; on choisit dans le code des articles qui sont souvent enfreints pour les

> expliquer et les inculquer et on les affiche aux carrefours. On a rarement montré si peu de précaution et de respect! [...] Des enfants qui lisent les lois au lieu de lire les livres [classiques] ne seront pas prompts à respecter leur devoir[40].

Où nous retrouvons le précepte confucéen de Su Shi évoqué à maintes reprises: «Lis les livres, pas les codes». Mais il s'agit cette fois non plus des fonctionnaires, dont Ding était le premier à vouloir élever le niveau de formation, ni même des citoyens adultes, mais des enfants des écoles de village. Qu'un magistrat anonyme ait pu aller jusqu'à proposer d'enseigner le droit pénal aux enfants d'âge scolaire montre que la formation juridique débordait les cadres de la fonction publique pour s'étendre aux sujets des campagnes, cela par des moyens tels que l'affichage ou la lecture publique. C'est ce dont témoignent par ailleurs les notions juridiques nombreuses et précises qui émaillent les romans ou les pièces de théâtre. En ce sens, la Restauration de l'ère Tongzhi marque une transition entre les lectures publiques des édits impériaux, qui intégraient des extraits du code pénal, et les différentes campagnes d'éducation juridique du XXe siècle.

L'affirmation du savoir juridique par les juristes professionnels des services spécialisés du ministère des Châtiments

Une autre conséquence de la Restauration de l'ère Tongzhi fut l'émergence d'une petite élite de juristes professionnels au ministère des Châtiments. Leur influence rayonne à partir de deux services spécialisés de ce ministère. Le premier était l'Office de codification (Lüliguan 律例館), qui était chargé de sélectionner dans la masse des documents administratifs la substance des nouveaux articles à insérer dans le code impérial. Le second, le Bureau des Assises d'automne (Qiushen chu 秋審處), était chargé d'instruire chaque année les milliers de cas capitaux susceptibles de faire l'objet d'une mesure de grâce ou de commutation de peine. Ces services avaient été conçus comme de simples auxiliaires techniques de ces deux manifestations essentielles de la bienveillance impériale qu'étaient la promulgation des lois pénales de la dynastie et l'exercice du droit de grâce. Il était en principe exclu qu'une corporation professionnelle vînt s'interposer entre l'empereur, fontaine de justice, et le peuple qui en recevait les bienfaits. C'est pourtant ce qui advint, du fait, principalement, de la complication croissante de la législation. Depuis l'avènement des Ming, le code pénal était un ensemble de lois fondamentales,

[40] Ding Richang, 1875, 38, p. 9b-10a.

appelées *lü* (律). Relativement simples et peu nombreuses, ces lois étaient promulguées en principe pour toute la durée de la dynastie. Pour adapter ce code à l'évolution de la société et des institutions, il fallut ajouter périodiquement des règles tirées de la pratique judiciaire et administrative sous la forme d'articles additionnels, les *li* (例). Sous les Ming et au début des Qing, toutes ces opérations, bien que très techniques, étaient confiées à des commissions de rédaction convoquées pour la circonstance et dissoutes aussitôt après. Elles étaient composées de grands dignitaires sans compétence juridique particulière, les experts du ministère des Châtiments n'intervenant que comme conseillers techniques.

Cela jusqu'en 1740, date de la promulgation du *Da Qing lüli*. La nouveauté de ce code résidait non dans sa conception d'ensemble, mais dans son mode de révision: désormais, les nouveaux articles additionnels devaient être promulgués tous les cinq ans à l'issue d'une «petite révision» et insérés tous les dix ans au sein d'une nouvelle édition du code, à l'issue d'une «grande révision». Le code devenait une sorte de chantier permanent au sein duquel les nouvelles dispositions, les articles additionnels, tendaient à effacer les lois fondamentales plus anciennes. Un projet aussi ambitieux exigea l'établissement d'un organisme permanent, l'Office de codification. Ce service avait mission de collecter l'ensemble des textes normatifs — jurisprudence provinciale, règlements des services centraux, décrets impériaux, etc. — et d'en sélectionner la quintessence pour l'insérer dans une nouvelle version du code. C'est au sein de cet organisme officiellement investi des pouvoirs d'un jurisconsulte collectif que s'épanouit graduellement un cénacle de juristes hautement spécialisés. Le premier exemple en date en est Wu Tan, qui composa un ouvrage dans lequel il confrontait les lois fondamentales et les articles additionnels de diverses générations, en formulant des remarques sur les contradictions ou les incohérences apparues entre les diverses strates de la législation[41].

Au cours de l'ère Tongzhi, l'office de codification mena à bien une «grande révision» dont procèda l'édition de 1870 du *Code pénal des Qing* (*Da Qing lüli*), qui fut le dernier code purement chinois. La «grande révision» suivante, lancée en 1904, et les versions du *Code pénal des Qing* qui en résultèrent se combinèrent en effet avec les principes juridiques et les législations venues d'Occident, *via* le Japon. La révision de 1870 survenait après une interruption de trente ans due aux guerres civiles et elle posa d'importants problèmes techniques. C'est pour les résoudre qu'un des experts juristes, Xue Yunsheng 薛允升 (1820-1901), décida de

[41] *Cf.* Wu Tan, 1782.

composer un ouvrage dans lequel, à l'instar de son devancier Wu Tan, il recensait toutes les contradictions entre les articles additionnels récemment promulgués et le reste de la législation. Ces *Doutes persistant à la lecture des articles additionnels* (*Duli cunyi* 讀例存疑) sont la somme du droit impérial, couramment utilisée par les historiens actuels. C'était à l'époque qui nous intéresse le condensé du savoir juridique accumulé par les experts du ministère des Châtiments, le guide de leur pratique et le manuel de leur apprentissage. En témoigne ce mémoire adressé à l'empereur en 1903 par une vingtaine d'experts du ministère des Châtiments pour demander la publication officielle de *Doutes persistant à la lecture des articles additionnels*, dont l'auteur était mort deux ans plus tôt.

> Les directeurs Qi Pu 齊普 etc., les secrétaires Xu Shiying 許世應 [1872-1966] etc., ont ici joint leurs noms pour affirmer: les Noms et les Lois sont une discipline spécialisée, qui a débuté avec le *Guanzi* 管子, s'est épanouie avec Shen [Buhai] et Han[fei]. Depuis les Han et les Tang, chaque époque a eu ses spécialistes; jusqu'à notre dynastie, le fil de la transmission n'a jamais été interrompu. C'est ainsi que feu le président Xue, profond savant de la science du code, doit être tenu pour le maître des Noms et des Lois de notre temps. Le Président, plein d'expérience et de science, ayant lu d'innombrables livres, familier des recherches d'archives et ayant étudié avec soin les ordonnances, a embrassé tous les points de vue et pénétré leur sens pour en composer la somme. Au cours de sa carrière, il gravit un à un tous les échelons jusqu'au rang ministériel, après quarante années de service au ministère des Châtiments. Au cours de ses retraites et de ses loisirs, il mit à profit les études de toute une vie pour composer les *Doutes persistant à la lecture des articles additionnels*, [ainsi que quatre autres] ouvrages d'une authentique érudition. Parmi tous ces livres, c'est les *Doutes persistant à la lecture des articles additionnels* qui est le plus important, car le plus lié à l'administration des châtiments[42].

Outre l'affirmation de la continuité du savoir juridique comme «science du code», ce mémoire présente l'intérêt d'évoquer les principaux stades de la formation d'un juriste du ministère. Le cursus de Xue Yunsheng est analogue à celui suivi à un intervalle d'une vingtaine d'années par son bras droit et héritier Shen Jiaben, ou, une génération plus tard par Xu Shiying, leur disciple, qui devint l'un des principaux juristes de la République. Entrés au ministère par la petite porte, souvent grâce à un parrainage, entre 20 et 25 ans, peu avant ou juste après le grade de «licencié», ils furent d'abord employés comme commis aux écritures, avec un statut de «petit fonctionnaire à la capitale». Commençait alors une lente

[42] Xue Yunsheng, 1970, 1, p. 45-46.

ascension de quinze ou vingt ans dans les départements chargés d'examiner les cas transmis par les provinces, d'abord comme copiste mettant les cas au propre jusqu'au poste de rédacteur, puis de directeur de département, chargé de proposer une décision. Ces postes à responsabilité permettaient aux plus doués d'être remarqués par le président ou un des vice-présidents du ministère. Le parrainage de ces hauts personnages leur permettait alors d'être reçus au doctorat vers 35 ou 40 ans. Ce n'est qu'une fois docteur que notre juriste pouvait entrer dans les services spécialisés dont nous avons parlé: l'Office de codification et le Bureau des Assises d'automne. Xue Yunsheng comme Shen Jiaben y acquirent une réputation d'expert indispensable et de savant dans la science du code. Enfin, le poids croissant des services spécialisés permit finalement à ces professionnels d'accéder au poste de vice-président, puis de président du ministère des Châtiments.

Ce type de cursus mêle donc des traits généraux: le passage des examens de recrutement à la fonction publique déterminant l'accès aux postes à responsabilité, avec une formation «maison», acquise sur le tas, en l'occurrence une montagne de cas judiciaires. Un Shen Jiaben pouvait déplorer d'avoir passé sa jeunesse à rédiger des «dissertations en huit parties» et de ne s'être vraiment consacré au droit qu'à 40 ans révolus, il ne s'en était pas moins familiarisé durant vingt ans avec les archives judiciaires. En fait, la formation professionnelle faisait au moins part égale avec le *cursus honorum* et on peut même dire qu'elle le commandait dans une large mesure: le même Shen Jiaben avait régulièrement échoué au doctorat jusqu'au moment où ses états de service lui ménagèrent le soutien de deux présidents du ministère des Châtiments, les influents Zhao Shuqiao 趙舒翹 (?-1900) et Pan Zuyin, ce dernier ayant été déjà cité à propos des ouvrages juridiques qu'il composa avec son frère aîné, Pan Wei.

Le cursus officiel et les parrainages officieux sont la part la plus visible de la carrière; au moins aussi importante était l'agrégation à un étroit cénacle de savants du code, qui présente les traits d'une école doctrinale et d'une faction régionale. Ainsi, l'ascension de Shen Jiaben commence en 1875, lorsqu'il est admis dans l'une des deux factions (*pai* 派) qui dominaient alors le ministère: celle du Shaanxi (l'autre étant celle du Henan). Elle était dirigée par des spécialistes aussi éminents que le vice-président Xue Yunsheng de Chang'an, l'auteur des *Doutes persistant à la lecture des articles additionnels*, le président Zhao Shuqiao, et le préfet Zhang Linge 張麟閣, trois personnages dont, nous dit Shen Jiaben, «on ne peut manquer d'étudier les écrits si l'on veut connaître le code. Je fus accueilli parmi eux, bien que je ne les valusse pas[43].» Et, ajouterons-nous, bien que Shen fût originaire non du Shaanxi mais du Zhejiang, ce qui prouve bien que l'adhésion doctrinale l'emportait sur l'origine régionale. En fait, la faction du Shaanxi, qui devait dominer seule le ministère après l'effacement de sa rivale du Henan, se confond avec celle des disciples de Xue Yunsheng.

Appartenir à la faction du Shaanxi était un avantage pour la carrière, mais celle-ci se méritait néanmoins par un labeur acharné et bénévole. Xue Yunsheng avait montré l'exemple en consacrant tous ses loisirs à composer les *Doutes persistant à la lecture des articles additionnels*, qui est vraiment, comme le savent ses utilisateurs, un travail de bénédictin; il composa plusieurs autres ouvrages, dont une édition conjointe du code des Tang et du code des Ming d'ampleur comparable aux *Doutes persistant à la lecture des articles additionnels*. Shen Jiaben ne fut pas en reste, comme en témoignent des œuvres imposantes, mais aussi et peut-être surtout les inédits actuellement en cours de publication. Tous ces ouvrages ont été composés en marge de l'activité officielle, grâce aux archives du ministère. Sans entrer dans le détail, disons simplement que la science du code consistait à interpréter les textes de loi et les archives judiciaires à la lumière d'une érudition classique. Le droit enseigné par la faction des juristes était un savoir professionnel, qui appliquait aux textes de lois et aux archives judiciaires les méthodes de confrontation et de critique textuelle qui s'étaient développées dans les académies de lettrés, en lisière des examens traditionnels.

Un disciple tardif, Xu Shiying, nous donne quelques détails vécus sur cette formation. Il a dicté à la fin de sa vie, en 1964, un recueil de souvenirs presque exclusivement consacrés à sa carrière au ministère des Châtiments où il entra en 1898. Il relate comment ses longues journées passées à instruire les cas au département du Zhili étaient suivies de soirées presque aussi longues durant lesquelles il recopiait et corrigeait les *Doutes persistant à la lecture des articles additionnels*, qu'il appelle curieusement le *Livre complet de la législation* (*Falü quanbu* 法律全部). Il a copié et corrigé l'ouvrage à de si fréquentes reprises qu'il se dit capable à 90 ans passés d'en réciter par cœur des pages entières. Il est loin d'être aussi critique envers ce type de formation qu'on pourrait s'y attendre:

> Dans le monde d'aujourd'hui, beaucoup de pays qui se disent avancés ont des législations si détaillées qu'aucun spécialiste ne parvient à les

[43] Shen Jiaben, 1907c, p. 25b.

> mémoriser. Ainsi, les Six codes de notre République de Chine suffisent à combler les attentes de celui qui étudie le droit, et pourtant, cet immense corpus ne peut même pas rassembler l'ensemble de la législation en vigueur dans notre pays. Tandis qu'au temps où j'étais en service au ministère des Châtiments, le *Livre complet de la législation* compilé par Xue Yunsheng était considéré comme le «livre canonique» le plus complet, qu'il suffisait de bien connaître pour devenir une autorité en matière juridique. Ce livre que j'étais chargé de corriger, j'étais tenu par mes obligations professionnelles de le connaître à fond, de sorte que, sans pouvoir le réciter intégralement par cœur, il y a fort peu de passages que je ne puisse encore me remémorer sans erreur. Lorsque plus tard j'eus à instruire très souvent des cas, cela me fut d'un grand secours[44].

Heureux temps, donc, que celui où un juriste pouvait garder en tête une vue d'ensemble de la législation et où les méthodes mnémotechniques acquises dans la fréquentation des Classiques et la préparation des examens trouvaient leur application pratique dans l'activité judiciaire! Tout le sel de ces propos passéistes est qu'au moment où il les tint, Xu Shiying était le juriste le plus titré de la République de Chine, ministre de la Justice, président de la Cour suprême à de nombreuses reprises sur le continent comme à Taiwan. Il se vantait par ailleurs de n'avoir jamais reçu d'autre formation juridique que celle qu'on vient de décrire, alors même que celui qui recueillait ses propos et le public auquel il s'adressait étaient des juristes formés à l'occidentale! Ainsi, les nombreux cas qu'il eut à traiter «plus tard», c'est-à-dire sous la République, l'auraient-ils été d'après les enseignements du droit impérial plutôt que selon les lois modernes auxquelles les jugements faisaient formellement référence? Si tel est le cas, on peut en déduire que la formation dispensée au ministère des Châtiments préparait aussi bien au droit impérial qu'au droit moderne et que la Chine du XXe siècle a conservé beaucoup plus de sa tradition juridique qu'il est convenu d'admettre.

Conclusion

Des sources nombreuses témoignent de la persistance d'une tradition juridique ancienne et de son renouveau durant les deux siècles qui ont précédé l'introduction du droit occidental. Autant qu'un savoir-faire bureaucratique, le droit chinois était une discipline savante ayant ses traités théoriques, ses cas d'école, ses recueils pratiques. Il faut certainement prendre au sérieux les analyses des juristes selon lesquelles cette discipline avait

[44] Xu Shiying, 1966, p. 40-41; et p. 51, pour l'absence de diplôme, mis à part les titres acquis sous les Qing.

subi un déclin et cela au moins depuis les Ming. Les institutions chinoises souffraient d'un déficit chronique de droit, marqué par le manque de reconnaissance institutionnelle de la profession juridique, qui frappait d'incertitude la transmission du savoir juridique. Qu'une «science du code» supposée transcrire en termes de pratique institutionnelle les principes les plus élevés transmis par les Classiques ait été ravalée à la condition de savoir technique exercé par des experts itinérants, au même titre que la géomancie ou l'acuponcture, peut assurément être tenu pour une des curiosités de l'État chinois, et l'une des causes de sa faiblesse. Toutefois, c'est bien à un rattrapage qu'on assiste à partir du XVIIIe siècle, qui prend une nouvelle dimension dans la seconde moitié du XIXe siècle. Le renouveau du droit se répand de bas en haut, des experts employés par les magistrats locaux et des réseaux académiques vers les gouverneurs de province les plus lucides de la Restauration de l'ère Tongzhi, pour culminer finalement avec la constitution d'un état-major de juristes réformateurs au sein du ministère des Châtiments. La reconstitution de la «science du code» est certes tardive et elle souffre de faiblesses préjudicielles. Les efforts déployés par certains gouverneurs de province pour offrir au magistrat consciencieux les moyens de s'initier à la science du code ne pouvaient pallier qu'incomplètement le manque d'engagement de l'État impérial, en l'absence, notamment, d'un réseau d'écoles spécialisées. Jusqu'à l'adoption des instituts juridiques conçus sur le modèle japonais, la transmission du savoir juridique continua de dépendre d'initiatives individuelles, éventuellement relayées par les liens familiaux et les réseaux d'initiés. De même, la «science du code» inculquée aux juristes du ministère des Châtiments est celle d'un étroit cénacle, constitué autour de Xue Yunsheng et de son «école du Shaanxi»: une formation maison, dispensée à quelques dizaines de disciples, tout au plus.

Pourtant, le droit impérial et ses experts eurent une influence non négligeable sur le cours de la modernisation juridique. La composition des codes pénal et civil, en même temps qu'elle s'inspira des codifications occidentales, suivit le programme de révision tracé par les *Doutes persistant à la lecture des articles additionnels* de Xue Yunsheng. Cet ouvrage et d'autres classiques du droit chinois furent d'ailleurs publiés grâce aux subsides octroyés par la Cour à l'office de traduction chargé de publier des traités de droit occidental. Le premier institut juridique créé par Shen Jiaben dispensait des cours sur la «science du code» aussi bien que sur les droits occidentaux. Xu Shiying et Dong Kang, deux disciples de «l'École du Shaanxi», présidèrent jusque dans les années 1930 la Cour suprême (Dali yuan 大理院) dont la jurisprudence eut une influence déterminante dans la constitution du droit chinois moderne. Le savoir-faire des experts juridiques d'Ancien Régime exerça son influence jusque dans les associations de «lawyers» qui se constituèrent à l'extrême fin de l'empire. Ces divers éléments montrent que la modernisation juridique ne se réduit pas à l'introduction du droit dans un empire qui l'ignorait, mais qu'elle est la résultante de deux mouvements conjugués: les emprunts à l'étranger et la reconversion de la tradition juridique chinoise. Le regain tardif du droit impérial eut donc un impact limité lors des tentatives de restauration impériale, mais il influa profondément et assez durablement sur la modernisation juridique. En somme, c'était encore trop peu pour compenser le vieux déficit juridique des institutions impériales; mais c'était déjà trop pour que le droit occidental et son enseignement prétendent s'écrire sur une page blanche ou s'édifier sur une table rase.

LA FORMATION JURIDIQUE DES ÉTUDIANTS CHINOIS AU JAPON AU DÉBUT DU XXe SIÈCLE

Lilian Pudles

Les politiques de réformes, lancées par le gouvernement des Qing après la défaite contre le Japon en 1895, conduisent des milliers de Chinois à traverser la Mer de Chine pour suivre des études (*youxue* 游學) dans l'archipel voisin. Jusqu'en 1911, dix-sept à trente mille étudiants[1] se rendent au Japon afin d'y acquérir les connaissances de l'Occident, clés du succès des réformes Meiji. De nombreuses formations qui leur sont spécialement réservées se mettent en place à Tokyo. Les cours de droit et d'administration (*fazheng* 法政) en particulier attirent un large public qui se partage entre élite bureaucratique et lettrée, et jeunesse révolutionnaire affiliée à la Ligue jurée (Tongmenghui 同盟會). Ainsi, entre 1904 et 1908, plus de mille deux cents étudiants ont passé le diplôme du cycle accéléré organisé par l'Université de droit et d'administration (Hôsei daigaku 法政大學)[2]. La plupart des diplômés entreprend ensuite une carrière de juriste, de fonctionnaire ou de politicien, dans la période qui s'étend de la fin des Qing à la République. On peut citer parmi les plus connus de ces étudiants les hauts cadres du Parti Nationaliste (Guomindang 國民黨): Wang Jingwei 汪精衛 (1883-1944), Hu Hanmin 胡漢民 (1879-1936), Liao Zhongkai 廖仲愷 (1877-1925) et Ju Zheng 居正 (1876-1951), président du Yuan législatif dans les années trente; le juriste Shen Junru 沈鈞儒 (1874-1963), un des fondateurs de la Ligue des groupements politiques démocratiques (Minzhu zhengtuan tongmeng 民主政團同盟) en 1941 et représentant de Shanghai à l'Assemblée populaire après 1949; ou encore Tang Hualong 湯化龍 (1874-1918), président de l'Assemblée provinciale du Hubei puis membre du Parlement sous Yuan Shikai 袁世凱 (1859-1916).

Les politiques d'encouragement adoptées par les gouvernements chinois et japonais contribuèrent au développement rapide du nombre d'étudiants chinois au Japon. Nous en retracerons l'évolution dans un premier temps, afin de mieux cerner les causes du succès de formations telle que

[1] Ces estimations varient d'un auteur à l'autre: dix huit mille au moins pour Bays, 1978, p. 132, et un maximum de trente mille pour Reynolds, 1987, p. 111.

[2] *Hôsei daigaku daigaku shi shiryô shû. Dai jûichi shû. Hôsei daigaku Shinkoku ryûgakusei hôsei sokusei ka kankei shiryô* (ci-dessous abrégé en *HDSR*), 1988, p. 263.

celle de l'Université Hôsei. L'étude du cursus mis en place par cette université éclaire certains aspects de l'influence japonaise dans le domaine du droit en Chine. La manière dont cette influence s'est exercée dans les réformes juridiques chinoises du début du XXe siècle au travers des nombreuses traductions d'ouvrages japonais ou de l'embauche de juristes par le gouvernement des Qing est certes connue[3]. Pourtant les formations en droit ou en sciences politiques, par l'intermédiaire desquelles des milliers d'étudiants chinois acquirent non seulement les notions de base du droit et des sciences politiques occidentaux mais également celles de pratiques juridiques et administratives, ne sont le plus souvent évoquées que pour mentionner la large proportion de diplômés dans les institutions de la fin de l'Empire ou de la République. L'étude du cursus accéléré de l'Université Hôsei, de son organisation et de son contenu, permettra d'une part d'apprécier l'étendue et la qualité des connaissances transmises et, d'autre part, de mesurer l'impact de ces formations dans l'orientation et la carrière des élites républicaines chinoises formées au Japon.

Le développement des études au Japon

Les origines du programme youxue

L'envoi d'étudiants chinois à l'étranger pour se former aux connaissances de l'Occident avait été amorcé dès le début du XIXe siècle par des missionnaires avec l'objectif de former des prêtres et des pasteurs. Puis, à partir des années 1860, les nouvelles écoles fondées par les hauts fonctionnaires tenants du mouvement des «activités à l'Occidentale» (*yangwu yundong* 洋務運動) favorables à l'emprunt des techniques de l'Occident, envoient des étudiants en Europe pour y acquérir des connaissances techniques et militaires. Mais ces envois s'interrompent dans les années 1880[4]. Du côté gouvernemental, la première expérience dans ce domaine est l'envoi de la mission éducative aux États-Unis: cent vingt enfants et adolescents sont sélectionnés pour poursuivre leur scolarité en Amérique entre 1872 et 1875. Mais ce projet rencontre l'opposition des conservateurs et, en 1881, l'ensemble du groupe est rappelé en Chine avant la fin du programme de formation[5]. Ce n'est que dans les dernières années du

[3] Pour une présentation générale de l'influence japonaise sur les réformes juridiques chinoises, voir Li Guilian, «Jindai chuqi Zhongguo falü de biange yu Riben de yingxiang», 1996, p. 184-220.

[4] À propos des premières écoles modernes, voir Biggerstaff, 1961.

[5] Wang, 1966, p. 42-45.

XIXe siècle qu'est relancé un programme d'études à l'étranger orienté cette fois vers le Japon.

En 1895, la déroute face aux troupes Meiji, puis la menace accrue que font peser sur la Chine les puissances occidentales, révèlent les limites des réformes entreprises par les promoteurs du *yangwu*. Un grand nombre de lettrés et de fonctionnaires est désormais persuadé que des mesures plus radicales sont indispensables. La demande de réforme n'est plus restreinte aux seuls domaines technique et militaire, mais concerne également les institutions. Dès la fin des années 1880, le lettré Kang Youwei 康有爲 (1858-1927), chef de file des réformistes, recommandait de prendre modèle sur l'empire Meiji. Appelé par l'empereur Guangxu 光緒 (1872-1908) en juin 1898 pour diriger une nouvelle politique de réformes, il lance aussitôt un programme d'études à l'étranger. D'après lui, la Chine n'a pas encore les moyens de former elle-même ses futurs hommes de talent, et l'enseignement traditionnel, basé sur l'étude et le commentaire des Classiques, n'est pas adapté à la formation d'un nouveau corps de bureaucrates. Dès cette époque, le Japon, dont la victoire souligne le succès de sa politique de réforme, est désigné comme une destination d'étude privilégiée. L'édit du 8 août 1898 préconise la sélection par le gouverneur de chaque province des meilleurs étudiants pour les envoyer au Japon[6]. Cependant, le 21 septembre 1898, le gouvernement réformiste est renversé par un coup d'État de l'impératrice douairière Cixi 慈禧 (1835-1908) après à peine trois mois d'exercice. Kang Youwei et son disciple Liang Qichao 梁啓超 (1873-1929) doivent s'exiler au Japon. Malgré cette prise du pouvoir au niveau central par la faction conservatrice, les gouverneurs généraux des provinces du Sud et du Shandong maintiennent une politique de modération. Ils continuent en particulier à envoyer des étudiants au Japon où, en 1899, on compte déjà cent cinquante à deux cents boursiers originaires de diverses provinces[7].

Après l'échec du soulèvement des Boxeurs et l'occupation de Pékin par un corps expéditionnaire international dans le courant de l'été 1900, l'impératrice douairière Cixi, réfugiée avec la Cour à Xi'an, est contrainte d'accepter des réformes. Elle lance en 1901 son programme de Nouvelle Politique (*Xinzheng* 新政) dont le contenu s'inspire essentiellement des propositions de Liu Kunyi 劉坤一 (1830-1902) et de Zhang Zhidong

[6] *Qing shilu Dezong Jing huangdi shilu* 實錄 (清實錄・德宗景皇帝實錄) (Annales des règnes successifs de la dynastie Qing. Règne de Guangxu), *juan* 423, p. 1, cité dans Wang Xiaoqiu, 1992, p. 349.

[7] Kobayashi Tomoaki, «Shoki no Chûgoku tai Nichi ryûgakusei haken ni tsuite. Bojutsu seihen ki o chûshin to shite», 1984, p. 10-11. Abe Hiroshi, 1990, p. 58.

張之洞 (1837-1909), respectivement gouverneurs généraux du Liangjiang 兩江 et du Huguang 湖廣. Ce programme de réformes très large qui remanie l'ensemble des institutions est presque identique à celui auquel elle s'était opposée en 1898. La réforme de l'éducation occupe une place de choix, avec en particulier l'instauration d'un système d'écoles modernes, la transformation du contenu des examens mandarinaux (*keju* 科舉) et l'encouragement des études à l'étranger. Zhang Zhidong est en effet l'un des principaux promoteurs des études au Japon. Dans son pamphlet *Exhortation à l'étude* (*Quanxue pian* 勸學篇), présenté au trône en juin 1898 et largement diffusé aux autorités métropolitaines et provinciales, il proposait déjà une série de mesures concrètes pour moderniser l'éducation. Parmi celles-ci, dans le chapitre intitulé «Étudier à l'étranger» («Youxue»), il recommandait avec insistance l'envoi d'étudiants au Japon et en énumérait les avantages: c'est un pays peu éloigné et un séjour au Japon revient trois fois moins cher qu'un séjour en Occident, on peut donc y envoyer beaucoup plus d'étudiants; le Japon est également proche sur le plan culturel, ce qui permet d'effectuer facilement des investigations comparatives; l'apprentissage de la langue est simple et rapide pour les Chinois; de plus, les Japonais ont déjà opéré une sélection et traduit les ouvrages occidentaux les plus importants; enfin, comme la situation du pays et ses coutumes ressemblent à celles de la Chine, il est aisé de le prendre pour modèle. Zhang soulignait que pour ces diverses raisons, l'efficacité des études au Japon était très supérieure à celle d'un séjour en Occident[8]. Son rôle central dans les réformes de l'éducation explique l'étroite corrélation entre le lancement de la Nouvelle Politique en 1901 et le développement de l'envoi d'étudiants vers le Japon à partir de cette date. De plus, une volonté de rapprochement avec le gouvernement des Qing se dessine à la même époque chez les autorités japonaises. Les encouragements dispensés côté chinois comme côté japonais contribuent encore à augmenter le nombre de candidats au départ.

Les mesures d'encouragement au départ

En 1903, sous l'impulsion de Zhang Zhidong, de nouveaux règlements sont promulgués, encourageant les jeunes Chinois à poursuivre des études

[8] Zhang Zhidong, 1991, p. 109. Dans le chapitre «Multipliez les traductions des livres» («Guangyi» 廣譯), il précise que: «Les leçons d'un maître étranger [occidental ou japonais] ne valent pas la connaissance des langues étrangères [occidentales ou japonaise], et la traduction des livres occidentaux ne vaut pas la traduction des livres du Japon», *ibid.*, p. 127-128.

à l'étranger. Ils stipulent d'une part que les diplômés des diverses institutions japonaises, depuis l'école secondaire jusqu'aux écoles supérieures et universités, obtiendront respectivement, selon leur niveau d'étude, le titre traditionnel de bachelier, licencié, docteur ou académicien, ainsi qu'une affectation dans l'administration[9]. Cette mesure ouvre donc une nouvelle voie d'accès à la carrière de fonctionnaire, plus aisée et plus rapide que celle des examens mandarinaux. D'autre part, le départ des étudiants non boursiers est également favorisé[10]. Si ceux-ci réussissent au cours de leur cursus à intégrer une université, ils peuvent obtenir le statut de boursier. De même, les fonctionnaires ou les membres de la noblesse mandchoue qui acceptent de partir étudier à leurs propres frais sont assurés d'une montée en grade à leur retour[11].

Cependant, à partir de 1904, l'attribution d'un titre et d'un poste n'est plus automatique après l'obtention d'un diplôme, mais est conditionnée par le passage d'un examen réservé aux diplômés de retour en Chine. L'examen se déroulera annuellement de 1905 à 1911. À la première session, les quatorze candidats de retour du Japon sont tous admis. Ils obtiennent le titre de licencié ou de docteur, et reçoivent une affectation bureaucratique l'année même où les examens mandarinaux sont abolis[12]. La disparition de ce mode d'ascension sociale traditionnel conduit désormais un grand nombre d'aspirants fonctionnaires à poursuivre des études au Japon, dans la perspective de se porter candidat au nouvel examen[13].

Les formations accélérées de courte durée sont également acceptées et même recommandées pour faire face à l'urgence des besoins en personnel qualifié. En effet, la transformation des académies traditionnelles (*shuyuan* 書院) en institutions d'enseignement moderne (*xuetang* 學堂) — université, école secondaire ou primaire — est ordonnée en 1901, mais la réforme est limitée par le manque d'enseignants compétents dans les nouvelles matières du savoir occidental. Pour résoudre ce problème, le recteur des études Zhang Baixi 張百熙 (1847-1907), responsable à partir de 1902 de la rédaction des statuts des écoles, propose l'ouverture à Pékin d'un Institut des fonctionnaires (Shixue guan 仕學館) et d'un Institut

[9] *Guangxu chao Donghua lu*, p. 5076-5077.

[10] Ceux-ci représenteront bientôt le plus grand nombre à partir de 1904. Sanetô Keishû, 1981, p. 54.

[11] Zhang Baixi *et al.*, «Qing jiangli zhiguan youli youxue pian» 請獎勵職官遊歷遊學片 Guangxu 29/11 (1903), dans Shu Xincheng (éd.), 1961, tome 1, p. 187-189.

[12] Chen Xuexun, Tian Zhengping (éds.), 1991, p. 61. Huang Fuqing, 1975, p. 67-80.

[13] À propos de l'abolition des examens mandarinaux, voir Franke, 1963.

normal (Shifan guan 師範館) annexés à l'Université impériale (Jingshi daxuetang 京師大學堂), et offrant une formation rapide (*sucheng* 速成) en trois ans, parallèle au cycle universitaire complet en dix ans[14]. Il s'inspire également des suggestions recueillies au Japon par son collaborateur Wu Rulun 吳汝綸 (1840-1903) dans son *Recueil d'écrits d'un voyage à l'Est* (*Dongyou conglu* 東游叢錄)[15]. Wu, nommé directeur des études de l'Université impériale en 1902, réalise de juillet à octobre, la même année, une enquête exhaustive sur le système éducatif de l'empire Meiji. De nombreuses personnalités japonaises lui recommandent alors la mise en place d'une formation d'enseignants accélérée[16]. Cette recommandation est aussitôt introduite dans les nouveaux règlements sur les écoles promulgués en janvier 1904: la formation accélérée à l'étranger d'une partie des enseignants y est proposée comme une solution de transition[17]. En réalité, les cursus en trois à dix-huit mois sont organisés dès 1902, à Tokyo, pour les formations les plus demandées, comme celles des militaires ou des enseignants.

La promotion des études Outre-mer n'est pas une prérogative des seules autorités gouvernementales. Liang Qichao, réfugié au Japon après l'échec de la Réforme des cent jours, vante dès 1899, dans son *Journal de l'opinion pure* (*Qingyi bao* 清議報) qu'il publie à Tokyo, «Les avantages d'apprendre le japonais» («Lun xue Riben wen zhi yi» 論學日本文之益)[18]. Il présente les matières enseignées dans les instituts japonais et une bibliographie correspondante, afin que ses lecteurs puissent disposer déjà de quelques éléments avant de suivre des études supérieures spécialisées au Japon[19]. Les étudiants installés au Japon encouragent également leurs compatriotes à venir les rejoindre au travers des multiples revues qu'ils publient à Tokyo[20]. Les Hunanais font paraître en avril 1903, dans leur publication *Études à l'étranger et traductions* (*Youxue yibian* 遊學譯編), une «Lettre recommandant aux anciens de notre province d'envoyer les jeunes étudier au Japon» («Quan tongxiang

[14] *Guangxu chao Donghua lu*, 1958, p. 4819.

[15] Bastid, 1971, p. 54.

[16] Wu Rulun, *Wu Rulun chidu*, p. 302. Un passage concernant les formations accélérées du *Recueil d'écrits d'un voyage à l'Est* est cité dans Sanetô, Keishû, 1981, p. 81-82.

[17] Zhang Baixi *et al.*, «Xuewu gangyao», dans Shu Xincheng, *op. cit.*, 1961, tome 1, p. 199.

[18] Liang Qichao, 1942, vol. 2, p. 80-82.

[19] Liang Qichao, «Dongji yuedan», 1942, vol.2, p. 82-102.

[20] Pour un tableau répertoriant soixante-dix-huit de ces revues, voir Wang Xiaoqiu, 1992, p. 369-373. Sur le développement et la diffusion de ces revues, voir Harell, 1992, p. 102-106.

fulao qian zidi hangyang youxue shu» 勸同鄉父老遣子弟航洋遊學書)[21]; puis, le mois suivant, dans une «Lettre aux camarades» («Yu tongzhi shu» 與同志書), ils précisent: «Si vous avez les moyens d'aller étudier en Europe ou en Amérique, je vous recommande de vous y rendre rapidement; si vous ne les avez pas, je vous recommande de venir rapidement au Japon; si vous ne pouvez absolument pas venir étudier au Japon [tout de suite], alors je vous recommande de vous préparer rapidement au départ[22].» Les étudiants éditent par ailleurs des manuels de japonais[23] et des recueils de renseignements pratiques tel, en 1901, le *Guide des études au Japon* (*Riben youxue zhinan* 日本遊學指南) de Zhang Zongxiang 章宗祥 (1879-1962)[24].

La politique japonaise d'assistance à la Chine

Les élites japonaises observent avec faveur la politique de réforme chinoise et encouragent l'adoption de leur modèle institutionnel ainsi que les études au Japon. À peine trois ans après la fin de la guerre sino-japonaise, les premiers étudiants militaires chinois arrivent à Tokyo à l'invitation de l'État-major japonais. Après la signature du traité de Shimonoseki (1895) qui avait provoqué l'indignation d'une grande partie de la classe lettrée en Chine, cette invitation démontre un revirement complet dans les relations entre les deux pays, provoqué par les ambitions territoriales des puissances. La Chine avait en effet cédé, après la défaite, Taiwan, les îles Pescadores et la péninsule du Liaodong. Or la Mandchourie était convoitée par la Russie qui, avec le soutien de la France et de l'Allemagne, parvint à imposer au Japon la restitution du Liaodong à la Chine moyennant une indemnité. Un rapprochement sino-russe s'ensuivit, concrétisé par l'autorisation accordée à la Russie de construire une ligne de chemin de fer trans-mandchourienne. Les militaires japonais voient donc désormais la Russie comme leur principal rival en Asie et tentent d'amener la Chine à faire alliance avec eux. À la même époque, les lettrés et fonctionnaires chinois favorables à des réformes se tournent vers le modèle japonais. Aussi, lorsqu'en 1897, la Russie dévoile ses intentions et s'empare de

[21] Dans Zhang Nan, Wang Renzhi (éds.), 1977, p. 380-393.

[22] *Ibid.*, p. 394.

[23] Pour une liste de cinquante-neuf manuels, dont quelques dictionnaires, publiés entre 1900 et 1910, voir Sanetô Keishû, 1981, p. 62-64.

[24] Pour une description détaillée du contenu de deux de ces guides, dont celui de Zhang Zongxiang, voir *ibid.* p. 173-192.

Lüshun et de Dalian au Liaodong, Zhang Zhidong, le principal interlocuteur des Japonais, accepte leur offre d'assistance militaire. Des officiers japonais sont recrutés pour entraîner les troupes chinoises, et des étudiants chinois intègrent les écoles militaires au Japon[25].

Outre les militaires, les élites civiles japonaises aussi se préoccupent du sort de la Chine: la sécurité de leur nation est liée à celle de l'empire des Qing, il est de leur devoir de lui offrir assistance dans ses réformes. Pour le ministre des Affaires étrangères, Ôkuma Shigenobu 大隈重信 (1838-1922), le Japon s'acquitte ainsi de sa dette culturelle. En 1898, il appuie la création de la Société de la culture commune en Asie orientale (Tôa Dôbunkai 東亞同文會) (1898-1945), qui canalisera tout au long de son existence une part importante des fonds japonais destinés aux échanges culturels avec la Chine[26]. Fondée avec l'appui du gouvernement japonais et dirigée par le prince Konoe Atsumaro 近衛篤麿 (1863-1904), président de la Chambre des Pairs, la Tôa Dôbunkai revendique les objectifs suivants: la protection de la Chine, l'assistance dans ses réformes, l'étude des affaires chinoises et la sensibilisation de l'opinion japonaise aux questions continentales[27].

L'importance de l'aide dans le domaine éducatif est fréquemment évoquée[28]. Le discours qu'adresse en 1907 Ôkuma Shigenobu à un groupe de fonctionnaires des Qing, venu étudier le droit administratif à l'Université Waseda (Waseda daigaku 早稲田大學), illustre l'argumentation utilisée par ceux qui promeuvent l'éducation des Chinois au Japon.

> Comme vous le savez, le Japon partage à l'origine avec la Chine le même savoir; son gouvernement et sa vertu puisent aux mêmes sources que ceux de la Chine. [...] Or, comme la Chine et le Japon partagent une origine commune, une légère variation dans les histoires respectives des deux pays ne les rend pas fondamentalement différents. [...] La Chine et le Japon sont à peine séparés de cinquante à cent pas [en ce qui concerne leurs réformes administratives]. Bref, le Japon a juste un jour d'avance sur la Chine. C'est pourquoi j'estime qu'il est beaucoup plus profitable, en vue des futures réformes à effectuer en Chine, d'étudier les cinquante années de réformes accomplies jusqu'à présent par le Japon, que d'étudier les systèmes administratifs de l'Allemagne, de l'Angleterre ou de la France[29].

[25] Kobayashi Tomoaki, 1984, p. 6-8.

[26] Reynolds, 1989, p. 255-256.

[27] Reynolds, 1987, p. 106-108.

[28] Pour l'aide militaire, voir Kobayashi Tomoaki, 1984, p. 6-11. À propos des institutions éducatives fondées par la Société de la culture commune en Asie de l'Est pour les étudiants chinois, voir Abe Hiroshi, 1990, p. 92.

[29] Ôkuma Shigenobu, «Shinkoku no gyôsei kaikaku ni tsuite», *Waseda gakuhô*, n°151 (01/09/1907), Ronsetsu (Éditorial), p. 1-2.

Par ces formules, Ôkuma ménage les réticences des classes dirigeantes chinoises vis-à-vis de l'acquisition des connaissances occidentales, et cautionne leur approche conservatrice caractérisée par l'expression: «le savoir chinois comme principe, le savoir occidental comme pratique» (*zhong xue wei ti, xi xue wei yong* 中學爲體, 西學爲用)[30]. Il met en avant deux aspects auxquels sont particulièrement sensibles ses interlocuteurs: la garantie de la qualité morale de la formation, basée sur une éthique confucéenne commune, et l'avantage de la simplicité et de l'efficacité. D'après lui, l'apprentissage par les Chinois des données institutionnelles et politiques occidentales à travers leur adaptation japonaise offre l'avantage d'une solution simplifiée et rapide. Tout le travail comparatif et sélectif pour définir les aspects les plus favorables des multiples institutions occidentales a été opéré par le Japon et, affirme-t-il implicitement, ce qui est bon pour l'empire Meiji l'est forcément pour l'empire des Qing. Cette conviction est partagée par les militaires, juristes ou pédagogues japonais.

De la même façon, la coopération avec la Chine sert aussi les intérêts du Japon. Yano Fumio 谷野文雄 (1850-1931), ministre plénipotentiaire du Japon en Chine, estime, dans une lettre adressée à son ministre de tutelle, qu'accueillir et former des étudiants chinois est la meilleure des stratégies pour étendre largement et durablement l'influence japonaise sur le continent[31]. C'est également l'opinion des divers partisans d'un renforcement du Japon en Asie. La publication dans la presse de la fin de Meiji de rapports très documentés sur la concurrence éducative occidentale en Chine reflète d'une part l'importance stratégique qu'attachent les Japonais au domaine de l'éducation et, d'autre part, leur crainte d'être supplantés et de perdre les fruits de leur collaboration précoce[32].

Encadrement et restrictions

1905 et 1906 représentent les années de plus forte croissance de la présence estudiantine chinoise au Japon. On y recense environ huit mille *youxuesheng*, alors qu'ils n'étaient que mille trois cents en 1904[33].

[30] Sur le développement de la théorie du «*Zhong ti, xi yong*» à la fin des Qing, voir Xue Huayuan, 1991. Sur la relation entre ce concept et la formation d'hommes de talent à la fin de la dynastie Qing, voir Kwong, 1993.

[31] Huang Fuqing, 1975, p. 8.

[32] Pudles, 1999, p. 66-67.

[33] Pour une courbe de l'évolution du nombre des *liuxuesheng* au Japon, voir Sanetô, Keishû, 1981, p. 544.

Le prestige du Japon atteint en effet un sommet en 1905, au moment de sa victoire dans la guerre russo-japonaise. Mais c'est surtout l'abolition des examens mandarinaux, la même année, qui provoque une ruée d'une nouvelle ampleur vers les écoles et universités de l'archipel voisin. Bien que le gouvernement des Qing s'inquiète assez tôt du développement des activités politiques de ses ressortissants et crée en 1902 un poste de superviseur général des étudiants chinois au Japon (*Riben youxuesheng zong jiandu* 日本游學生總監督)[34], cet afflux soudain prend au dépourvu aussi bien les autorités chinoises que japonaises. Une politique de contrôle et de sélection est progressivement instaurée côté chinois[35], alors que le ministère de l'Éducation japonais promulgue en 1905 des règlements visant à limiter le développement anarchique des écoles publiques ou privées et à mieux encadrer les étudiants. Des établissements de toutes sortes prospèrent en effet grâce à la manne que représente l'arrivée massive de candidats peu regardants et pressés de repartir avec un diplôme. Mais l'initiative du gouvernement japonais est perçue par les étudiants chinois comme une atteinte à leurs libertés[36]. Ils organisent une vaste grève des cours et de nombreux étudiants quittent alors le Japon[37]. Les activités anti-mandchoues ne sont cependant pas la seule source de préoccupation pour les autorités chinoises; elles s'inquiètent également de la baisse générale du niveau académique. L'ambassadeur Yang Shu 楊樞 (1844-1917), qui cumule la charge de superviseur des étudiants, précise dans un rapport de janvier 1906:

> [...] Le nombre d'étudiants au Japon dépasse actuellement les huit mille.[...] Ils viennent attirés par la promesse d'un poste futur, mais sont négligents dans leurs études et retournent ayant emmagasiné des connaissances à moitié comprises, sans avoir vraiment progressé[38].

Yang Shu recommande de manière pressante de présélectionner les candidats avant leur départ. Le gouvernement chinois décide donc, dès mars 1906, d'appliquer une présélection avant le départ de Chine.

[34] *Qing Guangxu chao Zhong-Ri jiaoshe shiliao*, 1963, vol. 2, p. 1269.

[35] *Ibid.*, p. 1337-1339.

[36] Ce sont les articles neuf et dix de ces réglements en particulier qui provoquent leur indignation. Le neuvième article impose aux écoles accueillant des étudiants chinois de les contrôler même à l'extérieur de l'établissement; le dixième article précise qu'un établissement ne peut inscrire un étudiant renvoyé d'un précédent établissement pour mauvaise conduite. *Ibid.*, p. 462-463.

[37] Sanetô, Keishû, 1981, p. 461-494. Voir aussi Nagai Kazumi, «Iwayuru Shinkoku ryûgakusei torishimari kisoku jiken no seikaku. Shinmatsu ryûgakusei no ichi dôkô», dans Nagai Kazumi, 1983, p. 135-172.

[38] *Qing Guangxu chao Zhong-Ri jiaoshe shiliao*, 1963, vol. 2, p. 1328-1329.

Ceux qui se destinent à un cycle long doivent désormais être au moins diplômés d'une école secondaire et justifier d'un niveau suffisant dans la langue du pays de destination[39]. Puis, au mois d'août, l'envoi d'étudiants pour des cours accélérés est suspendu[40]. D'après un mémoire du ministère de l'Instruction daté de novembre 1907, 60% des étudiants au Japon sont en effet inscrits dans des cursus accélérés, 30% suivent des études générales, du niveau secondaire, 3 ou 4% sont inscrits dans des écoles supérieures et 1% seulement en université[41]. L'opinion négative de l'ambassadeur Yang Shu est confirmée, en octobre 1906, par les résultats médiocres des étudiants retour du Japon à la deuxième session de l'examen métropolitain. Les étudiants retour d'Occident remportent l'ensemble des meilleures places du classement[42].

Enfin, dernier coup de frein du gouvernement, à partir de 1908 les bourses accordées aux étudiants admis dans les institutions publiques japonaises sont réservées uniquement à ceux qui se destinent à l'étude des sciences et des techniques[43]. L'effet de ces diverses mesures est radical: entre 1906 et 1908, le nombre d'étudiants chinois au Japon est divisé par deux, passant de huit mille à quatre mille. Leur présence diminue régulièrement jusqu'en 1912 où, après les nombreux départs provoqués par la révolution et l'avènement de la république chinoise, elle se réduit à environ mille quatre cents personnes[44].

La formation en droit et administration

Le succès d'une filière

Les étudiants chinois qui se rendent au Japon au début du XXe siècle se voient offrir, en l'espace de quelques années, un choix de plus en plus large de formations qui leur sont spécialement destinées. Les premiers étudiants, arrivés avant le tournant du siècle, étaient simplement répartis entre quatre écoles qui leur dispensaient un enseignement général et des cours de japonais en vue d'une admission dans un établissement supérieur ou à l'Académie militaire (Rikugun Shikan gakkô 陸軍士官學校)[45]. Par la suite, le contrôle du ministère de l'Éducation japonais se relâchant, et

[39] *Xuebu zouzi jiyao*, dans Taga Akigorô (éd), 1972, p. 410.
[40] *Ibid.*, p. 435.
[41] *Ibid.*, p. 485.
[42] Chen Xuexun, 1991, p. 63.
[43] *Xuebu guanbao*, (n° 69), vol. 3, p. 49, et (n°77), vol. 3, p. 205.
[44] Sanetô, Keishû, 1981, p. 544.
[45] *Ibid.*, p. 37-40, 47-52, 64-66. Abe, Hiroshi, 1990, p. 57-58, 62-65.

pour satisfaire les demandes d'une foule croissante d'étudiants, un véritable marché se met en place. Les cours publics ou privés, de qualité très variable, prolifèrent à Tokyo[46]. Les étudiants s'inscrivent majoritairement dans les cursus courts dont les enseignements se déroulent avec une traduction parallèle en chinois. Les Japonais avaient adopté cette méthode de cours accélérés au début de l'ère Meiji, lorsqu'ils avaient fait appel à des experts occidentaux, et ils en certifient l'efficacité aux autorités des Qing qui, au départ, sont très favorables à cette formule[47].

Parmi les diverses orientations proposées, les formations militaire et normale sont d'abord les plus recherchées, bientôt rejointes dans leur succès par celle de droit et administration. Comme le montre le tableau suivant, la spécialité «droit et administration» devient même le choix principal de ceux qui se portent candidats à l'examen réservé pour les diplômés de retour en Chine[48].

Répartition en fonction de leur formation des étudiants chinois diplômés au Japon et admis à l'examen métropolitain

Spécialités	Nombre d'étudiants admis							Total	%
	1905	1906	1907	1908	1909	1910	1911		
Droit et administration	7	6	6	64	167	262	301	813	65,0
Médecine		1	1	2	8	10	8	30	2,4
Sciences				5	5	11	13	34	2,7
Sciences appliquées	4	2	8	13	22	45	34	128	10,2
Agriculture	1	4	6	6	12	23	24	76	6,1
Commerce	2	2	4	10	23	50	56	147	11,7
Lettres					5	10	9	24	1,9
Total	14	15	25	100	242	411	445	1252	100,0

Sur l'ensemble des sessions, huit cent treize personnes sur mille deux cent cinquante-deux, soit 65% des lauréats, ont suivi une formation en

[46] Vers 1905, plus de cinquante écoles au Japon accueillent au moins cinquante étudiants chinois, *Ibid.*, p. 120. Ces écoles se font concurrence par la brièveté de leur cursus. Quelques unes proposent même des diplômes à empocher en quelques jours. Les étudiants chinois les appellent les «boutiques à diplômes» (*xueshang* 學商 ou *xuedian* 學店) délivrant des certificats à trente-cinq yen l'unité. Huang, *op. cit.*, p. 89. *Ibid.*, p. 120.

[47] Sanetô, Keishû, 1981, p. 81.

[48] Statistiques du ministère de l'Éducation à Taiwan, cité dans Huang Fuqing, 1975, p. 75.

droit et administration. Les universités et écoles japonaises les ayant accueillis sont les suivantes[49]:

Nombre d'étudiants admis à l'examen métropolitain entre 1905 et 1910 par institution académique japonaise

Institution académique	Nombre d'étudiants admis
Université Waseda (privée)	194
Université Meiji (privée) (Meiji daigaku 明治大學)	142
Université Hôsei (privée)	111
École supérieure de l'industrie de Tokyo (publique) (Tôkyô kôtô kôgyô gakkô 東京高等工業學校)	79
Universités impériales de Tokyo et de Kyoto (publiques) (Tôkyô teikoku daigaku 東京帝國大學) (Kyôtô teikoku daigaku 京都帝國大學)	64
Université Chûô (privée) (Chûô daigaku 中央大學)	56
École supérieure de commerce de Tokyo (publique) (Tôkyô kôtô shôgyô gakkô 東京高等商業學校)	40
Université Nihon (privée) (Nihon daigaku 日本大學)	34
École normale supérieure de Tokyo (publique) (Tôkyô kôtô shihan gakkô 東京高等師範學校)	15
Autres	55
Total	790

Les cinq principales universités privées, et en particulier Waseda, Meiji et Hôsei, les trois les plus fréquentées par les étudiants chinois, dispensent toutes des enseignements en droit et administration. Les diplômés des universités impériales comptent également parmi eux des juristes; cependant leur proportion relativement élevée parmi les candidats admis (8%) ne reflète que leur meilleur niveau d'étude, puisqu'ils ne sont en réalité

[49] Higuchi Hideo, *Hoku Shin ni okeru sho gaikoku no kyôiku jô no kôka ni kansuru chôsa*, 1911, p. 12. Ces statistiques présentent une légère différence (de dix-sept admis) avec le nombre total d'admis des années 1905 à 1910 du tableau précédent.

que 3 à 4% sur l'ensemble des étudiants chinois au Japon à accéder aux formations supérieures publiques, plus sélectives.

Les étudiants, y compris les bureaucrates et les notables chinois qui souhaitent acquérir au Japon les notions occidentales du droit, des sciences politiques, de l'économie ou des finances, ne maîtrisent pas nécessairement au préalable des connaissances en droit chinois. Les formations en Chine dans ce domaine ne sont en effet accessibles qu'à un nombre restreint de fonctionnaires, si l'on excepte l'apprentissage en autodidacte, au moyen des manuels d'administration évoqués par Pierre-Étienne Will[50]. Comme le décrit Jérôme Bourgon[51], le savoir juridique se transmet principalement de deux façons: soit au sein même du ministère des Châtiments par une formation sur le tas, soit dans les quelques instituts de formation des magistrats (Keliguan 課吏館), réservés aux fonctionnaires en poste. À partir de 1902, de nouvelles institutions sont également créées à Pékin pour diffuser dans l'administration les connaissances juridiques occidentales. La première, l'Institut des fonctionnaires, déjà évoquée, est remplacée en 1904 par l'Institut des docteurs (Jinshi guan 進士館). Jusqu'en 1906, les docteurs (*jinshi* 進士)[52] fraîchement promus et de moins de trente-cinq ans y suivent un cursus en trois ans[53]. On retrouve parmi le corps enseignant des diplômés des universités japonaises, tels Zhang Zongxiang de l'Université impériale de Tokyo ou Cao Rulin 曹汝霖 (1877-1966) de l'Université Chûô, aux côtés des juristes japonais Iwaya Magozô 嚴谷孫藏 (1867-1918) et Sugi Eizaburô 杉榮三郎, engagés respectivement comme professeur principal (*zhengjiaoxi* 正教習) et professeur principal adjoint (*fu zhengjiaoxi* 副正教習) par le Recteur des études Zhang Baixi[54]. Le choix par ces deux prestigieuses institutions métropolitaines du modèle d'enseignement japonais ajoute à l'attrait qu'exercent les formations juridiques du Japon sur les étudiants chinois.

Création d'un cours accéléré de droit et administration

Avant 1904, les cours de droit et de sciences politiques proposés par les universités privées japonaises se déroulaient dans le cadre d'un cursus d'école spécialisée (*senmon gakkô* 專門學校) en trois ans. Cette orientation impliquait environ six années d'études, avec un passage obligé en

[50] *Cf.* dans le présent ouvrage, l'article de Will.

[51] *Cf.* dans le présent recueil l'article de Bourgon.

[52] Ce sont ceux qui ont passé avec succès le plus haut niveau des examens mandarinaux.

[53] Zhang Baixi *et al.*, *Zouding xuetang zhangcheng*, 1b, 1904.

[54] Futami Takeshi, «Kyôshi Hôsei gakudô no Nihonjin kyôshû», 1988, p. 79.

classe préparatoire, et l'indispensable apprentissage du japonais. Le brillant parcours de Zhang Zongxiang, futur ministre de la Justice et ambassadeur au Japon sous le régime républicain, est représentatif de celui des premiers étudiants arrivés à Tokyo. Envoyé en 1898 au cours préparatoire de l'Académie Sino-japonaise (Nikka Gakudô 日華學堂) avec cinq autres élèves de l'École publique de Nanyang (Nanyang gongxue 南洋公學)[55], il s'inscrit ensuite comme la plupart de ses camarades dans une institution d'enseignement supérieur et devient, en 1903, le premier étudiant chinois diplômé en droit de l'Université impériale de Tokyo[56].

Cette situation incite deux membres actifs de la communauté étudiante de Tokyo, Fan Yuanlian 范源濂 (1872-1927) et Cao Rulin[57], à demander au recteur de l'Université Hôsei, Ume Kenjirô 梅謙次郎 (1860-1910), la création d'un cours accéléré en droit et administration (*fazheng sucheng ke* 法政速成科)[58]. Arrivés respectivement au Japon en 1899 et 1900, Fan et Cao déplorent l'absence de formations juridiques s'adressant aux étudiants chinois, sur le modèle des formations militaires ou normales. D'après Cao, seuls cinquante ou soixante étudiants chinois, sur les mille cinq cents présents au Japon en 1904, sont inscrits en droit en raison de l'obstacle de la langue japonaise. Cao et Fan soulignent qu'il est urgent de former des juristes qualifiés pour entreprendre les réformes institutionnelles en Chine. Ils trouvent en la personne de Ume Kenjirô un interlocuteur enthousiaste qui accepte aussitôt d'organiser un cours spécial d'une durée d'un an. Celui-ci commence en mai 1904 et, cautionné par les autorités Qing, devient rapidement le cours le plus fréquenté par l'élite bureaucratique et les notables chinois.

L'ouverture de ce cours est d'autant plus opportune que le débat, qui conduit à la décision des Qing en 1906 de mettre progressivement en place un régime constitutionnel, déclenche chez les élites provinciales et métropolitaines un véritable engouement en faveur des études de droit et

[55] Nguyen Tri, 1990, p. 181-182, p. 538.

[56] Sanetô, Keishû, 1981, p. 148; Abe, Hiroshi, 1990, p. 85.

[57] Fan Yuanlian, diplômé en études normales à l'Académie Kôbun (Kôbun gakuin 宏文學院), occupera à plusieurs reprises le poste de ministre de l'Éducation à partir de 1912. Cao Rulin, lui, diplômé en droit à l'Université Chûô, deviendra vice-ministre des Affaires étrangères au début de la République et sera dénoncé comme traître, lors du mouvement du 4 mai 1919, pour avoir négocié les vingt et une demandes avec le Japon, en 1915. Cao, pendant son séjour au Japon, participe à la diffusion des connaissances juridiques en Chine comme membre de l'Association de l'effort commun (Lizhi hui 勵志會) qui, de 1901 à 1903, publie le mensuel *Traductions et compilations* (*Yishu huibian* 譯書彙編). Les traductions sont faites à partir d'ouvrages occidentaux traduits en japonais et couvrent divers domaines, mais principalement le droit et la politique (vingt-six ouvrages sur soixante-six). *Ibid.*, p. 108-109.

[58] Cao Rulin, 1966, p. 25-26.

de sciences politiques. Liang Qichao avait suscité l'intérêt des élites urbaines pour les réformes constitutionnelles dès 1898 par ses articles parus dans le *Qingyi bao* puis dans les *Mélanges du peuple nouveau* (*Xinming congbao* 新民叢報), publiés tous deux au Japon. Mais il s'agit désormais d'être concrètement préparé pour les nouvelles opportunités de participation politique, c'est-à-dire d'avoir été formé aux concepts juridiques et politiques de l'Occident[59]. La cour reste pourtant réticente face à une large diffusion de ces connaissances. Un des articles du *Programme général de l'enseignement* (*Xuewu gangyao* 學務綱要), publié en 1904, précise bien que l'enseignement du droit et des sciences politiques est interdit dans les écoles privées[60].

> Aujourd'hui, les jeunes gens impétueux et écervelés et tous ceux qui parlent inconsidérément de droits du peuple, de liberté et de toutes sortes de théories déraisonnables ne savent en fait absolument pas ce que sont les connaissances occidentales ou les systèmes politiques de l'Occident. De plus, ils n'ont pas particulièrement lu d'ouvrages occidentaux. Ils gobent des opinions subjectives et s'enflamment pour des discours fallacieux. Ils aiment discuter de politique et de droit occidentaux et négligent les sciences de l'Occident; c'est là leur défaut, car les sciences sont basées sur des règles concrètes, alors que les discussions sur la politique et le droit peuvent facilement devenir du verbiage. S'attacher au concret et se garder des théories oiseuses, voilà le point essentiel pour éviter les problèmes et rectifier les moeurs. Les grands pédagogues du Japon partagent la même opinion. Ce présent règlement établit donc qu'en dehors de l'Université métropolitaine et des collèges publics fondés dans chaque capitale provinciale, tous les autres établissements doivent mettre l'accent sur deux orientations principales: l'enseignement général et professionnel. Aucune institution privée n'est autorisée à dispenser des cours spécialisés de politique et de droit afin d'éviter l'abus des fausses théories. Sous l'impulsion du surintendant des affaires d'éducation, chaque province doit procéder à des contrôles stricts et faire appliquer l'interdiction.

Les rapports du représentant plénipotentiaire de la Chine au Japon, Cai Jun 蔡鈞, expriment les mêmes craintes. En avril 1902, il envoie une missive confidentielle au ministère des Affaires étrangères demandant instamment d'arrêter l'envoi d'étudiants au Japon, car dès leur arrivée, «prétextant du droit de s'associer, ils propagent leurs opinions sur la liberté et, enivrés par le vent de la démocratie, sont de plus en plus attirés par les discours révolutionnaires». D'après lui, aucun bénéfice n'est à tirer d'un séjour dans ce pays:

[59] À propos de la relation entre la mise en place des instances représentatives et celle de formations juridiques, voir l'exemple du Zhili analysé par Hamaguchi Nobuko, «Shinmatsu Chokurei ni okeru shigikyoku to kengikai», 1985, p. 197-207.

[60] Zhang Baixi *et al.*, 1904, dans Taga, 1973, p. 216-217. Shu, Xincheng, 1961, p. 206.

> Au Japon, la vertu du peuple tombe en décadence, les moeurs sont dissolues, le gouvernement corrompu et l'empereur, placé inutilement au sommet, ne détient qu'un titre vide.[...] Ce que le Japon appelle «Restauration» n'est qu'une façade[61].

Yang Shu, qui succède au poste de Cai Jun en 1903, est par contre un fervent partisan du système japonais. Dans un mémoire de 1904, par lequel il recommande la mise en place du cursus de l'Université Hôsei, il plaide également en faveur de l'adoption du modèle politique Meiji:

> La Chine et le Japon appartiennent au même continent, et leurs formes de gouvernement comme le tempérament de leurs peuples se ressemblent. Au moment où nous élaborons les grandes lignes de la réforme, le plus commode est de prendre modèle sur le Japon. La France ou les États-Unis ont un gouvernement républicain dont la Chine ne peut absolument pas s'inspirer. Or les bases de l'État japonais reposent sur la voie des anciens sages chinois. Des réformes ont certes été accomplies pour que le pays ne soit pas anéanti par les puissances occidentales, et un régime constitutionnel a été choisi, qui protège le pouvoir de l'Empereur et consolide la volonté du peuple. Mais si on analyse le système politique japonais, on se rend compte que, bien que ses lois s'inspirent de celles de l'Angleterre, de l'Allemagne et des autres pays occidentaux, ses fondements en sont néanmoins toujours la voie des anciens sages chinois. La forme de gouvernement est stable et cela ne comporte que des avantages. Le Japon a réformé ses lois et ses institutions, mais pas son mode de gouvernement qui obéit aux instructions impériales. Actuellement on débat en Chine du choix des réformes à la japonaise; c'est un modèle qu'il faut impérativement suivre[62].

Yang Shu reprend le thème de la communauté culturelle, présent aussi bien dans les documents officiels chinois que dans les discours japonais; seul le système de gouvernement Meiji lui semble capable de garantir à la Chine un modèle de réforme réalisable. Pour cette raison, il estime que la formation au Japon des futurs hauts cadres du gouvernement est la mieux adaptée aux besoins de l'empire.

Particularités du cursus accéléré de l'Université Hôsei

Le recteur Ume Kenjirô conçoit un cours destiné à une élite et réunit sous sa direction un groupe de professeurs de renom. Il compare la

[61] Cité dans Yan Ansheng, 1991, p. 11.

[62] *Qing Guangxu chao Zhong Ri jiaoshe shiliao*, 1963, p. 1316, et *Guangxu chao Donghua lu*, 1958, p. 5286.

situation des étudiants qu'il est chargé de former avec celle des hauts responsables du gouvernement japonais au début de l'ère Meiji. Ceux-ci suivirent à l'époque les séminaires intensifs de juristes occidentaux, traduits parallèlement en japonais[63]. Ume, une autorité en droit civil au Japon qui obtint son doctorat de droit en France, cumule avec sa charge de recteur de Hôsei, le poste de professeur à la faculté de droit de l'Université impériale de Tokyo, l'institution académique la plus prestigieuse du Japon. Il invite une trentaine de collègues et de bureaucrates de la haute administration à assurer la formation des étudiants chinois. Les treize intervenants, indiqués ci-dessous avec leurs qualités respectives, donnent un aperçu de la composition du corps professoral[64].

Nom du professeur	Postes occupés en 1906	Enseignement effectué dans le cycle accéléré
Ume Kenjirô	Recteur de l'Université Hôsei, professeur à l'Université impériale de Tokyo	Introduction au droit Droit civil
Katô Shigeshi 加藤繁	Vice-directeur du cycle accéléré de l'Université Hôsei à partir de décembre 1906, puis professeur à l'Université impériale de Tokyo	Histoire économique
Matsuura Shigejirô 松浦鎮次郎	Conseiller au ministère de l'Éducation	Droit administratif
Shida Kôtarô 志田鉀太郎	Professeur à l'École supérieure de commerce de Tokyo et à l'Université impériale de Tokyo	Droit commercial
Minobe Tachikichi 美濃部達吉	Professeur à l'Université impériale de Tokyo	Droit constitutionnel
Okada Asatarô 岡田朝太郎	Professeur à l'Université impériale de Tokyo	Droit pénal
Onozuka Kiheiji 小野塚喜平次	Professeur à l'Université impériale de Tokyo, puis recteur de cette même université	Sciences politiques
Ogawa Shigejirô 小川滋次郎	Chef du service pénitentiaire au ministère de la Justice	Étude du système pénitentiaire

63 *HDSR*, p. 2.
64 *HDSR*, p. 91, 114-116, 254, 258.

Nom du professeur	Postes occupés en 1906	Enseignement effectué dans le cycle accéléré
Nakamura Shingo 中村進午	Professeur à l'École supérieure de commerce de Tokyo	Droit public international
Yamada Miyoshi 山田三良	Professeur à l'Université impériale de Tokyo	Droit privé international
Itakura Shôtarô 板倉松太郎	Juge à la Cour suprême	Droit des procédures civiles Droit des procédures pénales
Kanei En金井延	Professeur à l'Université impériale de Tokyo	Économie
Oka Minoru 岡實	Conseiller au ministère de l'Agriculture et du Commerce	Finances publiques

En 1906, quinze intervenants sur vingt-huit sont titulaires d'un doctorat en droit. Quatorze enseignants sont professeurs à la faculté de droit de l'Université impériale de Tokyo; à leurs côtés, trois conseillers ministériels, trois chefs de services, deux juges et un commissaire de police assurent des cours sur le droit administratif, l'organisation des prisons, des tribunaux, de la police, etc. Ume invite donc dans son programme non seulement des personnalités du monde académique, mais également des fonctionnaires dont les exposés sur les procédures et les pratiques administratives, fondés sur leur expérience professionnelle, complètent les cours théoriques des premières. Certains de ces intervenants développent par la suite des liens plus étroits avec la Chine. Ainsi, Okada Asatarô (1868-1936), Ogawa Shigejirô (1862-1925) et Shida Kotarô (1868-1951) deviennent conseillers auprès du gouvernement des Qing, grâce en partie à la réputation acquise auprès de leurs étudiants. Ils seront engagés comme experts juridiques par les autorités chinoises respectivement en 1906 et en 1908 pour les deux derniers; le premier pour la compilation d'un code pénal moderne, le second pour la rédaction des règlements du système pénitentiaire et le troisième, pour la préparation d'un nouveau code commercial[65].

D'autres universités à Tokyo organisent des cursus basés sur les mêmes matières, parfois avec les mêmes enseignants, mais leurs cycles d'étude

[65] Reynolds, 1987, p. 127. Reynolds, 1993, p. 176, 183-185.

diffèrent de celui de l'Université Hôsei. L'Université Tôyô (Tôyô daigaku 東洋大學) propose en 1906 une option droit et administration parmi ses quatre cours accélérés de spécialités différentes. Cette option connaît un certain succès, puisqu'en 1907 cent cinquante diplômés sur un total de trois cent vingt (soit une proportion de 47%) le sont dans cette option. Cependant le cycle ne dure que huit mois, or 1906 est l'année où le gouvernement des Qing décide de suspendre l'envoi d'étudiants pour tout cursus de moins de trois ans (avec l'exception temporaire de la cinquième promotion de l'Université Hôsei[66]). Le cours s'achève donc définitivement en 1907 après avoir complété un seul cycle[67]. L'Université Waseda, fondée par l'homme d'État Ôkuma Shigenobu, jouit d'une excellente réputation auprès des autorités chinoises et dispense également un enseignement en droit. Cependant, Aoyagi Atsutsune 青柳篤恒 (1877-1961), le directeur du Département des étudiants chinois (Shinkoku ryûgakusei bu 清國留學生部)[68], s'oppose à la formule des cours accélérés qu'il considère comme une «formation gaspillage» (*ran kyôiku* 濫教育)[69]. Il met en place un cycle d'étude qui s'étend sur trois ans: la première année consiste en l'apprentissage de connaissances générales et du japonais, et les deux suivantes en cours spécialisés. Au départ, l'option droit, politique et finances représentait l'une des trois spécialités proposées, avec les études commerciales et normales; mais une baisse imprévue des effectifs conduit à réduire les spécialités aux études normales, et à orienter ceux qui choisissent le droit vers le cursus universitaire en compagnie des étudiants japonais[70]. Le corps enseignant compte également des noms prestigieux, comme celui du spécialiste en droit international Ariga Nagao 有賀長雄 (1860-1921), employé comme conseiller par Yuan Shikai en 1913[71], ou encore celui de l'expert en droit pénal Okada Asatarô, également intervenant à Hôsei[72]. Le cycle d'étude est cependant bien plus long que celui de l'Université Hôsei. Les universités Meiji, Chûô et Nihon, comme Waseda, ne proposent que des cursus de droit, économie et finances, en trois ans.

[66] Huang Fuqing, 1975, p. 91.

[67] Abe Hiroshi, 1990, p. 90-91.

[68] Celui-ci, au cours de ses cinq années de fonctionnement (1905-1910), accueille environ deux mille étudiants. Huang, *op. cit.*, p. 140; Abe, *op. cit.*, p. 88-90.

[69] Aoyagi utilise cette expression dans un article du *Tokyo Asahi Shinbun* 東京朝日新聞 intitulé: «Le problème des étudiants chinois au Japon» («Shina ryûgakusei mondai» 支那留學生問題), critiquant les formations accélérées. Un passage de l'article est reproduit dans Abe Hiroshi, 1990, p. 86-87.

[70] *Ibid.*, p. 85-86.

[71] Li, 1998, p. 80, 85.

[72] *Waseda daigaku seihô risaika kôgi*, 1 (sept.1906).

Pour ces diverses raisons, le cours accéléré organisé par Ume Kenjirô connaît un succès croissant au fil des cinq promotions qui se succèdent de 1904 à 1908. Son programme complet, mais court, séduit un public largement composé de fonctionnaires en stage et de notables lettrés, titulaires des examens mandarinaux. L'université reçoit de plus la charge de former la dernière promotion de l'Institut des docteurs en novembre 1906. Après l'abolition des examens mandarinaux en 1905, cet établissement prend le nom d'Institut de droit et de politique de Pékin (Jingshi fazheng xuetang 京師法政學堂) et, en 1906, au moment où s'opère cette mutation, les stagiaires sont envoyés à l'Université Hôsei pour achever leur formation[73]. Ils sont quatre-vingt-quinze au total: trente-sept s'inscrivent dans un cours complémentaire d'un an, et les cinquante-huit restants, dans la formation accélérée en dix-huit mois[74]. Le haut niveau d'études classiques d'une proportion importante des étudiants a pour conséquence une moyenne d'âge élevée. Celle-ci se situe entre 28 et 30 ans; les plus âgés atteignent 40 ans et les plus jeunes n'ont que 20 ans[75]. L'Université Hôsei se distingue également par le grand nombre de boursiers qu'elle accueille, alors que ces derniers ne représentent plus qu'une minorité des étudiants chinois au Japon à partir de 1905. Les tournées de promotion en Chine du recteur Ume Kenjirô auprès des hauts fonctionnaires chinois favorisent ce développement. Le cursus bénéficie aussi, dès sa création, du soutien des autorités chinoises au Japon qui le recommandent aux administrations provinciales, responsables de l'attribution des bourses. La plupart des fonctionnaires-stagiaires, et en particulier ceux de l'Institut des docteurs, sont également envoyés aux frais de l'État ou des provinces. Dès la deuxième promotion du cours accéléré, les cent quatre-vingt-trois boursiers (sur deux cent soixante-treize inscrits) représentent 67% des effectifs[76] et ils restent majoritaires dans les promotions suivantes[77].

La politique d'allocation de bourses est principalement soutenue par les gouverneurs généraux des provinces côtières et de la vallée du Yangzi, promoteurs les plus actifs des études à l'étranger. Leur influence est déterminante dans la décision que prennent leurs administrés de partir, comme le démontrent les origines des étudiants du cours accéléré[78].

[73] Abe Hiroshi, 1990, p. 176-179.
[74] *HDSR*, p. 148.
[75] *Ibid.*, p. 166-186.
[76] *Ibid.*, p. 263.
[77] *Ibid.*, p. 14.
[78] Voir les listes nominales des étudiants de l'Université Hôsei, sur lesquelles figure également leur origine, dans *ibid.*, p. 136-140, 144-147, 149-159.

Répartition des étudiants chinois de l'Université Hôsei par promotion (A à F) et selon leur origine provinciale

Provinces	A 1905	B 1906	C 1906	D 1907	E 1908	F* 1907	Total	%
Hubei	32	16	10	50	40	3	151	14
Hunan	18	13	16	36	57	1	141	13
Jiangsu	8	45	2	25	32	7	119	11
Zhejiang	0	39	2	17	22	7	87	8
Guangdong	1	35	4	11	10	13	74	7
Zhili	1	31	6	10	24	4	76	7
Sichuan	2	11	5	17	40	4	79	7
Fujian	0	9	4	9	38	3	63	6
Anhui	2	11	3	9	21	2	48	4
Shandong	0	2	5	20	9	1	37	3
Autres	5	29	19	34	92	35	214	20
Effectif total	69	241	76	238	385	80	1089	100

* F correspond au cours complémentaire d'un an créé en 1906.

Les étudiants en provenance des provinces maritimes et de la vallée du Yangzi représentent en effet 80% des effectifs totaux. Cette distribution reflète d'ailleurs assez fidèlement la répartition d'ensemble des étudiants chinois au Japon[79].

[79] Les résultats suivants d'une enquête effectuée en février 1907 par le Foyer des étudiants chinois (Shinkoku ryûgakusei kaikan 清國留學生會館) à Tokyo, parue dans la revue *Débat sur l'éducation* (*Kyôiku jiron* 教育時論) d'août 1907 sont reproduites dans *ibid.*, p. 197. L'échantillon de deux mille sept cent cinquante-deux personnes sur lequel porte l'enquête représente environ 40% des quelques sept mille étudiants alors présents au Japon.

Origine provinciale des étudiants chinois au Japon

Province	Nombre d'étudiants	% du total
Shanxi	508	18,5
Hunan	363	13,2
Hubei	341	12,4
Sichuan	321	11,7
Jiangsu	280	10,2
Zhejiang	191	6,9
Guangdong	175	6,4
Zhili	172	6,2
Yunnan	126	4,6
Anhui	84	3
Shandong	60	2,2
Jiangxi	52	1,9

Les bourses provinciales ou allouées par le gouvernement central représentent une somme annuelle de quatre cents yen[80], qui permet aux boursiers de mener à Tokyo un train de vie tout à fait confortable. En effet, un étudiant du cours accéléré peut financer ses études (soixante-quatorze yen pour les dix-huit mois), son logement et son alimentation, avec un budget annuel d'environ deux cent trente yen[81]. Le cours de l'Université Hôsei se situe même parmi les moins onéreux. Ainsi, une année de scolarité, pension et logement compris, dans les cycles accélérés de formation normale (*sokusei shihan ka* 速成師範科) ou de police (*sokusei keimu ka* 速成警務科)[82] de l'Académie Kôbun (Kôbun gakuin 宏文學院), la plus importante institution réservée aux étudiants chinois[83], coûte trois cents yen[84]. Quant à la formation militaire en quinze mois de l'École Shinbu (Shinbu gakkô 振武學校), réservée à partir de 1903 aux étudiants boursiers pour préparer l'admission à l'Académie militaire, son coût est de deux cent cinquante à trois cents yen[85].

Malgré le haut niveau d'études de ses étudiants chinois, le cycle accéléré de Hôsei n'échappe pas à un problème qui affecte également les autres formations japonaises: un fort taux d'abandon. Celui-ci atteint en moyenne 37,6%, avec de fortes variations d'une promotion à l'autre (de 26 à 62%). Environ mille neuf cent quarante-huit candidats se sont inscrits dans le cursus, mais l'université ne délivre pour l'ensemble des promotions du cycle accéléré «que» mille deux cent quinze diplômes.

Province	Nombre d'étudiants	% du total
Guizhou	38	1,4
Guangxi	26	0,9
Henan	12	0,4
Shaanxi	3	0,1
Total	2752	100

Les origines provinciales sont à peu près les mêmes que pour les étudiants de l'Université Hôsei, à l'exception du Shanxi et du Yunnan. Ces chiffres confirment la place prépondérante des régions de la vallée du Yangzi et de la façade maritime.

[80] Huang Fuqing, 1975, p. 285. Les étudiants des universités publiques, eux, reçoivent des bourses qui s'élèvent à cinq cents yen par an.

[81] *HDSR*, p. 10-11, 51, 258.

[82] Abe Hiroshi, 1990, p. 72, 77.

[83] Ils étaient au nombre de mille six cent quinze en 1906.

[84] Huang Fuqing, 1975, p. 124.

[85] La somme de deux cent cinquante yen est une estimation donnée par Kobayashi Tomoaki, «Shinbu gakkô to ryû Nichi Shingoku rikugun gakusei», dans Shingai kakumei kenkyukai (éd.), 1985, p. 283. Celle de trois cents yen est donnée dans Huang, Fuqing, 1975, p. 131.

L'Université Hôsei reste néanmoins l'institution japonaise qui forme le plus grand nombre d'étudiants chinois dans la spécialité «droit et administration» au début du XXe siècle. La faveur dont jouit le cours est telle que le gouvernement des Qing recommande même aux instituts de formation des fonctionnaires de prendre modèle sur son organisation[86]. Ce succès représente un ballon d'oxygène pour les finances de l'Université Hôsei qui, déficitaire depuis 1902, devient bénéficiaire grâce à son cours accéléré[87]. Il suscite même des soupçons quant à l'orientation que prend l'institution puisqu'en 1905, le recteur Ume se sent obligé de réfuter l'accusation que Hôsei soit devenue une entreprise à générer du profit[88].

Organisation des cours

Le cursus accéléré de Hôsei, prévu au départ en un an, est étendu à dix-huit mois dès la deuxième promotion (octobre 1904) pour mieux tenir compte de la durée impartie à la traduction[89]. L'organisation des études est remaniée trois fois jusqu'en 1908. La répartition des cours se fait d'abord sur trois semestres, puis une ultime transformation est adoptée en novembre 1905. Le cycle est alors divisé en deux départements: droit et sciences politiques. Le cursus, toujours d'une durée de dix-huit mois pour chacun des deux départements, se divise en deux périodes de neuf mois, et non plus en trois semestres. Les changements de programme consistent en une réduction des heures d'histoire et de géographie (ces deux matières ne sont plus enseignées que dans le département de sciences politiques) et en l'addition de deux nouveaux cours: droit des faillites et droit constitutionnel[90]. L'introduction de ce dernier répondant aux exigences de l'évolution politique chinoise. Cette nouvelle organisation ne s'applique finalement qu'à la cinquième et dernière promotion qui, en

[86] Wu Tingfang et Shen Jiaben, responsables du Bureau de révision des Lois, et chargés de compiler les nouveaux codes législatifs sont confrontés, dans leur tâche, à la carence de personnel qualifié. Ils recommandent donc, dans un premier temps, l'établissement de cycles courts, sur le modèle de celui destiné aux étudiants chinois à l'Université Hôsei, dans les instituts de formation des fonctionnaires en province. *Da Qing Guangxu xin faling* 大清光緒新法令 (Nouvelles lois et décrets du règne Guangxu des Qing), dans Taga Akigorô, 1972, p. 520.

[87] *HDSR*, p. 260-261.

[88] «Laver la formation accélérée de droit et administration de soupçons injustifiés《法政速成科の冤を雪ぐ》», ***Hôgaku shirin***《法學志林》, (La Gazette du droit), 1905, reproduit dans *HDSR*, p. 99-104.

[89] Ce travail d'interprète est accompli la première année par Fan et Cao. Par la suite, il continuera à être confié à des étudiants résidant au Japon depuis plus longtemps, *ibid.*, p. 3, 6, 257.

[90] *Ibid.*, p. 9.

raison de la grève déclenchée contre les règlements de contrôle du ministère de l'Éducation japonais, ne fait sa rentrée qu'en octobre 1906. Par ailleurs, à partir d'août 1905, un cours optionnel de six mois permet aux étudiants de s'initier aux théories et pratiques des techniques bancaires.

Le programme suivi par le plus grand nombre, celui des trois promotions qui se succèdent d'octobre 1904 à mai 1907, se déroule sur un cycle comprenant trois semestres distincts, avec vingt-quatre heures de cours par semaine, traduction incluse. De nouvelles matières sont introduites par rapport au premier programme réparti sur deux semestres: histoire de l'Occident, géographie politique, sciences politiques et administration de la police. L'emploi du temps hebdomadaire pour chaque semestre se compose de la façon suivante[91]:

Intitulé du cours	nombre d'heures de cours par semaine
Premier semestre	
Introduction au droit et au droit civil	5
Législation nationale	5
Droit pénal	3
Économie	4
Histoire de l'Occident	5
Géographie politique	2
Total	**24**
Deuxième semestre	
Droit civil	4
Droit administratif	6
Droit pénal	3
Droit international public	4
Organisation judiciaire et procédures en droit civil	3
Sciences politiques	4
Total	**24**
Troisième semestre	
Droit civil	5
Droit commercial	6
Droit international privé	3
Procédures en droit civil	4
Finances publiques	4
Administration de la police et système pénitentiaire	2
Total	**24**

[91] *Ibid.*, p. 7.

Le programme se compose aux deux tiers de matières juridiques proprement dites, avec une emphase importante en droit civil, spécialité du recteur Ume Kenjirô, qui représente un tiers du volume horaire global. Les matières de sciences humaines, économiques, politiques ou administratives, telles l'histoire, les finances, l'administration de la police, etc. représentent un autre tiers du programme.

À partir de février 1905, une transcription des cours en chinois est publiée deux fois par mois[92]. D'autres universités éditent également de telles transcriptions pour leurs étudiants chinois. Les *Manuels de la section de Politique, droit et finances de l'Université Waseda* (*Zaodaotian daxue Zhengfa licai ke jiangyi* 早稻田大學政法理財科講義) sont même distribués en Chine par la Commercial Press (Shangwu yinshuguan 商務印書館) de Shanghai. D'une institution à l'autre, les cours sont souvent dispensés par les mêmes enseignants pour un public de niveau équivalent; les transcriptions du cursus concurrent de l'Université Waseda permettent donc d'avoir un aperçu du contenu et de la méthodologie pédagogiques de matières également enseignées à l'Université Hôsei. Ainsi, dans son cours «Introduction au droit pénal» (Xingfa zonglun 刑法總論) à Waseda, Okada Asatarô commence par donner une définition du droit pénal et de ses procédures, puis décline l'expression «droit pénal» en différentes langues européennes. Il poursuit avec un bref historique des droits pénaux chinois, occidentaux et japonais, et conclut par un chapitre théorique sur les bases du pouvoir pénal de l'État[93]. Son collègue Ariga Nagao, dans un exposé intitulé «Le Droit de la nation» (Guofaxue 國法學), analyse de son côté les fondements du droit chinois et en retrouve les racines dans l'Antiquité. Plus loin, il illustre la différence entre les notions de peuple et de nation par des exemples connus de ses étudiants: tels les rapports entre le Tibet et la Chine ou Taiwan et le Japon[94]. Ces deux exposés signalent les allusions fréquentes que font les enseignants à la situation de la Chine et à sa culture. Les juristes japonais ont généralement de solides connaissances en études classiques chinoises (*kangaku* 漢學) et bâtissent leur cours sur une base comparative. La mise en parallèle de certains aspects de la civilisation ou du droit chinois avec des notions de l'Occident permet au public chinois de mieux appréhender les spécificités juridiques occidentales. Cette familiarité avec la culture classique qu'ils partagent avec leurs étudiants est indissociable de la

[92] *Fazheng sucheng ke jiangyi lu* 《法政速成科講義錄 *(Manuel du cursus accéléré en droit et administration)*, *ibid.*, p. 93-94, 121.

[93] *Zaodaotian daxue zhengfa licai ke jiangyi,* (sept. 1906), p. 1-9 (pagination multiple).

[94] *Ibid.*, p. 1-28 (pagination multiple).

compréhension du chinois écrit. Cet avantage, qui distingue les enseignants japonais de leurs collègues occidentaux, est souvent souligné par les autorités chinoises qui les emploient dans leurs nouvelles institutions éducatives. Il leur permet de communiquer par écrit avec les étudiants et de corriger directement leurs copies. L'apprentissage du japonais n'est en effet pas considéré comme une priorité par les candidats du cycle accéléré de Hôsei. Des cours optionnels de langue sont organisés parallèlement aux matières principales[95] mais seuls vingt-six étudiants sur trois cent quatre-vingt-dix y sont inscrits pour l'année 1906[96].

L'aspect théorique de la formation est complété par des cours plus directement liés à la pratique administrative, dispensés par des personnalités extérieures: chefs de service ministériel, juges ou commissaires. Des visites sont aussi prévues, non seulement dans diverses administrations, tribunaux, prisons..., mais aussi dans des entreprises et usines[97].

Chaque semestre est sanctionné par une session d'examens qui se déroule sur une semaine. Les épreuves portent sur huit à dix matières et les sujets consistent en questions de cours, définitions, ou encore dissertations. Les thèmes suivants, proposés au cours des différentes sessions de l'année 1906, soulignent le large éventail de connaissances assimilées pendant les dix-huit mois de la formation [98].

Matière	Sujet d'examen
Droit, généralités	– Disserter sur les avantages et inconvénients de la loi écrite et de la loi coutumière.
Droit civil	– Expliquer le concept du droit de propriété. – Quels sont les droits du garant lorsque le créditeur se retourne contre lui?
Droit commercial	– Expliquer les effets de l'enregistrement de la raison sociale d'une entreprise. – Expliquer les différences entre compensation pour dommages et assurance vie.
Droit pénal	– Définir le délit de vol. – Quelle est la différence entre le crime qualifié d'homicide avec préméditation et celui d'homicide par coups et blessures.

[95] *HDSR*, p. 104.
[96] *Ibid.*, p. 44.
[97] *Ibid.*, p. 129, 131, 132.
[98] *Ibid.*, p. 105-111.

Matière	Sujet d'examen
Procédure judiciaire	– Pourquoi existe-t-il différents degrés de juridiction?
Étude des prisons	– Quelles sont les relations entre le crime et la civilisation? – Quels sont les différents systèmes pénitentiaires? Donner leurs avantages et inconvénients respectifs.
Finances	– Donner les propriétés respectives des taxes sur la consommation directe et indirecte illustrées de deux ou trois exemples chacune.
Économie	– Quels sont les points forts de la société par actions? – Pourquoi la production de monnaie par des personnes privées est-elle interdite?
Sciences politiques	– Quelle est la différence entre l'entité nationale et l'entité politique? – Quelle est l'importance de l'opinion publique en politique?
Histoire occidentale	– Quelles sont les origines de la Révolution française?
Géographie politique	– Quels sont les territoires respectifs de l'Angleterre et de la Russie en Asie? – Pourquoi l'Angleterre doit-elle développer sa marine?

Dès la première session, Ume Kenjirô s'émerveille des résultats de ses étudiants: «Ils peuvent être comparés aux meilleurs étudiants de l'Université impériale. Je suis vraiment stupéfait d'avoir pu déceler de tels talents dans un cycle d'étude si court et accéléré[99].» D'après lui, ces résultats s'expliquent par l'exigence, à l'inscription, d'un certificat de niveau délivré par la légation chinoise de Tokyo, et par la présence de nombreux titulaires du degré de docteur. Cependant, les majors de la première promotion sont les représentants de deux groupes que tout oppose: le *zhuangyuan* 狀元[100] Xia Tonghe 夏同龢 (1868-?), déjà bien établi dans la haute administration, obtient à 37 ans le diplôme du cours accéléré avec les honneurs, et le jeune Wang Jingwei, membre de la Ligue jurée, futur dirigeant de l'aile gauche du Parti nationaliste puis du gouvernement collaborateur de Nankin (1940-1944), se distingue à 22 ans dans les épreuves du second semestre avec des notes qui se situent toutes entre quatre-vingt-dix et cent, la note maximale.

Malgré ces résultats et la réputation du cursus, à partir de 1906 la formule des cours accélérés n'a plus la faveur des autorités

[99] *Hôgaku shirin*, oct. 1905, reproduit dans *ibid.*, p. 259.
[100] Appellation réservée au meilleur candidat de l'examen métropolitain.

chinoises[101]. Lorsque Ume Kenjirô rencontre en Chine, au cours de l'été 1906, les principaux promoteurs des études au Japon, tels Zhang Zhidong ou Yuan Shikai, ceux-ci lui recommandent l'organisation de cycles d'études longs. À son retour, Ume décide donc de mettre en place un cursus général (*futsû ka* 普通科) de deux ans permettant l'acquisition de connaissances de base, avant l'inscription dans une formation spécialisée. Ce cours est inauguré en septembre 1907 et offre le programme suivant: morale, japonais, langue étrangère, histoire, géographie, mathématiques, histoire naturelle, sciences, droit, sciences politiques, économie, dessin, chant et gymnastique[102]. D'autres initiatives tendent à rallonger la durée des études. Les diplômés du cycle accéléré ont la possibilité, dès 1906, d'intégrer directement la deuxième année du cycle universitaire spécialisé, en trois ans, ou bien de s'inscrire à une formation complémentaire d'un an, comprenant des cours de droit (civil, commercial, constitutionnel, administratif, pénal, droit des faillites), d'économie, de finances publiques et d'histoire diplomatique[103].

Les restrictions du gouvernement chinois ne concernent pas uniquement les étudiants des cursus accélérés, mais également les désormais trop nombreux diplômés des facultés de droit privées japonaises. À partir de 1908, une présélection leur est imposée avant le passage de l'examen réservé aux diplômés de l'étranger. Ces candidats doivent subir un examen préliminaire de connaissances générales et de japonais s'ils n'ont pas suivi une scolarité dans un établissement secondaire[104]. Les conditions requises pour ceux qui partent au Japon suivre les formations de droit sont: d'être âgé de plus de 25 ans, d'avoir un excellent niveau de culture chinoise et de justifier d'une expérience dans le milieu académique ou politique. Ces conditions, nécessaires pour l'obtention de la recommandation du superviseur, ne s'appliquent cependant pas aux candidats fonctionnaires[105]. Les institutions japonaises subissent de plein fouet les conséquences de ces diverses mesures. Seuls quatre-vingt-quatre étudiants s'inscrivent en 1907 dans le cursus général de l'Université Hôsei, alors qu'ils étaient huit cent quarante-neuf inscrits en 1906 dans la dernière

[101] En août 1906, le gouvernement chinois décide d'arrêter l'envoi d'étudiants en cours accéléré. Ces cycles sont supprimés en 1907 par les écoles japonaises qui décident d'étendre leur cursus à trois ans au minimum. Sanetô Keishû, 1981, p. 530.
[102] *HDSR*, p. 13-15, 257.
[103] *Ibid.*, p. 82, 257.
[104] Huang Fuqing, 1975, p. 73.
[105] *Ibid.*, p. 86.

promotion du cursus accéléré. Celui-ci est supprimé en 1908, mais l'université compte toujours quatre cent cinquante-neuf étudiants chinois parmi ses effectifs, répartis dans divers cursus[106]. Malgré le durcissement de la réglementation, les formations juridiques continuent à attirer les étudiants chinois. En juillet 1909, d'après la *Revue de l'enseignement (Jiaoyu zazhi* 教育雜誌), parmi les cent trente-quatre diplômés de l'Université Meiji, cent neuf étaient inscrits en droit[107].

Formation juridique et carrière

Les dictionnaires biographiques des personnalités chinoises compilés par les Japonais regroupent une proportion importante d'anciens étudiants des institutions japonaises, en particulier, le *Dictionnaire biographique des fonctionnaires et notables de la fin de la dynastie Qing et du début de la République* (*Shin matsu Minsho Chûgoku kan shin jin mei roku* 清末民初中國官紳人名錄) qui, publié en 1915, présente de courtes notices sur quatre mille quatre cent quarante-trois personnalités chinoises (dont un cinquième, soit neuf cent quatre-vingt entrées, sont des militaires). Ceux qui ont étudié dans l'archipel représentent un groupe de mille deux cent trois personnes, soit 27% des individus recensés. Dans ce groupe, des notices concernent les diplômés en droit, ce qui permet de suivre l'évolution d'une partie de leur carrière. Sur l'ensemble des anciens étudiants au Japon, cinq cent seize ont suivi des cours de droit, dont trois cent trente-six à l'Université Hôsei. Un sous-groupe de cinq cent trois personnes, soit 41,8% de l'ensemble des anciens *youxuesheng*, comprenant en grande partie les précédents, mais également des anciens étudiants dont le domaine d'étude n'était pas précisé, ont poursuivi une carrière de magistrat, d'homme politique ou d'enseignant, exerçant fréquemment dans les facultés de droit ou dans les collèges spécialisés et professionnels. On trouve également trois cent quatre-vingt diplômés en droit dans l'administration centrale ou provinciale, occupant divers postes de nature juridique ou non.

Parmi les mille six cent dix-neuf anciens étudiants recensés dans l'*Annuaire des personnalités chinoises ayant étudié au Japon* (*Nihon ryûgaku Shina yôjinroku* 日本留學支那要人錄) publié en 1942, la proportion de ceux qui ont suivi des cours de droit et administration atteint presque 30%. Ceux-ci jouent un rôle de premier plan dans les nouvelles institutions politiques et juridiques de la République: sous la présidence

106 *HDSR*, p. 261.
107 *Jiaoyu zazhi*, 7 (1909), p. 51.

de Yuan Shikai, parmi les deux cent soixante-six membres du Sénat et cinq cent soixante-neuf membres de la Chambre des représentants, plus de deux cent cinquante-huit ont étudié au Japon, soit 31% de l'ensemble de ces élus. D'autre part, soixante-neuf des quatre-vingt-dix membres du Comité pour la rédaction de la Constitution, dont six des huit directeurs du Comité, sont des diplômés du Japon[108].

Reflet à l'échelle individuelle de l'instabilité politique de l'époque, les multiples parcours retracés dans ces notices font souvent apparaître un chevauchement ou un entrecroisement de plusieurs professions menées de front ou en succession: enseignant, homme politique et avocat; ou fonctionnaire et enseignant; ou enseignant, journaliste et homme d'affaires, etc. Le développement du métier d'enseignant, très répandu, correspond à celui des nouvelles institutions éducatives. Les anciens étudiants du Japon exercent presque tous ce métier à une étape ou une autre de leur carrière, le plus souvent au retour du Japon, certains plus tardivement. Ainsi Shen Junru, un *jinshi* de l'ancien système, membre de la Ligue jurée au Japon, occupe d'abord la fonction de secrétaire général du gouvernement provincial du Zhejiang, puis devient recteur de l'École de droit de Shanghai, avant d'entamer une carrière d'avocat et d'homme politique.

Les formations en droit dispensées au Japon, comme celle organisée par l'Université Hôsei, convenaient surtout pour répondre à l'urgence de la demande chinoise, et former rapidement les futurs cadres juridiques responsables de l'application des réformes. Ces cursus péchaient principalement par leur superficialité. Ainsi, le juriste Ariga Nagao qui enseignait aux étudiants chinois de l'Université Waseda estima, après son expérience de conseiller auprès de Yuan Shikai, que les diplômés des universités japonaises devenus parlementaires manquaient d'expérience politique et se contentaient de réciter ce qu'ils avaient appris au Japon[109]. Le recteur de l'Université de Pékin, Cai Yuanpei 蔡元培 (1868-1940), se plaignait en 1918 des difficultés à mettre sur pied un troisième cycle dans la faculté de droit, car il ne parvenait pas à recruter de juriste chinois ayant des qualifications académiques adéquates[110]. La formation de nombreuses promotions au Japon en huit à trente-six mois a certainement retardé l'apparition d'une génération de juristes chinois aussi qualifiés dans le domaine du droit occidental que leurs homologues japonais.

[108] Li, 1998, p. 80, 85.
[109] *Dongfang zazhi,* 10.1 (1 juillet 1913), p. 27
[110] Sun, 1986, p. 372.

Ces formations contribuèrent néanmoins à une large diffusion des connaissances et du vocabulaire juridiques en Chine. L'enseignement des nouveaux concepts introduits de l'Occident se faisait en langue chinoise, par des professeurs connaissant eux-mêmes la civilisation et le droit chinois, et leur pédagogie se fondait sur une méthode comparative des aspects du droit en Chine et en Occident. Les anciens diplômés de retour sur le continent non seulement occupèrent des positions importantes sur la scène politique, au sein de l'administration ou dans le domaine des réformes juridiques, mais surtout, ils transmirent leurs connaissances en enseignant dans les nombreux collèges de droit et administration fondés à travers toute la Chine à partir de 1907.

L'ENSEIGNEMENT DES SCIENCES À L'UNIVERSITÉ DE PÉKIN, 1898-1911

Marianne Bastid-Bruguière

Les lettrés qui appelaient à la réforme de l'empire, après la défaite par le Japon en 1894, considéraient que la clé du redressement national était une transformation radicale de ce qu'ils appelaient «l'étude» (*xue* 學), c'est-à-dire à la fois le système des connaissances et la méthode de formation. Comme l'écrivait Liang Qichao 梁啓超 (1873-1929): «Le fondement de la réforme, c'est l'éducation d'hommes compétents; pour qu'abondent les hommes compétents, il faut ouvrir des écoles.» (*bianfa zhi ben, zai yu rencai, rencai zhi xing, zai kai xuexiao* 變法之本, 在育人才, 人才之興, 在開學校)[1]. La création de l'Université de Pékin, pendant la réforme des Cent Jours de 1898, procède de cette réflexion.

Les travaux historiques sur l'Université de Pékin avant la révolution de 1911, c'est-à-dire dans la période où l'établissement portait le nom de Jingshi daxuetang 京師大學堂, «Université métropolitaine», ont examiné l'enseignement des Classiques et de la littérature ancienne, l'introduction de l'étude du droit et de la science politique, la manière dont la formation universitaire s'était séparée du système des examens et avait donné naissance à un nouvel esprit académique[2]. Mais ces recherches, préoccupées surtout de mettre en lumière «la lutte prolongée entre savoir chinois et savoir occidental, entre concours mandarinaux et écoles»[3], ont prêté peu d'attention à l'enseignement des sciences dans la nouvelle université.

Pourtant, la place des sciences dans le système et la diffusion des connaissances est un critère essentiel de l'accès à la modernité, et donc de la portée réelle de la réforme tentée en 1898. C'est précisément sur cette question que le présent article voudrait apporter quelques éléments d'analyse. Il étudie d'une part la place faite aux sciences dans les textes et règlements concernant la fondation de l'Université, d'autre part la pratique de l'enseignement scientifique dans cet établissement, pour essayer

[1] Liang Qichao 梁啓超: «*Bianfa tongyi*» 變法通議 (Proposition générale pour la réforme), *Shiwu bao* 時務報 (Journal de l'actualité), n°3, 29 août 1896.

[2] Voir Zhuang Jifa 莊吉發, 1970; Xiao Chaoran 蕭超然等 *et al.*, 1981.

[3] Xiao Chaoran *et al.*, 1981, p. 1.

d'interpréter les caractéristiques des études scientifiques dans l'Université impériale à la fin des Qing. Dans quelle mesure l'introduction des sciences à l'Université s'est-elle effectuée vraiment en rupture avec toutes les conceptions du savoir qui régissaient alors l'éducation dans l'esprit des lettrés? Telle est l'interrogation à laquelle on a cherché réponse.

Un savoir universel constitué d'une diversité de disciplines

Dans les préfigurations de l'Université de Pékin, la Qiangxuehui 強學會 (Société d'étude du renforcement), créée à Pékin en 1895, et le Jingshi guanshuju 京師官書局 (Bureau métropolitain des livres), qui lui succéda en 1896, les sciences étaient présentes parmi les connaissances universelles que ces institutions offraient au public. Des ouvrages, des appareils scientifiques et des spécimens d'histoire naturelle avaient été acquis; des experts comme Timothy Richard (1845-1919), Gilbert Reid (1857-1927), Young John Allen (1836-1907) étaient invités à donner des conférences sur les questions scientifiques. Le règlement du Bureau métropolitain des livres, soumis au trône par Sun Jianai 孫家鼐 (1827-1909) le 24 mars 1896, plaçait l'étude de l'agronomie, des arts industriels et de la topographie (*nongwu, zhizao, cesuan zhi xue* 農務，製造，測算之學) sur le même plan que celle du droit ou du commerce (*lüli, gongfa, shangwu* 律例，公法，商務). Le laboratoire (*youyiyuan* 游藝院) où les lettrés pourraient «s'imprégner l'esprit et essayer de leurs mains, faire des expériences et des recherches» (*xin mo shou shi, kaoyan yanqiu* 心摹手試，考驗研求), grâce à tous les appareils de chimie, d'électricité, d'optique et aux collections de minéralogie, botanique et zoologie mis à leurs disposition, était aussi important que la bibliothèque (*cangshuyuan* 藏書院), où étaient disponibles les ouvrages anciens et modernes relatifs à l'art de gouverner[4]. Cependant, durant leur brève existence, la Société d'étude du renforcement ainsi que le Bureau métropolitain des livres portèrent leur effort principal sur le développement du débat politique, plutôt que sur l'initiation du public lettré à la culture scientifique.

Le mémoire de Li Duanfen 李端芬 (1833-1907) du 12 juin 1896 demandant la création d'une université à Pékin proposait qu'un certain nombre de matières scientifiques «secondent» (*fu* 輔) l'étude des Classiques, de l'histoire, des philosophes et des institutions. Parmi ces

[4] Mémoire portant le règlement d'ouverture du Bureau métropolitain des livres, Shen Tongsheng 沈桐生, 1909, 22/1.

matières étaient énumérées des sciences et des techniques telles que l'astronomie, la géographie, les mathématiques, les sciences naturelles, les procédés industriels, la sériciculture, la minéralogie, (*tianwen* 天文, *yudi* 輿地, *suanxue* 算學, *gezhi* 格致, *zhizao* 製造, *nongsang* 農桑, *kuang* 礦), mais aussi «l'art militaire, l'actualité et les relations internationales» (*bing* 兵, *shishi* 時事, *jiaoshe* 交涉)[5]. Cette énumération hétéroclite définissait en fait le contenu des «études occidentales» (*xixue* 西學) qui devaient constituer, en complément (*fu* 輔) des «études chinoises» (*zhongxue* 中學), la nouvelle formation du personnel qualifié (*rencai* 人才).

Dans ce texte, dont Liang Qichao était le véritable auteur, les sciences et techniques étaient traitées comme appartenant entièrement aux études occidentales; les sciences proprement dites n'étaient pas distinguées des techniques; le choix des disciplines citées n'était pas argumenté. En outre, l'organisation future de cet enseignement scientifique et technique n'était pas précisée. Cependant, il était spécifié que «toute véritable étude des sciences s'appuyait sur la pratique expérimentale» (*gezhi shixue, xian ji shiyan* 格致實學，咸籍試驗) et qu'il était donc nécessaire d'établir dans l'université «un laboratoire doté de matériel d'expérience pour permettre aux étudiants d'expérimenter et de chercher la vérité dans les faits» (*bie she yi yuan, goucang yiqi, ling zhu xuetu jie jiu shixi, ze shi shi qiu shi* 別設一院，購藏儀器，令諸學徒皆就試習，則實事求是)[6]. L'enseignement des sciences et des techniques était donc conçu comme une formation à la méthode expérimentale, non pas comme la simple acquisition d'un savoir-faire requis par la production économique. Cette formation méthodologique nouvelle permettrait aux étudiants «d'atteindre dans tous leurs domaines d'étude des résultats bien supérieurs aux bavardages livresques d'autrefois» (*xuetu suo cheng, shi xiri zhi shang kongtan, xiang qu yuan yi* 學徒所成，視昔日紙上空談，相去遠矣)[7].

Sun Jianai est le premier, dans un mémoire au trône d'août 1896, à proposer que les études à la future Université de Pékin soient fondées sur l'enseignement de disciplines distinctes[8]. Pour lui, cet «enseignement disciplinaire est une condition indispensable de succès» (*fei fen ke li xue bu wei gong* 非分科立學不爲功)[9]. C'est lui aussi qui, dans ce même texte,

[5] Ce mémoire de Li Duanfen figure intégralement dans Zhu Youxian 朱有瓛, 1986, I/2, p. 484-488.

[6] *Ibid.*, p. 487.

[7] *Ibid.*

[8] Mémoire de Sun Jianai, ministre chargé de l'administration du Bureau des livres, en réponse au trône, sur la création d'une université métropolitaine, août 1896, dans Zhu Youxian, 1986, 1/2, p. 622-626.

[9] *Ibid.*, p. 623.

forge la formule fameuse, «*zhongxue wei ti xixue wei yong* 中學爲體，西學爲用» (le savoir chinois comme principe, le savoir occidental comme pratique), et la fixe comme ligne directrice des études[10]. Mais pour lui, ni le savoir chinois ni le savoir occidental ne sont des disciplines en soi. Ce ne sont pas des catégories du savoir, ce sont plutôt ce que nous appellerions aujourd'hui des habitudes culturelles, des façons de connaître et d'étudier, des méthodologies. Quant à la connaissance que doit enseigner l'université future, Sun Jianai la divise en dix disciplines (*ke* 科), qui ne s'alignent pas sur la distinction entre études occidentales et chinoises. Parmi ces dix disciplines, six concernent les sciences et les techniques. Dans chacune des six sont associées des spécialités fondamentales et des techniques d'application. Dans la discipline de la technique industrielle (*gongxueke* 工學科), par exemple, entrent l'étude des procédés industriels, celle de la physique et de la chimie[11].

D'autres projets soumis en vue de la création de l'Université métropolitaine[12] suggèrent une répartition différente des disciplines, mais tous affirment la nécessité d'organiser les études selon une spécialisation disciplinaire qui n'est pas fondée sur la division entre études occidentales et chinoises. Ils soulignent aussi que l'étude des sciences exige la pratique expérimentale.

Le règlement de l'Université métropolitaine proposé par le Zongli yamen le 3 juillet 1898 avait été rédigé par Kang Youwei 康有爲 (1858-1927) et Liang Qichao[13]. Il exprimait clairement la volonté d'associer, de lier étroitement, études occidentales et chinoises, mais en établissant une distinction à la fois de contenu et de méthode entre les deux[14]. Dans les manuels (*gongkeshu* 功課書) qu'on demandait de rédiger de toute urgence, il fallait, «pour les études chinoises, que le meilleur soit extrait des Classiques, des philosophes et des Histoires et soit relié à l'actualité [...] et pour les études occidentales, qu'on traduise les ouvrages en usage

[10] Beaucoup d'auteurs attribuent à tort cette formule à Zhang Zhidong, qui ne l'a en fait jamais utilisée dans ses écrits.

[11] *Ibid.*, p. 624.

[12] Par exemple, le programme soumis au trône par Yao Wendong 姚文東 et celui de Xiong Yiji 熊亦奇 en 1897, le mémoire au trône du censeur Li Shengduo 李盛鐸 du 30 juin 1898, les mémoires envoyés au Zongli yamen (Bureau des affaires étrangères) par les missionnaires américains Gilbert Reid et Calvin Wilson Mateer en 1898: Zhu Youxian, 1986, 1/2, p. 627-628, 628-631, 634-637, 649-651, 651-654.

[13] Kang Youwei 康有爲, «Kang Nanhai zibian nianpu» 康南海自編年譜 (Autobiographie chronologique de Kang Youwei), dans *Wuxu bianfa* 戊戌變法, 1953, vol. 4, p. 150-151.

[14] Règlement de l'Université métropolitaine proposé au trône par le Bureau des affaires étrangères le 3 juillet 1898, dans Zhu Youxian, 1986, 1/2, p. 654-664.

dans les écoles étrangères en les adaptant au style chinois[15].» Le «cursus général» (*putongxue* 普通學), de trois ans, comportait l'étude obligatoire de dix matières (*men* 門), dont trois matières scientifiques. Ces matières seraient toutes enseignées par des professeurs chinois qu'on «devait choisir hautement qualifiés et parfaitement au fait de la Chine et de l'étranger[16].» Le cursus spécialisé (*zhuanmenxue* 専門學), qui suivait le cursus général, proposait au choix dix matières, dont sept dans le domaine des sciences. Il était prévu «la création d'un laboratoire comme auxiliaire pratique d'investigation»[17].

D'importantes modifications à ce règlement furent suggérées le 9 août 1898 par Sun Jianai, alors promu ministre responsable de l'Université (Guanli daxuetang dachen 管理大學堂大臣), et furent aussitôt approuvées par l'empereur. Elles réduisaient le nombre de matières littéraires dans le cursus général, appelé désormais *putongxue* 普通學, et supprimaient la science militaire dans le cursus spécialisé[18]. Elles maintenaient intégralement l'enseignement scientifique et lui donnaient même plus d'importance relative, du fait de la simplification des études littéraires.

En outre, dans un autre mémoire du 9 septembre 1898, Sun Jianai demandait d'introduire l'étude de la médecine chinoise et occidentale à l'Université de Pékin. Sa requête ayant été immédiatement approuvée par l'empereur, il lui soumettait, le 14 septembre, un règlement qui stipulait que les étudiants seraient formés simultanément dans les deux branches de la médecine, et que dans l'enceinte de l'université serait ouvert un hôpital où les étudiants devraient pratiquer tous les jours[19].

À l'initiative de Sun Jianai, le projet initial de l'Université de Pékin donnait donc aux sciences une place non seulement plus importante que celle envisagée par Kang Youwei et Liang Qichao dans leur règlement du 3 juillet 1898, mais même prépondérante par rapport aux études littéraires, politiques et juridiques. Tandis que Kang Youwei et Liang Qichao avaient tendance à opposer études chinoises et études occidentales comme deux systèmes de savoir composés respectivement de leurs disciplines propres, entièrement différentes de celles de l'autre système, Sun Jianai

15 *Ibid.*, p. 655.
16 *Ibid.*, p. 661.
17 *Ibid.*, p. 655.
18 Mémoire de Sun Jianai sur les préparatifs d'ouverture de l'Université métropolitaine avec un complément de huit articles à son règlement, dans Zhu Youxian, 1986, 1/2, p. 665-668.
19 Mémoire de Sun Jianai, ministre chargé de l'Université, dans Zhu Youxian, 1986, 1/2, p. 643-645.

concevait au contraire les disciplines comme des catégories universelles d'une connaissance rationnelle qu'il appelait *xuewen* 學問, et qu'on pourrait traduire par «la» connaissance. Chacune des disciplines qui constituaient ensemble la connaissance englobait à la fois des savoirs chinois et des savoirs occidentaux. «En effet, écrivait-il, la connaissance est la raison universelle des générations successives du monde entier» (*gai xuewen nai tianxia wanshi zhi gongli* 蓋學問乃天下萬世之公理)[20].

L'entrée de l'enseignement scientifique dans la formation universitaire générale

Après le coup d'État du 21 septembre 1898 qui mit fin à la réforme des Cent Jours, l'Université métropolitaine fut explicitement maintenue par un édit du 26 septembre. Sa mise en route s'effectua d'abord dans des conditions très éloignées du projet initial. Mais assez rapidement l'enseignement des sciences acquit, et même dépassa, la part que lui attribuaient les premiers programmes universitaires. Dès 1902, la formation scientifique devint non seulement une composante obligatoire du cursus universitaire, mais une condition d'accès à l'enseignement supérieur. Par là elle entrait de plein droit dans la culture générale exigée des élites instruites.

Les cours de l'Université métropolitaine commencèrent le 31 décembre 1898, devant une centaine d'étudiants recrutés parmi les lauréats des examens et fonctionnaires moyens du ressort de Pékin[21]. Aucun enseignement scientifique ne fut donné alors. Cette situation ne résultait pas d'une volonté rétrograde de la Cour, au contraire. En effet, l'édit du 26 septembre 1898, puis le rescrit du 16 novembre 1898 recommandaient d'instruire les étudiants dans les disciplines scientifiques.

[20] Mémoire de Sun Jianai sur les préparatifs d'ouverture de l'Université métropolitaine avec un complément de huit articles à son règlement, dans Zhu Youxian, 1986, 1/2, p. 666-667. L'expression *tianxia* dans le contexte désigne clairement l'univers et non pas l'empire chinois.

[21] La date du début des cours, longtemps controversée, a été établie par les recherches récentes de Wang Xiaoqiu 王曉秋, dont il a publié le résultat dans son article «Jingshi daxuetang kaixue riqi kao» 京師大學堂開學日期考 (Examen de la date d'ouverture des cours à l'Université métropolitaine de Pékin), *Guangming ribao* 光明日報 (Clarté), 26 juin 1998, p. 7. Je peux ajouter ici que j'ai trouvé dans les archives diplomatiques françaises un témoignage qui confirme la date du 31 décembre 1898. En effet, dans une dépêche du 3 mai 1902 concernant l'Université de Pékin, le ministre de France en Chine écrit qu'elle a été inaugurée le 31 décembre 1898: Archives du ministère des Affaires étrangères, *Nouvelle série*, *Chine*, vol. 581, fol. 242-244. Sur le recrutement de la première promotion d'étudiants: Yu Changlin 喻長霖, «Jingshi daxuetang yange lüe 京師大學堂沿革略» (Brève chronique de l'Université métropolitaine), dans Zhu Youxian, 1986, 1/2, p. 683.

Dans son rapport du 3 décembre 1898 sur l'ouverture de l'université, Sun Jianai renchérissait en écrivant: «C'est parce que leurs militaires, leurs agriculteurs, leurs ouvriers et leurs commerçants sortent tous des écoles que les pays occidentaux sont si efficaces dans ces domaines. [...] L'agriculteur qui sait étudier peut discerner les propriétés des sols et sélectionner les cultures, l'ouvrier qui sait étudier peut comprendre les sciences et perfectionner les fabrications. [...] Toutes ces matières doivent être apprises par les lettrés et sont aujourd'hui une nécessité absolue[22].» Mais il annonçait aussi qu'on commencerait par des cours sur les Classiques, les Histoires et les rituels, et que l'enseignement des autres matières viendrait ensuite.

Six mois plus tard, à la suite des protestations du censeur Wu Hongjia 吳鴻甲, qui dénonçait notamment le fait qu'aucun cours de science n'avait encore commencé, le trône exigeait «que tous les cours s'en tiennent au règlement initial» et que l'enseignement scientifique soit immédiatement dispensé[23]. Ces injonctions furent suivies d'effet, puisqu'à l'automne 1899 tous les étudiants, maintenant au nombre de deux cents, grâce à un recrutement supplémentaire, consacraient quotidiennement l'après-midi entier aux cours de sciences: mathématiques, physique et chimie[24].

Cependant, dans l'été 1900, après l'entrée des Boxeurs dans Pékin, à la demande de Xu Jingcheng 許景澄 (1845-1900), ministre chargé par interim de l'Université, l'impératrice Cixi (1835-1908) ordonna la fermeture de l'établissement, le 8 août 1900[25].

Sun Jianai n'était pas le véritable responsable du retard avec lequel avait été mis en route l'enseignement scientifique à l'ouverture de l'université. La faute en incombait bien plus au préfet des études occidentales (Xixue zongjiaoxi 西學總教習), W.A.P. Martin (1827-1916), chargé du recrutement des professeurs de science. Il s'était comporté avec la même inertie et négligence dont il avait déjà fait preuve à la tête du Tongwenguan 同文館 pour développer le programme scientifique. Il n'avait fait aucun effort pour chercher des enseignants en sciences, ses atermoiements obligèrent les responsables chinois à recruter eux-mêmes du

[22] Mémoire de Sun Jianai, ministre chargé de l'Université, du 3 décembre 1898, dans Zhu Youxian, 1986, 1/2, p. 645-646.

[23] Édit du 6 mai 1899 ordonnant la remise en ordre de l'Université métropolitaine de Pékin, dans Zhu Youxian, 1986, 1/2, p. 646-647.

[24] Yu Changlin, «Jingshi daxuetang yange lüe», dans Zhu Youxian, 1986, 1/2, p. 683.

[25] Mémoire au trône de Xu Jingcheng, ministre chargé par interim de l'Université métropolitaine, du 1er juillet 1901, dans Zhu Youxian, 1986, 1/2, p. 647-648. Xiao Chaoran *et al.*, 1981, p. 10.

personnel, mais après plusieurs mois seulement. Aussi, lorsque le gouvernement des Qing ordonna, le 10 janvier 1902, de rouvrir l'Université métropolitaine, en confiant sa présidence à Zhang Baixi 張百熙 (1847-1907), le premier soin de Zhang Baixi fut-il de congédier W.A.P. Martin et tous les professeurs étrangers recrutés antérieurement par ses soins[26].

Avec le nouveau plan établi par Zhang Baixi, l'enseignement scientifique prend un réel essor à l'université. L'examen d'entrée de la première promotion d'étudiants, recrutés en octobre et en novembre 1902, porte sur neuf matières, dont un tiers sont scientifiques, à savoir les mathématiques, la physique et la chimie[27]. Cette innovation majeure fait connaître que désormais une formation scientifique de base est indispensable pour aspirer aux hautes fonctions de l'État auxquelles conduisent les études universitaires.

Les nouveaux étudiants sont répartis en deux sections (*men* 門): l'Institut des fonctionnaires (Shixueguan 仕學館), qui accueille 57 candidats choisis parmi les jeunes fonctionnaires issus des examens en poste à Pékin; et l'Institut normal (Shifanguan 師範館), où sont admis d'abord 79 titulaires de grades littéraires de la capitale et des provinces[28]. L'effectif de ce dernier institut est accru l'année suivante par d'autres étudiants venus des provinces, et atteint 112 étudiants[29]. En mars 1904, l'Institut des fonctionnaires est fusionné avec l'Institut des docteurs (Jinshiguan 進士館), dont la création avait été décidée en février 1903 pour donner aux nouveaux docteurs de moins de 35 ans une formation supplémentaire en droit, politique, langues et sciences, afin qu'ils «puissent comprendre les réalités actuelles» (*neng tong shiwu* 能通時務)[30]. L'Institut

[26] Xiao Chaoran *et al.*, 1981, p. 11. Zhuang Jifa, 1970, p. 28. Archives du ministère des Affaires étrangères, *Nouvelle série, Chine*, vol. 581, fol. 242-244, Dépêche de Paul Beau, ministre de France à Pékin, 3 mai 1902.

[27] *Xinmin congbao* 新民叢報 (Mélanges du peuple nouveau), n°9, «Zhongguo jinshi» 中國近事 (L'actualité en Chine), p. 3. Archives du ministère des Affaires étrangères, *Nouvelle série, Chine*, vol. 582, fol. 62-64, Note de Blanchet, interprète de la légation de France et professeur de français à l'Université de Pékin, sur les examens à l'Université de Pékin, du 27 mars 1903. Sur les sujets de l'examen de recrutement en octobre 1902: Zhu Youxian, 1986, 2/1, p. 933-941.

[28] Zhuang Jifa, 1970, p. 29. Xiao Chaoran *et al.*, 1981, p. 15, indique qu'en octobre 1902 l'Institut des fonctionnaires admit 36 candidats, l'Institut normal 56, et qu'il y eut un nouveau recrutement en novembre 1902 où chaque institut admit encore 90 candidats, mais aucune source n'est citée à l'appui de ces affirmations.

[29] Zou Shuwen 鄒樹文, «Beijing daxue zui zaoqi de huiyi» 北京大學最早期的回憶 (Souvenirs des premiers temps de l'Université de Pékin), dans Zhu Youxian, 1986, 2/1, p. 963-964.

[30] Zhuang Jifa, 1970, p. 31, 132-133.

des docteurs commença à fonctionner en mai 1904 avec 80 docteurs de la promotion de 1903 et une trentaine de la promotion de 1904[31].

Les étudiants de l'Institut des fonctionnaires passèrent l'examen de diplôme au printemps 1906[32]. La première promotion de l'Institut normal passa les examens de diplôme en février 1907[33], les étudiants de l'Institut des docteurs aussi, après quoi cet Institut des docteurs fut transformé en École de droit métropolitaine (Jingshi fazheng xuetang 京師法政學堂), indépendante de l'Université de Pékin[34]. La scolarité de tous ces 220 étudiants, qui constituent la première promotion universitaire de plein exercice, dura donc trois à quatre ans.

Le programme de cours qui leur fut offert était conçu par Zhang Baixi comme un «cursus accéléré» (*suchengke* 速成科) destiné à pallier les besoins immédiats en personnel qualifié (*tongcai* 通才), notamment pour l'enseignement, en attendant qu'on puisse ouvrir d'abord un «cursus préparatoire à l'université» (*daxue yubeike* 大學預備科), et plus tard «des facultés disciplinaires» (*daxue zhuanmen fenke* 大學專門分科)[35]. L'enseignement scientifique tenait une grande place dans ce premier cursus. Zou Shuwen 鄒樹文 (1886-1982), élève de la première promotion de l'Institut normal, relate dans ses souvenirs que «la science contemporaine en était l'élément essentiel» (*xiandai kexue shi zhan zui da chengfen de* 現代科學是佔最大成分的)[36].

En science, le contenu du programme et les matériaux d'enseignement furent élaborés principalement par les enseignants japonais de l'université. En effet, pour remplacer W.A.P. Martin Zhang Baixi avait fait venir, en septembre 1902, deux universitaires japonais, Hattori Unokichi 服部宇之吉 (1867-1939), alors professeur adjoint à la Faculté des lettres de l'Université de Tokyo, et Iwaya Magozô 嚴谷孫藏 (1867-1918), professeur à la Faculté de droit de l'Université de Kyoto. Tous deux avaient

[31] *Ibid.*, p. 31, 134. *Guoli Beijing daxue ershi zhounian jinian ce* 國立北京大學二十週年記念册 (Brochure commémorative du 20e anniversaire de l'Université nationale de Pékin), (Pékin, Université de Pékin, 1918), p. 28-29.

[32] Mémoire du 2 octobre 1906 sur les différentes mentions règlementaires accordées aux diplômés de l'Institut des docteurs, dans Zhu Youxian, 1986, 2/1, p. 841-843. Le mémoire indique que 34 étudiants ont réussi le diplôme.

[33] Zou Shuwen, «Beijing daxue zui zaoqi de huiyi», dans Zhu Youxian, 1986, 2/1, p. 963-964.

[34] *Ibid.*, p. 959. Zhuang Jifa, 1970, p. 31, 134-135.

[35] Mémoire de Zhang Baixi du 13 février 1902 sur la gestion de l'Université métropolitaine, dans Zhu Youxian, 1986, 2/1, p. 831-837.

[36] Zou Shuwen, «Beijing daxue zui zaoqi de huiyi», dans Zhu Youxian, 1986, 2/1, p. 960.

étudié en Allemagne. Hattori, qui était spécialiste de philosophie orientale, avait également étudié en Chine.

Hattori occupa les fonctions de professeur principal de l'Institut normal (*shifanguan zhengjiaoxi* 師範館正教習); Iwaya se vit confier la charge de professeur principal de l'Institut des fonctionnaires, puis de l'Institut des docteurs[37]. C'est Hattori Unokichi qui recruta les enseignants de science, à l'origine tous japonais. Ôta Tatsundo 太田達人 et Sugi Eisaburô 杉榮三郎, qui reçurent le titre de professeur-adjoint du cursus accéléré (*suchengke fujiaoxi* 速成科副教習), enseignaient, le premier les mathématiques, la physique et la chimie, le second les mathématiques et la physique, particulièrement à l'Institut des fonctionnaires. Ujiie Kensô était professeur (*jiaoxi* 教習) de mathématiques, de physique et de japonais. Yabe Yoshisada 矢部吉禎 était professeur de botanique et de japonais; Nishimura Kumaji 西村熊二, de chimie et de japonais; Kuwano Hisatô 桑野久任, de zoologie et de japonais[38].

Selon le témoignage des élèves, ces «enseignants de science avaient été remarquablement choisis[39].» Ils établirent le plan d'enseignement, fixèrent les matières à enseigner et rédigèrent les cours, non seulement pour le cursus accéléré mais aussi pour le cursus préparatoire et les facultés disciplinaires ultérieures[40]. Comme la plupart de ces Japonais ne parlaient pas le chinois et que la traduction orale de leurs leçons n'était pas satisfaisante, on imposa l'étude du japonais à tous les étudiants[41]. Les résultats des examens de diplôme montrent d'ailleurs que dans la deuxième promotion d'étudiants de l'Institut normal presque tous connaissaient le japonais et l'anglais[42].

À l'Institut des fonctionnaires, sur les onze matières enseignées, trois étaient des matières scientifiques — mathématiques, sciences naturelles, physique (désignées comme *suanxue* 算學, *bowuxue* 博物學, *wulixue* 物理學) —, qui occupaient en principe le quart de l'horaire hebdomadaire

[37] Kageyama Masahiro 蔭山雅博, «Shimmatsu ni okeru kyôiku kindaika katei to Nihonjin kyôshû 清末における教育近代化過程と日本人教習» (La modernisation de l'enseignement à la fin des Qing et les enseignants japonais), dans Abe Hiroshi 阿部洋 éd., 1983, p. 11-12, citant les archives du ministère japonais des Affaires étrangères.

[38] *Ibid.*, p. 12-14. Zhuang Jifa, 1970, p. 155-163.

[39] Yu Tongkui 俞同奎, «Sishiliu nian qian wo kaojin muxiao de jingyan 四十六年前我考進母校的經驗» (Mon expérience de l'examen d'entrée à l'Université il y a quarante-six ans), dans Zhu Youxian, 1986, 2/1, p. 965.

[40] Mémoire du 25 avril 1908 demandant la récompense d'étoiles de mérite pour les enseignants japonais de l'Université métropolitaine au terme des cinq ans de leur contrat, dans Zhu Youxian, 1986, 2/1, p. 916-917.

[41] Zhuang Jifa, 1970, p. 75, citant le *Subao* 蘇報 (Journal du Jiangsu) de l'époque.

[42] *Ibid.*, p. 174-186.

de trente-six heures[43]. À l'Institut normal, parmi les quatorze matières enseignées figuraient quatre matières scientifiques — mathématiques, sciences naturelles, physique, chimie (*suanxue* 算學, *bowuxue* 博物學, *wulixue* 物理學, *huaxue* 化學) —, qui occupaient dix à onze heures de l'horaire hebdomadaire de trente-six heures[44]. Mais comme dans les matières littéraires chinoises les étudiants possédaient déjà de fortes bases et passaient leurs heures de cours surtout à discuter, c'étaient les sciences qui constituaient pour eux la part la plus substantielle de l'enseignement[45].

Une pédagogie des sciences unissant connaissances fondamentales et applications techniques

La pédagogie des matières scientifiques se fonda dès le début sur l'expérimentation et l'observation. Des appareils furent promptement rachetés pour remplacer ceux disparus dans l'été 1900. En 1905, l'université disposait déjà de salles de laboratoire pour la physique, la chimie et les sciences naturelles. En 1907, les installations comprenaient trois salles, de treize travées en tout, pour les spécimens de zoologie, de botanique et minéralogie; deux cabinets de physique et de chimie, de six travées au total; cinq salles de travaux pratiques de chimie, de vingt et une travées en tout, trois salles de produits chimiques de huit travées en tout; une salle de balances et instruments de mesure de trois travées; une salle noire de trois travées; il s'y ajoutait encore un grand jardin botanique[46]. Dès 1905, Hattori Unokichi avait acheté au Japon pour l'université 185 titres d'ouvrages de mathématiques, physique et zoologie[47]. En 1906 et les années suivantes, les dépenses de fonctionnement des laboratoires représentaient en moyenne 4 000 taëls, et les dépenses d'équipements scientifiques (achats d'ouvrages, spécimens et instruments), le même montant, sur un budget total annuel d'environ 180 000 taëls, soit 4,4%[48].

43 *Ibid.*, p. 47-48.

44 *Ibid.*, p. 47-48.

45 Zou Shuwen, «Beijing daxue zui zaoqi de huiyi», dans Zhu Youxian, 1986, 2/1, p. 960. Yu Tongkui, «Sishiliu nian qian wo kaojin muxiao de jingyan», dans Zhu Youxian, 1986, 2/1, p. 965-969.

46 *Guoli Beijing daxue ershi zhounian jinian ce*, «Shebei» 設備 (Équipements), p. 5-8.

47 Xiao Chaoran 蕭超然, «Jingshi daxuetang chuangban shulüe 京師大學堂創辦述略» (Aperçu de la fondation de l'Université métropolitaine), paru dans *Beijing daxue xuebao* 北京大學學報 (Bulletin scientifique de l'Université de Pékin), 1985, n°1, reproduit dans Zhu Youxian, 1986, 2/1, p. 896.

48 *Guoli Beijing daxue ershi zhounian jinian ce*, «Jingfei» 經費 (Finances), p. 16-27.

Outre les manipulations en salle de travaux pratiques, les maîtres japonais entraînaient leurs élèves sur le terrain. En mai 1905, par exemple, vingt-six étudiants furent emmenés en excursion zoologique et botanique à Yantai au Shandong, pendant une semaine, sous la conduite de deux professeurs japonais et deux professeurs chinois, pour collecter des spécimens de poissons et d'algues[49]. Sous la direction d'un préparateur (*zhushou* 助手) japonais, les élèves de l'Institut normal apprirent aussi à fabriquer eux-mêmes des modèles d'animaux afin de réduire les dépenses occasionnées par leur achat[50]. En effet, ces modèles étaient alors indispensables à l'enseignement scolaire des sciences naturelles.

Quelques étudiants de la première promotion furent envoyés à l'étranger aux frais du gouvernement, en cours d'études, en juin 1904 et décembre 1905. La France et l'Allemagne en accueillirent chacune quatre. Après avoir étudié la langue locale, ces jeunes gens se montrèrent capables, à l'automne 1907, d'être admis à suivre la scolarité de grandes écoles d'ingénieurs (en France, l'École des travaux publics, l'École de chimie de Nancy, l'Institut industriel de Lille), ce qui montre la qualité de leurs études scientifiques antérieures. L'un d'entre eux, Deng Shouji 鄧壽吉, décrocha même un double diplôme d'ingénieur en 1912[51].

Il semble que la formation scientifique de la deuxième promotion d'élèves de l'Institut normal, recrutés en août 1904, fut encore plus solide que celle de la précédente. Ces étudiants commencèrent les cours le 23 février 1905 et passèrent le diplôme en avril 1909[52]. En même temps fut ouvert le cursus préparatoire à l'université, dont les étudiants furent sélectionnés dans les mêmes conditions que ceux de l'Institut normal, avec une série d'épreuves obligatoires en mathématiques, physique et chimie. Ils passèrent aussi leur diplôme en avril 1909[53].

Les 360 nouveaux étudiants du contingent entré à l'Université en 1904-1905 reçurent en effet un enseignement plus fortement structuré que leurs prédécesseurs. Il comportait en première année des «cours communs»

[49] *Shibao* 時報 (Le Temps), 31e année de Guangxu, 4e mois, 8e jour (11 mai 1905).

[50] *Shibao*, 31e année de Guangxu, 11e mois, 5e jour (15 décembre 1905).

[51] Sur la scolarité de ces étudiants, voir les documents conservés dans les archives du ministère de l'Éducation (Jiaoyubu 教育部) reproduits dans Liu Zhen 留眞 et Wang Huanchen 王煥琛, 1980, p. 628-631, 638, 640-641.

[52] Zhuang Jifa, 1970, p. 31. Mémoire du 8 août 1909 du ministère de l'Instruction demandant des récompenses pour les diplômés du cursus préparatoire à l'Université et du cursus de formation des maîtres, dans Zhu Youxian, 1986, 2/1, p. 849-850.

[53] *Ibid.*

(*gonggongke* 公共科) obligatoires dans huit matières, dont les mathématiques, l'anglais et le japonais; puis, à partir de la deuxième année, un «cursus différencié» (*fenleike* 分類科). Les étudiants avaient le choix entre quatre catégories (*si lei* 四類), selon leurs goûts et leurs aptitudes. Mais même dans les deux premières catégories à dominante littéraire et historique, ils étaient astreints à étudier la biologie. Dans la troisième catégorie où dominaient les mathématiques, la physique et la chimie, il fallait apprendre le dessin industriel et les techniques manuelles (*shougong* 手工). Dans la quatrième catégorie consacrée à la botanique, la zoologie, la minéralogie et la physiologie, on devait pratiquer également le dessin de planches (*tuhua* 圖畫) et l'agronomie (*nongxue* 農學). Le «cursus différencié» incluait, outre ces cours obligatoires, plusieurs options pratiques. La formation scientifique ainsi dispensée unissait donc étroitement connaissances fondamentales et techniques d'application.

Cette caractéristique se retrouve également dans l'enseignement de médecine rouvert à l'Université métropolitaine en avril 1903. Cet Institut de médecine (Yixue shiyeguan 醫學實業館) formait à la médecine occidentale et à la médecine chinoise. Il comportait un hôpital, au service des élèves et du personnel de l'université, où les élèves médecins allaient pratiquer régulièrement. Les 36 étudiants de l'institut passèrent leur diplôme en janvier 1907, après quoi l'Institut de médecine fut séparé de l'Université de Pékin pour devenir l'École métropolitaine spéciale de médecine (Jingshi zhuanmen yixuetang 京師專門醫學堂). Dès lors, selon la demande expresse du ministère de l'Instruction, l'enseignement de la médecine occidentale et celui de la médecine chinoise furent dissociés[54].

Une autre initiative de l'Université de Pékin pour développer un enseignement à la fois scientifique et technique est le «cursus pratique de sciences naturelles» (*bowupin shixike* 博物品實習科). La création en fut décidée en juillet 1907, pour former à la fabrication des modèles, spécimens et tableaux, des étudiants qui enseigneraient ensuite les sciences dans les écoles secondaires. Ce qui est remarquable dans cette formation, c'est le souci de lier la connaissance et la pédagogie scientifique au concret, à la manipulation et à l'observation, en obligeant les futurs enseignants, et plus tard leurs élèves, à ne pas se contenter de livres et de théories abstraites. 37 étudiants furent recrutés par examens et commencèrent leurs études en octobre 1907, avec un professeur de sciences naturelles

[54] Zhuang Jifa, 1970, p. 137-138. Mémoire de 1903 proposant le règlement de l'Institut de médecine de l'Université métropolitaine, dans Zhu Youxian, 1986, 2/1, p. 886-890.

et trois préparateurs, tous japonais, spécialement recrutés à cet effet. On avait d'abord prévu un cursus simplifié (*jianyike* 簡易科) de deux ans, mais en 1909 on décida de prolonger la formation d'un an. Après leur diplôme en décembre 1910, les élèves eurent le choix entre la poursuite de leurs études dans une école supérieure technique (*gaodeng shiye xuetang* 高等實業學堂) et un emploi dans l'enseignement[55]. Le cursus, qui visait à pallier rapidement un manque immédiat de personnel dans l'enseignement scientifique de base, ne fut pas reconduit après 1910, car désormais le système régulier d'enseignement devait pourvoir aux besoins en professeurs.

Les facultés scientifiques de 1910

En effet, dès juin 1909, le ministère de l'Instruction avait obtenu l'ouverture effective des facultés disciplinaires (*fenke daxue* 分科大學), puisque les étudiants du cursus préparatoire à l'Université venaient de passer leur diplôme en avril. Les cours des facultés commencèrent en mars 1910. Sauf la faculté de médecine, dont l'ouverture fut remise parce que son préfet des études, occupé par ses charges à l'hôpital du Beiyang, n'avait pu terminer les préparatifs, les sept autres facultés prévues par le Règlement scolaire officiel de 1904 entrèrent en fonction. Cependant, le nombre de matières enseignées dans chaque faculté était beaucoup réduit par rapport au plan initial inscrit dans le Règlement de 1904. Parmi les trois facultés scientifiques, la faculté d'agriculture, prévue avec quatre spécialités (*men* 門), en avait une seule, l'agronomie; la faculté des sciences (*gezhike* 格致科), prévue avec six, en avait deux, géologie et chimie; la faculté de technique industrielle, prévue avec neuf, en avait deux, génie civil et métallurgie. Dans les matières scientifiques, la durée des études était fixée à quatre ans[56].

Sur les 387 étudiants recrutés, les trois facultés scientifiques semblent en avoir attiré une centaine, soit une vingtaine en moyenne par spécialité, avec des effectifs un peu plus élevés dans la faculté d'agriculture et

[55] Instruction de 1906 du ministère de l'Instruction approuvant les dispositions proposées pour le fonctionnement du cursus pratique de sciences naturelles adjoint à l'Université, dans Zhu Youxian, 1986, 2/1, p. 892. Mémoire du 13 avril 1911 demandant d'accorder aux diplômés du cursus pratique de sciences naturelles adjoint à l'Université les mêmes récompenses qu'à ceux des écoles secondaires industrielles, dans Zhu Youxian, 1986, 2/1, p. 893-894. *Guoli Beijing daxue ershi zhounian jinian ce*, p. 30. *Beijing daxue sayi zhounian jinian kan,* 1929, p. 58.

[56] Mémoire du ministère de l'Instruction du 10 janvier 1910 sur le projet d'ouverture des facultés disciplinaires de l'Université métropolitaine et l'état de sa mise en oeuvre effective, dans Zhu Youxian, 1986, 2/1, p. 856-859.

celle de technique industrielle. Il y eut 54 diplômés des facultés scientifiques en 1913, mais entre temps les troubles consécutifs à la Révolution de 1911 avaient dispersé un certain nombre d'étudiants[57].

La plupart des étudiants de la promotion de 1910 provenaient du cursus préparatoire à l'Université et de l'Institut normal. À la faculté des sciences, dite *gezhike* 格致科, on avait fait entrer des diplômés de la classe d'allemand du cursus préparatoire, au motif que l'Allemagne était le pays le plus avancé au point de vue scientifique. Ceux de la classe d'anglais, assez nombreux, entrèrent tous à la faculté de technique industrielle, *gongke* 工科, où certains cours devaient être dispensés en cette langue par des enseignants étrangers; les diplômés de quatrième catégorie (celle de botanique, zoologie, minéralogie et physiologie) de l'Institut normal entrèrent à la faculté d'agriculture, *nongke* 農科 [58].

Les professeurs de science japonais recrutés antérieurement avaient tous quittés l'Université en 1908 ou 1909, à l'expiration de leur contrat. La relève fut prise par des professeurs chinois. Ils étaient déjà six en 1908, recrutés à des dates successives depuis 1902. Dix enseignants nouveaux furent recrutés en 1910 pour compléter le personnel des facultés scientifiques. On disposait d'un professeur et deux assistants en chimie; un professeur et un assistant en géologie; trois enseignants en agronomie; un professeur et un assistant en génie civil; un professeur et un assistant en minéralogie et métallurgie; soit douze enseignants au total, ce qui donne une proportion, très favorable, de 1,2 professeurs pour 10 étudiants[59].

Il semble que sur ces douze enseignants de science, quatre ou cinq seulement étaient européens, notamment le professeur de géologie Friedrich Solger (1877-?), qui était allemand, et auquel ses successeurs chinois reconnaissent le mérite d'avoir donné un grand essor à sa discipline en Chine[60]. C'est du reste sur la base du département de géologie de

[57] Note de la *Revue de l'éducation* (*Jiaoyu zazhi* 教育雜誌) sur la situation des facultés disciplinaires en 1910, dans Zhu Youxian, 1986, 2/1, p. 859. *Guoli Beijing daxue ershi zhounian jinian ce*, p. 15, *xuesheng yilan* 學生一覽, p. 14-25.

[58] Mémoire du ministère de l'Instruction du 10 janvier 1910 sur le projet d'ouverture des facultés disciplinaires de l'Université métropolitaine et l'état de sa mise en oeuvre effective, dans Zhu Youxian, 1986, 2/1, p. 858. Annonce des facultés disciplinaires de l'Université métropolitaine en 1909, *ibid.*, p. 853-854. *Guoli Beijing daxue ershi zhounian jinian ce*, p. 14. Zhuang Jifa, 1970, p. 80-81.

[59] Mémoire du ministère de l'Instruction du 10 janvier 1910 sur le projet d'ouverture des facultés disciplinaires de l'Université métropolitaine et l'état de sa mise en oeuvre effective, dans Zhu Youxian, 1986, 2/1, p. 857-858. Zhuang Jifa, 1970, p. 155-167.

[60] Hu Bosu 胡伯素, «Beijing daxue zhi dizhi xi» 北京大學之地質系 (Le département de géologie de l'Université de Pékin), dans *Beijing daxue sayi zhounian jinian kan*, p. 72-77.

l'Université de Pékin que fut créé, au printemps 1913, l'Institut de géologie (Dizhi yanjiusuo 地質硏究所), dont Ding Wenjiang 丁文江 (1887-1936) prit la tête[61]. Solger était un élève de Ferdinand von Richthofen (1833-1905), connu pour ses importants travaux sur la géographie de la Chine dans les années 1870[62]. Un document diplomatique français de juillet 1910 fait état de six Allemands qui auraient alors enseigné les sciences à l'Université de Pékin, en anglais. Il se peut que l'auteur du rapport ait compté parmi eux le géologue G. Keiper qui avait été employé quelque temps à l'université, mais venait de prendre, en octobre 1909, la direction de la Deutsch-Chinesische Hochschule für Spezialwissenschaften créée par le gouvernement de Berlin à Qingdao; d'après les noms figurant dans une liste chinoise du personnel, les quatre autres pourraient être des enseignants de la faculté de technique industrielle[63]. Il n'en reste pas moins très remarquable que dix ans à peine après sa création, l'Université soit parvenue à mettre en place un enseignement scientifique universitaire de plein droit et de haut niveau, avec un personnel enseignant en majorité chinois. Le personnel chinois, jeune et dynamique, fut recruté parmi les diplômés revenus des meilleurs établissements étrangers, tel Zhang Hongzhao 章鴻釗 (1877-1951), appelé dès sa sortie de la faculté des sciences de l'Université de Tokyo en 1911, qui prit aussi la tête de l'Office des mines du ministère de l'Économie (Shiyebu kuangwusi 實業部礦務司) et fut l'initiateur de l'Institut de géologie[64].

L'organisation de cet enseignement scientifique des facultés en 1910 fut le fait du président de l'Université, Liu Tingchen 劉廷琛

[61] Lin Qingyuan 林慶元, Guo Jinbin 郭金彬, 1992, p. 541-542. C'est la création de cet Institut de géologie, indépendant de l'Université, qui obligea Solger à interrompre provisoirement ses fonctions en 1913: les indications de Kreissler, 1989, p. 171, sont inexactes. Les déboires des professeurs étrangers sont postérieurs à la Révolution de 1911, dont les répercussions entravèrent considérablement le fonctionnement de l'Université de Pékin.

[62] Solger était l'auteur d'un ouvrage, *Studien über Nordostdeutsche Inlanddünen*, (Stuttgart, 1910); il a publié deux autres livres, parus à Berlin en 1930 et 1935, également sur le relief du Nord de l'Allemagne. Il fut élu membre d'honneur de la Société chinoise de géologie en 1924: Lin Qingyuan et Guo Jinbin, 1992, p. 548.

[63] Archives du ministère des Affaires étrangères, *Nouvelle série, Chine*, vol. 154, fol. 222-224, Dépêche de Paul de Margerie, Pékin, 23 juillet 1910: ce rapport commente, à la demande du ministère, un article paru dans la *Tägliche Rundschau* du 23 juin 1910, intitulé «Deutschtum in Peking», sur les progrès spectaculaires de l'influence allemande dans la capitale chinoise. Voir aussi la liste du personnel universitaire reproduite dans Zhuang Jifa, 1970, p. 155-167. Solger était employé à plein temps; il est possible que certains Allemands n'aient donné que quelques heures par semaine, comme c'était le cas des trois Français mentionnés aussi comme professeurs à l'Université de Pékin par le rapport de Margerie, et dont un seul apparaît dans les listes officielles de l'établissement.

[64] Lin Qingyuan et Guo Jinbin, 1992, p. 539-540. Voir la biographie de Zhang Hongzhao dans *Minguo renwu da cidian*, 1991, p. 867.

(1869-?)[65], mais surtout des préfets des études (*jiandu* 監督) désignés pour chacune des facultés. Celui de la faculté des sciences était Wang Fengzao 汪鳳藻 (1851-1918); celui de la faculté d'agriculture, Luo Zhenyu 羅振玉 (1866-1940); celui de la faculté de technique industrielle, He Yushi 何燏時 (1878-1961) [66]. Très versés chacun dans les domaines d'études qui leur incombaient, convaincus de l'importance de la tâche, et très au fait de ce qui se pratiquait à l'étranger, ils se sont efforcés de trouver un personnel compétent et de suivre la pédagogie de près. Ils instaurèrent des réunions régulières de surveillance des études, avec les professeurs, pour fixer le plan pédagogique de chaque enseignant, les livres à faire lire aux élèves, et discuter du progrès de leur apprentissage[67].

Même si les témoignages qui subsistent sur la pratique de cet enseignement scientifique dans les facultés de l'Université de Pékin en 1910-1911 sont rares, le sérieux avec lequel étaient considérées les matières scientifiques est attesté par le fait que lors des examens de diplôme des premières promotions d'étudiants, celles de 1907 à 1909, beaucoup de candidats se virent refuser la mention bien ou très bien faute de notes suffisantes en science. La même attitude se manifeste dans les efforts incessants des responsables de l'Université pour obtenir l'agrandissement de ses terrains et de ses locaux afin d'installer davantage de laboratoires et lieux d'expérimentation scientifique. On doit souligner aussi que chaque recrutement à l'Université attirait un très grand nombre de candidats, en moyenne dix fois plus que le nombre de places disponibles, sauf pour la faculté des Classiques

[65] Titulaire du doctorat en 1894, il avait été examinateur provincial au Shanxi de 1897 à 1900, commissaire provincial d'éducation au Shaanxi en 1906, puis avait été appelé à Pékin au ministère de l'Instruction en 1907; il fut nommé à la tête de l'Université de Pékin en décembre 1907 et devint vice-ministre de l'Instruction dans le cabinet de Yuan Shikai en novembre 1911. *Minguo renwu da cidian*, p. 1421; Wei Xiumei 魏秀梅, 1977, vol. 2, p. 74.

[66] Sur Wang Fengzao, entré dès 1863 à l'École des langues de Shanghai, qui avait enseigné les mathématiques, traduit des ouvrages scientifiques, puis après sa réussite au doctorat en 1883, avait été conseiller en Allemagne, ministre au Japon, enfin directeur du Collège Nanyang à Shanghai, voir *Minguo renwu da cidian*, p. 419. Sur Luo Zhenyu, érudit de grand renom, fondateur d'une société d'agriculture en 1896, introducteur du modèle japonais dans le nouveau système scolaire, appelé au ministère de l'Instruction dès sa création en 1905, voir Boorman, 1968, vol. 2, p. 426-427. Sur He Yushi, diplômé en 1905 de la faculté de minéralogie et métallurgie de l'Université de Tokyo, appelé l'année suivante à diriger l'enseignement technique au ministère de l'Instruction en même temps qu'à la charge de préfet des études à l'Université de Pékin, qui conçut aussi et mit en oeuvre l'équipement des bibliothèques, des laboratoires et l'extension des constructions universitaires, voir *Jiaoyu da cidian,* 1991, vol. 10, p. 247-248.

[67] Zhuang Jifa, 1970, p. 43.

(*jingke* 經科) où on manquait à tel point d'amateurs qu'on songeait à offrir des bourses aux titulaires des examens mandarinaux pour venir la remplir[68].

Conclusion

L'importance de l'Université de Pékin dans le développement des sciences modernes en Chine ne réside pas dans le nombre de scientifiques qu'elle a formés entre 1898 et 1911 — ils sont probablement moins de 200. Cette importance réside d'abord dans le fait qu'a été méthodiquement et progressivement organisé dans cet établissement un enseignement scientifique solide, dans plusieurs disciplines essentielles. Sans doute, l'absence des mathématiques et de la physique dans les facultés de 1910 peut-elle paraître fort surprenante aujourd'hui, mais on doit noter que plusieurs des étudiants envoyés auparavant à l'étranger par l'université furent dirigés précisément sur ces disciplines: c'est le cas du mathématicien et physicien Feng Zuxun 馮祖荀, qui fit partie des trente et un étudiants de l'Université de Pékin expédiés au Japon en 1903[69]. Les mathématiques et la physique figuraient dans le plan originel de la faculté des sciences, c'est, semble-t-il, l'impossibilité de recruter un encadrement suffisant qui y fit provisoirement renoncer.

L'enseignement scientifique mis en oeuvre à l'Université de Pékin offre deux caractéristiques remarquables. Tout d'abord, la science n'y est pas identifiée avec les études occidentales; la science y est traitée comme une catégorie générale du savoir, qui appartient à la fois aux études chinoises et aux études occidentales, et qui transcende cette distinction. La seconde caractéristique de l'enseignement scientifique à l'Université impériale est qu'il est organisé selon une division entre des disciplines à l'intérieur de chacune desquelles sont réunies connaissances fondamentales et applications techniques.

L'Université impériale a donc le mérite d'établir deux principes majeurs. Le premier est que la science n'a pas de nationalité, ni de caractéristiques nationales: elle est universelle. Le second est que le savoir scientifique ne se divise pas entre sciences fondamentales et sciences appliquées: il existe diverses branches de la science et une grande variété

[68] Annexe au mémoire du ministère de l'Instruction du 4 juillet 1909 demandant de recruter des titulaires des examens mandarinaux de licence et de la classe exceptionnelle du baccalauréat pour suivre le cursus de la Faculté des Classiques, dans Zhu Youxian, 1986, 2/1, p. 855-856.

[69] Lin Qingyuan et Guo Jinbin, 1992, p. 384.

d'applications techniques de ces branches, dont toutes ont leur place à l'Université; mais ces deux éléments, le savoir scientifique d'une part, son application technique d'autre part, sont indissociables et doivent être étroitement intégrés au sein d'un même programme universitaire.

Ces principes sont ceux que défend aujourd'hui la réflexion la plus avancée sur l'épistémologie des sciences et leur enseignement. Dans les premières années de notre siècle, en Chine, ils exprimaient une révision complète des normes du savoir et de sa finalité. Ils ont malheureusement été oubliés ou se sont trouvés trés affaiblis aprés la Révolution de 1911. On peut même dire que plus l'esprit révolutionnaire a soufflé dans les écoles et les milieux scientifiques chinois, plus ces principes ont été contestés.

Il semble paradoxal que ces principes d'une importance décisive pour la modernisation aient été reconnus et mis en œuvre sous l'égide d'un gouvernement dirigé par Cixi, par des hommes d'opinion politique tout à fait modérée, qui étaient très versés dans leur propre culture classique et fort attachés à elle. Mais c'est précisément, je crois, l'intelligence profonde que les vrais fondateurs de l'Université de Pékin, Sun Jianai, Zhang Baixi, Wu Rulun 吳汝綸 ou Luo Zhenyu avaient de la *zhongxue* 中學, du sens chinois de «l'étude», qui leur a permis d'innover résolument, et avec succès. Ainsi, la science foncièrement moderne qu'instaure l'Université impériale n'est pas en rupture avec le passé savant, elle n'est pas non plus «un savoir spécialisé», elle est le développement naturel de la connaissance, *xuewen* 學問. Elle entre comme telle dans l'éducation des Chinois cultivés du XXe siècle.

La construction d'une histoire révolutionnaire, tant nationaliste que communiste, dans laquelle le mouvement du 4 Mai 1919 devient l'origine obligée de la modernité, a singulièrement déformé la vision des débuts de l'Université de Pékin, comme d'ailleurs celle de l'évolution de la culture chinoise de la fin de l'Empire et de la République. Puisque l'exaltation de la science était un des slogans du Quatre Mai, on a voulu croire que la science n'avait pu pénétrer à l'Université de Pékin que sous cette influence, par l'action de Cai Yuanpei 蔡元培 à la tête de l'établissement à partir de 1917, et par une rupture avec le passé savant de la Chine. En vérité, la transition des études vers la science moderne avait commencé antérieurement, sur des prémices assez différentes.

INDEX DES NOMS DE PERSONNES

INDEX DES TITRES

L'entrée des ouvrages s'effectue d'après la transcription *pinyin* lorsque le titre n'apparaît qu'une fois; il se fait d'après la traduction française adoptée par les auteurs pour ceux qui sont cités plusieurs fois.

INDEX DES SUJETS

BIBLIOGRAPHIE

Abréviations

DQHDSL-GX: *(Qinding) Da Qing huidian shili* (欽定)大清 會典事例
GZD-YZ: Gonzhong dang Yongzheng chao zouzhe 宮中檔雍正朝奏摺
GZZP,jw-fw: *Gongzhong dang'an* 宮中檔案 (Archives du Palais): «Gongzhong zhupi zouzhe» 宮中硃批奏摺, section «junwu-fangwu»
GZZP,nmyd: *Gongzhong dang'an* 宮中檔案 (Archives du Palais): «Gongzhong zhupi zouzhe» 宮中硃批奏摺, section «nongmin yundong»
JJC-LF: *Junji chu lufu zouzhe* 軍機處錄副奏摺, règne Yongzheng, section «junwu-renshi»
NGTB: Neige tiben 内閣題本

Ouvrages et articles en langues occidentales

Archives du ministère des Affaires étrangères, *Nouvelle série, Chine*, vol. 154, fol. 222-224.

Balazs, Étienne, 1968. *La bureaucratie céleste*, Paris, Gallimard.

Bastid, Marianne, 1971. *Aspects de la réforme de l'enseignement en Chine au début du XXe siècle*, Paris, Mouton.

Bays, Daniel, 1978. *China Enters the Twentieth Century: Chang Chih-tung and the Issues of a New Age, 1895-1909*, Ann Arbor, University of Michigan Press.

Biggerstaff, Knight, 1961. *The Earliest Modern Government Schools in China*, Ithaca, Cornell University Press.

Bland, John O.P., Backhouse, E., 1912. *China Under the Empress Dowager, Being the History of the Life and Times of Tzu Hsi Compiled from State Papers and the Private Diary of the Controller of her Household*, London, William Heinemann.

Bloch, Marc, 1990. *L'étrange défaite*, Paris, Gallimard.

Boorman, Howard L. et Howard, Richard C., 1968. *Biographical Dictionary of Republican China*, New York, Columbia University Press.

Bosmans, Henri (S. J.), 1924. «L'œuvre scientifique d'Antoine Thomas de Namur, S. J. (1644-1709)», *Annales de la Société Scientifique de Bruxelles*, vol. 44, p. 69-179.

Bourgon, Jérôme, 1998. «De quelques tendances récentes de la sinologie juridique américaine», *T'oung-pao* 84, p. 380-414.

Burnham, John, 1998. *How the Idea of Profession Changed the Writing of Medical History*, London, Wellcome Institute for the History of Medicine.

Calanca, Paola, 1999. *Piraterie et contrebande au Fujian: l'administration face aux problèmes d'illégalité maritime (XIIe-début XIXe siècles)*, thèse soutenue à l'EHESS (Paris).

Cameron, Meribeth E., 1963. *The Reform Movement in China 1898-1912*, Stanford (Cal), Stanford University Press [Ph.D. soutenu en 1931].

Ch'en, Fu-mei, 1970. *Private Code Commentaries in the Development of Ch'ing Law (1644-1911)*, Cambridge (Mass.), Ph. D. Harvard University [non publiée].

Chang, Chung-shen Thomas, 1983. «Ts'ai Ch'ien, the Pirate King who dominates the Seas: a Study of Coastal Piracy in China, 1795-1810», thèse de doctorat de l'Université de l'Arizona.

Chang, Fu-jui, 1962. *Les fonctionnaires des Song, Index des titres,* Paris, Mouton & Co.

Cheng, Anne, 1995. «Tradition canonique et esprit réformiste à la fin du XIXe siècle en Chine? La résurgence de la controverse *jinwen/guwen* sous les Qing», *Études chinoises*, 24.2, p. 27-40.

Coates, Austin, 1987. *Myself a Mandarin. Memoirs of a Special Magistrate*, Hong Kong, Oxford University Press.

Cullen, Christofer, 1996. *Astronomy and Mathematics in Ancient China: the* Zhou bi suan jing, Cambridge, Cambridge University Press.

Darrobers, Roger, 1995. *Proverbes chinois*, Paris, Seuil [Points Sagesses].

de Thomaz de Bossierre, Yves, 1977. *Un Belge mandarin à la cour de Chine aux XVIIe et XVIIIe siècles, Antoine Thomas 1644-1709*, Paris.

Des Rotours, Robert, 1932. *Le traité des examens, traduit de la nouvelle Histoire des Tang*, Paris, Librairie Ernest Leroux.

Djang, Chu, 1984. *A Complete Book Concerning Happiness and Benevolence: a Manual for Local Magistrates in Seventeenth-Century China* [traduction du *Fuhui quanshu* de Huang Liuhong], Tucson, University of Arizona Press.

Dobel, Pierre, 1842. *Sept années en Chine: nouvelles observations sur cet empire, l'archipel indo-chinois, les Philippines et les îles Sandwich.* Traduit du russe par le prince Emmanuel Galitzin. Paris, Librairie d'Amyot.

Du Shi-ran et Han Qi, 1992. «The Contribution of French Jesuits to Chinese Science in the Seventeenth and Eighteenth Centuries», *Impact of Science on Society*, n° 167, p. 265-275; «Contribution des jésuites français à la science chinoise aux XVIIe et XVIIIe siècles», dans *Impact: Science et société*, n° 167, p. 275-285.

Durand, Pierre-Henri, 1992. *Lettrés et pouvoirs: un procès littéraire dans la Chine impériale*, Paris, Éditions de l'École des Hautes Études en Sciences Sociales.

Edwards, Anthony Edwards Fairbank, 1987. *Pascal's Arithmetical Triangle*, London, Griffin.

Elman, Benjamin A. et Woodside, Alexander, 1994. *Education and Society in Late Imperial China 1600-1900*, Berkeley, University of California Press.

Elman, Benjamin A., 1987. *From Philosophy to Philology*, Cambridge (Mass.), Harvard University Press.

Elman, Benjamin A., 1989. «Imperial Politics and Confucian Societies in Late Imperial China: the Hanlin and Donglin Academies», *Modern China*, XV, 4, p. 379-418.

Elman, Benjamin A., 1990. *Classicism, Politics and Kinship. The Ch'ang-Chou School of New Text Confucianism in Late Imperial China*, rééd. Taipei, SMC Publishing Inc.

Escarra, Jean, 1936. *Le droit chinois, conception et évolution, institutions législatives et judiciaires, science et enseignement,* Paris, Pékin, Librairie du recueil Sirey, Henri Vetch.

Fortune, Robert, 1857. *A Residence among the Chinese,* London, J. Murray.

Fournier, Georges, 1643. *Hydrographie contenant la théorie et la pratique de toutes les parties de la navigation*, Paris, Michel Soly.

Franke, Wolfgang, 1963. *The Reform and Abolition of the Traditional Chinese Examination System*, Cambridge (Mass.), Harvard University Press.

Goodrich, Luther Carrington et Fang Chaoying, 1976. *Dictionary of Ming Biography, 1368-1644*, New York, Columbia University Press, 2 vol.

Guy, R. Kent, 1986. «Zhang Tingyu and Reconciliation: the Scholar and the State in the Early Qianlong Reign», *Late Imperial China*, VII, 1, p. 50-62.

Han Qi, 1995. «The Role of the French Jesuits in China and the Académie Royale des Sciences in the Development of the 17th- and 18th-Century French and Chinese Sciences», dans Keizo Hashimoto (ed.), *East Asian Science: Tradition and Beyond*, Osaka, Kansai University Press, p. 489-492.

Han Qi, 1997. «Patronage scientifique et carrière politique: Li Guangdi entre Kangxi et Mei Wending», *Études chinoises*, vol. 16, n° 2, automne 1997, p. 7-37.

Han Qi, 1999. «The Role of the Directorate of Astronomy in the Catholic Mission during the Qing Period», dans N. Golvers (ed.), *The Christian Mission in China in the Verbiest Era: Some Aspects of the Missionary Approach*, Leuven, Leuven University Press, p. 85-95.

Han Qi, 1999. «Emperor, Prince and Literati: Role of the Princes in the Organization of Scientific Activities in Early Qing Period», dans Kim Yung Sik et Francesca Bray (eds.), *Current Perspectives in the History of Science in East Asia*, Séoul, Seoul National University, p. 209-216.

Han Qi, 2000. «Sino-French Scientific Relations Through the French Jesuits and the Académie Royale des Sciences in the Seventeenth and Eighteenth Centuries», dans Uhalley Stephen and Xiaoxin Wu (eds.), *China and Christianity: Burdened Past, Hopeful Future*, New York, M.E. Sharpe, p. 137-147.

Handlin Smith, Joanna, 1995. «From Dissenssion to Cooperation: Local Leadership in a Famine of the Early 1940s», communication présentée à la 47e réunion annuelle de l'Association for Asian Studies, Washington, D.C., avril 1995.

Harrell, Paula, 1992. *Sowing the Seeds of Change: Chinese Students, Japanese Teachers 1895-1905*, Stanford, Stanford University Press.

Hashimoto Keizo et Catherine Jami, 1997. «Kepler's Law in China: A Missing Link? J.-F. Foucquet's *Lifa wenda*», *Historia Scientarium*, vol. 6, n° 3, p. 171-185.

Haussmann, Auguste, 1847-1848. *Voyage en Chine, Cochinchine, Inde et Malaisie,* Paris, G. Olivier, 3 vol.

Ho Peng Yoke, 1971, «Chu-Shih-chieh», dans *Dictionary of Scientific Biography,* vol. 3, New York, Scribner's, p. 265-271.

Horiuchi, Annick, 1994. *Les mathématiques japonaises à l'époque d'Edo — Une étude des travaux de Seki Takakazu (?-1708) et de Takebe Katahiro (1664-1739),* Paris, Librairie Philosophique J. Vrin.

Huang Yi-long, 1991. «Court Divination and Christianity in the K'ang-Hsi Era», traduit par Nathan Sivin, *Chinese Science*, vol. 10, p. 1-20.

Hucker, Charles O., 1985. *A Dictionary of Official Titles in Imperial China,* Standford, Stanford University Press.

Hummel, Arthur W., 1944. *Eminent Chinese of the Ch'ing Period,* 2 vols., Washington Government Printing Office.

Hummel, Arthur W., 1970. *Eminent Chinese of the Ch'ing Period*, rééd. Taipei, Ch'eng-wen Publishing Company.

Hymes, Robert P., 1987. «Not Quite Gentlemen? — Doctor in Sung and Yuan», *Chinese Science*, vol. 8, p. 9-76.

Jami, Catherine, 1990. *Les méthodes rapides pour la trigonométrie et le rapport précis du cercle (1774): Tradition chinoise et apport occidental en mathématiques*, Mémoires de l'Institut des Hautes Études Chinoises, vol. 32, Paris, Collège de France.

Jami, Catherine, 1986. *Jean-François Foucquet et la modernisation de la science en Chine: la «Nouvelle Méthode d'Algèbre»*, mémoire de maîtrise, Université de Paris VII.

Jami, Catherine, 1991. «Scholars and Mathematical Knowledge during the Late Ming and the Early Qing», *Historia Scientarium*, vol. 42, p. 99-109.

Jami, Catherine, 1991. «The *Yu Zhi Shu Li Jing Yun* (1723) and Mathematics during the Kangxi Reign (1662-1722)», dans Yang Tsui-hua et Yi-long Huang (eds.), 1991, p. 155-172.

Jami, Catherine, 1994. «Learning Mathematical Sciences during the Early and Mid-Ch'ing», dans Benjamin Elman et A. Woodside (eds.), 1994, p. 223-256.

Jami, Catherine, 1994. «History of Mathematics in Mei Wending's (1633-1721) Work», *Historia Scientarium*, 2e série, IV-2/53, p. 157-172.

Kreissler, Françoise, 1989. *L'Action culturelle allemande en Chine*, Paris, Éditions de la Maison des sciences de l'homme.

Kwong, Luke S. K., 1993. «The t'i-yung Dichotomy and the Search for Talent in Late Ch'ing China», *Modern Asian Studies*, 27 (2), p. 253-279.

Lam Lay Yong, 1968. «The Yang Hui Suan Fa, A thirteenth-century Chinese Mathematical Treatise», *Chong Chi Journal,* vol. 7, p. 171-176.

Lam Lay Yong, 1969. «On the Existing Fragments of Yang Hui's Hsiang Chieh Suan Fa», *Archive for History of Exact Sciences,* 1969, vol. 6, n° 1, p. 82- 88.

Lam Lay Yong, 1972. «The *Jih yung suan fa*: an Elementary Arithmetic Textbook of the Thirteenth Century», *Isis,* 1972, vol. 63, p. 370-383.

Lam Lay Yong, 1977. *A Critical Study of the Yang Hui Suan Fa, a Thirteenth Century Mathematical Treatise,* Singapore, Singapore University Press.

Landry-Deron, Isabelle, 1995. *Les leçons de sciences occidentales de l'empereur de Chine Kangxi (1662-1722): Texte des journaux des Pères Bouvet et Gerbillon*, Paris, E.H.E.S.S.

Lee, Thomas H.C., 1985. *Government Education and Examinations in Sung China,* Hong Kong, The Chinese University Press.

Lei Hsiang-lin, 1998. *When Chinese Medicine Encountered the State: 1910-1949*, thèse de doctorat, Chicago, Université de Chicago.

Leung Angela Ki Che, 1987. «Organized Medicine in Ming-Qing China: State and Private Medical Institutions in the Lower Yangzi Region», *Late Imperial China*, vol. 8, n° 1 (juin), p. 134-166.

Leung Angela Ki Che, 1997. «Medical Ethics in China», dans Helaine Selin (ed.), *Encyclopaedia of the History of Science, Technology and Medicine in Non-Western Cultures*, Dordrecht, Kluwer Academic Publishers, p. 667-669.

Leung Angela Ki Che, 2001. «Medical Learning from the Song to the Ming», R. Von Glahn et P. Smith (eds.), *The Song-Yuan-Ming Transition in Chinese History*, University of California Press, (à paraître).

Leung, Angela Ki Che, 1994. «Elementary Education in the Lower Yangtze Region in the 17th and 18th Centuries», dans B. Elman et A. Woodside (eds.), *Education and Society in Late Imperial China, 1600-1900*, Berkeley, University of California Press, p. 381-416.

Li Yan et Du Shi-ran, 1987. *Chinese Mathematics. A Concise History*, Oxford.

Li, Tingjiang, 1998. «The Role of the Japanese Advisor in Early Republican China: A Consideration of Ariga Nagao», *Twentieth Century China*, 23.2, p. 71-106.

Liu Dun 劉鈍, 1991. «As Regards the Source Book of *Jihe yuanben* in *Shu li jing yun*», *China Historical Materials of Science and Technology* 中國科技史料, vol. 12, n° 3, p. 88-96.

Lui, Adam Yuen-chung, 1971. «The Practical Training of Government Officials under the Early Ch'ing, 1644-1795», *Asia Major*, XVI, 1-2, p. 82-95.

Macauley, Melissa, 1998. *Social Power and Legal Culture. Litigation Masters in Late Imperial China*, Stanford (Cal.), Stanford University Press.

Mann Jones, Susan, 1972. «Hung Liang-chi (1746-1809): the Perception and Articulation of Political Problems in Late Eighteenth Century China», Ph.D., Stanford University.

Mann Jones, Susan, 1975. «Scholasticism and Politics in Late Eighteenth-Century China», *Ch'ing-shih wen-t'i,* III, 4, p. 28-49.

Martzloff, Jean-Claude, 1987. *Histoire des mathématiques chinoises,* Paris, Masson.

Martzloff, Jean-Claude, 1997. *A History of Chinese Mathematics*, Berlin, Heidelberg, New York, Springer Verlag.

Meijer, Marinus, 1950. *The Introduction of Western Criminal Law in China*, Batavia, De Unie [rééd. Airlington (Virginia), University Publication of America, 1976].

Michael, Franz, 1962. «The Role of Law in Traditional, Nationalist, and Communist China», *China Quarterly*, 9 [Jan-March 1962], p. 124-148.

Needham, Joseph, 1959. *Science and Civilisation in China,* vol. 1-4, Cambridge, Cambridge University Press.

Needham, Joseph, 1959. *Science and Civilisation in China*, vol. 3: *Mathematics and the Sciences of the Heavens and the Earth*, Cambridge, Cambridge University Press.

Ng Chin-keong, 1983. *Trade and Society: the Amoy Network on the China Coast, 1683-1735,* Singapore, Singapore University Press.

Nguyen Tri Christine, 1990. *L'École publique de Nanyang. Élite et éducation moderne à Shanghai 1897-1937*, thèse de l'E.H.E.S.S. non publiée, Paris.

Ocko, Johnathan, 1983. *Bureaucratic Reform in Provincial China. Ting Jih-ch'ang in Restoration Kiangsu, 1867-1870*, Cambridge (Mass.), Harvard University Press.

Pelliot, Paul, 1909. «Note de bibliographie chinoise, 2: Le droit chinois», *Bulletin de l'École Française d'Extrême-Orient*, 9, p. 121-152.

Peng Hsiao-fu, Rita, 1975. «The K'ang-hsi Emperor's Absorption in Western Mathematics and Astronomy and his Extensive Applications of Scientific Knowledge», *Li-shih Hsüeh-pao*, vol. 3, p. 349-422.

Poirier Jacques, 1993. «La vulgarisation médicale au XIXe siècle», dans François-Olivier Touati (éd.), *Maladies, médecins et sociétés. Approches historiques pour le présent*, Paris, L'Harmattan.

Polachek, James, 1976. «Literati Groups and Literati Politics in Early 19th China», thèse Ph.D., Berkeley, University of California.

Pudles, Lilian, 1999. «Les réformes éducatives en Chine au début du XXe siècle à travers la presse de Meiji», dans J. P. Berthon *et al.* (éds.), *Japon pluriel 3. Actes du troisième colloque de la Société française des Études japonaises*, Arles, Philippe Picquier, p. 63-70.

Ramsey Matthew, 1992. «The Popularization of Medicine in France», dans R. Porter (ed.), *The Popularization of Medicine, 1650-1850*, London, Routledge, p. 97-133.

Reynolds, Douglas R., 1987. «A Golden Decade Forgotten: Japan-China Relations, 1898-1907», *The Transactions of the Asiatic Society of Japan*, 4-2, p. 93-153.

Reynolds, Douglas R., 1989. «Training Young China Hands: Tôa Dôbun Shoin and its Precursors,1886-1945», dans Peter Duus *et al.* (eds.), *The Japanese Informal Empire in China, 1895-1935*, Princeton, Princeton University Press, p. 210-217.

Reynolds, Douglas R., 1993. *China: 1898-1912. The* Xinzheng *Revolution and Japan*, Cambridge (Mass.), Harvard University Press.

Reynolds, Douglas R., 1993. *China 1898-1912. The Xinzheng Revolution and Japan*, Cambridge (Mass.), Harvard University Press.

Saint-John Perse, 1982. *Œuvres complètes*, Paris, Gallimard, «Bibliothèque de la Pléiade», 2e éd.

Sun, E-Tu Zen, 1986. «The Growth of the Academic Community 1912-1949», dans John K. Fairbank *et al.* (eds.), *The Cambridge History of China, vol.13, Republican China, 1912-1949, Part 2*, p. 361-420.

Tadao Sakai,1970. «Confucianism and Popular Edicational Works», dans de Bary *et al.*, *Self and Society in Ming Thought*, New-York, Columbia University Press, (version courte de son article de 1958), p. 331-336.

van der Valk, M. H., 1939. «The Revolution of Chinese Legal Thought», *Pacific Affairs*, 11.1, p. 66-80.

van Gulik, Robert, 1956. *Parallel Cases From Under the Pear-tree. A Thirteen Century Manual of Jurisprudence and Detection*, Leiden, Sinica Leidensia, 10.

Vergé-Franceschi, Michel, 1991. *Marine et éducation sous l'Ancien Régime*, Paris, Éditions du CNRS.

von Collani, Claudia, 1985. *P. Joachim Bouvet S.J. — Sein Leben und sein Werk*, Nettetal, Steiner Verlag.

Wang, Yeh-Chien, 1966. *Chinese Intellectuals and the West, 1872-1949*, Chapel Hill, The University of North Carolina Press.

Watt, John R., 1970. «Leadership Criteria in Late Imperial China», *Ch'ing-shih wen-t'i*, II, 3, p. 17-39.

Watt, John R., 1972. *The District Magistrate in Late Imperial China*, New York, Columbia University Press.

Wear Andrew, 1992. «The Popularization of Medicine in Early Modern England» dans R. Porter (ed.), *The Popularization of Medicine, 1650-1850*, London, Routledge, p. 17-41.

Weber, Max, 2000. *Confucianisme et taoïsme*, trad. par Catherine Colliot-Thelème et Jean-Pierre Grossein, Paris, Gallimard.

Wei Peh T'i, 1979. «Internal Security and Coastal Control: Juan Yuan and Pirate Suppression in Chekiang, 1799-1809», *Ch'ing-shih wen-t'i*, vol. IV, no. 2, p. 83-112.

Widmaier, Rita (ed.), 1990. *Leibniz korrespondiert mit China: Der Briefwechsel mit den Jesuitenmissionaren (1689-1714)*, Frankfurt am Main, Vittorio Klostermann.

Will, Pierre-Étienne, 1989. «Bureaucratie officielle et bureaucratie réelle: sur quelques dilemmes de l'administration impériale à l'époque des Qing», *Études chinoises*, VIII, 1, p. 69-142.

Will, Pierre-Étienne, 1994. «L'État, la sphère publique et la redistribution des subsistances à l'époque des Qing», dans Léon Vandermeersch (éd.), *La société civile face à l'État dans les traditions chinoise, japonaise, coréenne et vietnamienne*, Paris, École Française d'Extrême-Orient, p. 271-292.

Will, Pierre-Étienne, 1997. «The 1744 annual audits of magistrate activity and their fate», *Late Imperial China*, 18, 2, p. 1-50.

Will, Pierre-Étienne, 1999a. «Ming Qing shiqi de guanzhenshu yu Zhongguo xingzheng wenhua» 明清 時期的官箴書與中國行政文化; *Qingshi yanjiu* 清史研究, 1999, 1, p. 3-20.

Will, Pierre-Étienne, 1999b. «La vertu administrative au théâtre: Huang Xieqing (1805-1864) et le *Miroir du fonctionnaire*», *Études chinoises*, XVIII, 1-2, p. 289-367.

Will, Pierre-Étienne, 2000. «Creation, Conflict, and Routinization: Appointing Officials by Drawing Lots, 1594-1700», communication au Workshop on Seventeenth-Century China, Fairbank Center, Université Harvard, 27 mai 2000.

Will, Pierre-Étienne (éd.), à paraître. *Official Handbooks and Anthologies of Imperial China: A Descriptive and Critical Bibliography*.

Wright, Mary C., 1957. *The Last Stand of Chinese Conservatism*, Stanford (Cal.), Stanford University Press.

Yabuuchi, Kiyoshi, 2000. *Une histoire des mathématiques chinoises,* traduit du japonais par Kaoru Baba et Catherine Jami, Paris, Belin (édition japonaise, 1974).

Yamazaki Yoemon, 1959. «The Origin of the Chinese Abacus», *Memoirs of the Reasearch Department of the Toyo Bunko (The Oriental Library)*, n° 18, p. 91-140.

Yamazaki Yoemon,1962. «History of Instrumental Multiplication and Division in China — from Reckoning-blocks to the Abacus», *Memoirs of the Research Department of the Toyo Bunko (The Oriental Library)*, n° 21, p. 125-148.

Yang Tsui-hua et Yi-long Huang (eds.), 1991. *Science and Technology in Modern China*, Taibei, Institute of History, National Tsing-hua University and Institute of Modern History, Academia Sinica.

Ziggelaar, August, 1971. *Le physicien Ignace Gaston Pardies S.J. (1636-1673)*, Odense University Press.

Sources chinoises et japonaises

Abe Hiroshi 阿部洋 éd., *Ni-Chû kyôiku bunka kôryû to masatsu* 日中教育文化交流と摩擦 (Échanges et heurts sino-japonais dans le domaine de l'éducation et de la culture), Tokyo, Danichi shobo 第一書局, 1983.

Abe Hiroshi 阿部洋, *Chûgoku no kindai kyôiku to Meiji Nihon* 中國の近代教育と明治日本 (L'éducation moderne en Chine et le Japon de Meiji), Tokyo, Fukumura shuppan 福村出版, 1990.

Ariga Nagao 有賀長雄, «Guofa xue 國法學» (Le droit de la nation), *Zaodaotian daxue zhengfa licai ke jiangyi* 早稲田大學政法理財科講義 (Manuel de la section de Politique, droit et finances de l'Université Waseda), 1 (sept. 1906), p. 1-28, (pagination multiple).

Beijing daxue sayi zhounian jinian kan 北京大學卅一週年紀念刊 (Publication commémorative du 31e anniversaire de l'Université de Pékin), Pékin, Guoli Beijing daxue 國立北京大學, 1929.

Cao Rulin 曹汝霖, *Yi sheng zhi huiyi* 一生之回憶 (Souvenirs d'une vie), Hong-Kong, Chunqiu zazhishe 春秋雜誌社, 1966.

Chen Gujia 陳谷嘉 et Deng Hongbo 鄧洪波, *Zhongguo shuyuan zhidu yanjiu* 中國書院制度研究 (Recherches sur le système des académies en Chine), Hangzhou, Zhejiang jiaoyu chubanshe 浙江教育出版社,1997.

Chen Hongmou 陳宏謀, s.d., *Peiyuan tang oucun gao* 培遠堂偶存告.

Chen Lunjiong 陳倫炯, *Haiguo wenjian lu* 海國聞見錄 (Notes à propos des choses vues et entendues dans les pays maritimes), 1730. Taibei, Taiwan yinhang 臺灣印行, «Taiwan wenxian congkan 臺灣文獻叢刊», no. 26, 1958.

Chen Nianzu 陳念祖, *Yixue Sanzijing* 醫學三字經 (*Classique médical trimétrique*), édition annotée par Tao Xiaohua 陶曉華, Beijing, Zhongguo shudian 中國書店, 1993.

Chen Xiyu 陳希育, *Zhongguo fanchuan yu haiwai maoyi* 中國帆船與海外貿易 (La marine à voile chinoise et le commerce maritime international), Xiamen, Xiamen daxue chubanshe 廈門大學出版社, 1991.

Chen Xuexun 陳學恂, Tian Zhengping 田正平 (éds), *Zhongguo jindai jiaoyu shi ziliao huibian. Liuxue jiaoyu* 中國近代教育史資料匯編。留學教育 (Recueil de matériaux sur l'histoire de l'éducation moderne en Chine. Les études à l'étranger), Shanghai, Shanghai jiaoyu chubanshe 上海教育出版社, 1991.

Chen Yan 陳衍. (comp.), *Fujian tongzhi liezhuan xuan* 福建通志列傳選 (Biographies choisies de l'*Histoire générale du Fujian*), Taibei, Taiwan sheng wenxian weiyuanhui, «Taiwan lishi wenxian congkan 臺灣歷史文獻叢刊», 1993.

Chen Yuanpeng 陳元朋, *Liang Song di shangyi shiren yu ruyi, jian lun qi zai Jin-Yuan di liubian* 兩宋的尚醫士人與儒醫，兼論其在金元的流變 (Lettrés érudits en médecine et médecins confucéens dans la dynastie des Song du Nord et du Sud et leur développement dans la période des Jin-Yuan), thèse de *Master*, Taipei, National Taiwan University, 1996.

Chen Ziming 陳自明, *Furen liang fang* 婦人良方 (Recettes excellentes pour femmes), Shanghai, Kexue jishu chubanshe 科學技術出版社, 1995.

Cheng Guopeng 程國彭, *Yixue xinwu* 醫學心悟 (Compréhension mentale de l'enseignement médical), éditions Suxintang 素心堂, 1732.

Chixiu Zhejiang tongzhi 敕修浙江通志 (Gazette générale de la province de Zhejiang, éditée par l'Empire), édition de 1736.

Da Qing Guangxu xin faling 大清 光緒新法令 (Nouvelles lois et décrets du règne Guangxu des Qing), 1901.

Da Qing huidian shili (欽定) 大清 會典事例 (Statuts et précédents de la dynastie Qing, édités par volonté impériale), comp. Li Hongzhang 李鴻章 *et al.*, 1899, éd. Guangxu. Shanghai, Shangwu yinshuguan 商務印書館, 1908.

Dai Baoyuan 戴葆元, *Jiazhuan kedu* 家傳課讀 (Lectures transmises au sein de ma famille), 1878 (préface de 1873).

Dantu Dai shi yishu 丹徒戴氏遺書, s.d.

Ding Richang 丁日昌, *Fu Wu Gongdu* 撫吳公牘 (Archives provinciales du Jiangsu), 1875.

Ding Richang 丁日昌, *Muling shu jiyao* 牧令書輯要, Hubei, 1869.

Dong Kang 董康, «Woguo falü jiaoyu zhi lishi tan» 我國法律教育之歷史談 (Essai sur l'histoire de l'éducation juridique en Chine), *Faxue zazhi* 法學雜誌, Shanghai, 1929.

Dong Lianrong 董連榮 (éd.), *Lidai zhongyi gefu jingxuan* 歷代中醫歌賦精選 (Sélection de versification médicale des dynasties passées), Beijing, Kexue jingshu chubanshe 科學經書出版社, 1991.

Dongfang zazhi 東方雜誌 (Revue d'Orient), Shanghai, à partir de 1904.

Dulü shizhong 讀律十種 (Dix ouvrages sur l'étude du code), Chubei chongwen shuju 楚北崇文書局, 1868.

Fajue qiming 法訣啓明, 1879.

Fan Xingzhun 范行準, «Yijia xunmeng shu: *wuzang lun* di yanjiu 醫家訓蒙書：五臟論的研究» (Un ouvrage de médecine: Etude sur les «cinq viscères»), *Yishi zazhi* 醫史雜誌, vol. 3, 1951, n°1.

Fang Dashi 方大湜, *Pingping yan* 平平言, éd. des bureaux officiels de Zizhou 資州, 1892.

Fujian tongzhi liezhuan xuan 福建通誌列傳選 (Biographies choisies de l'Histoire générale du Fujian), comp. Chen Yan 陳衍, Taipei, Taiwansheng wenxian weiyuanhui 臺灣省文獻委員會, «Taiwan lishi wenxian congkan 臺灣歷史文獻叢刊», 1993.

Futami Takeshi 二見剛史, «Kyôshi Hôsei gakudö no Nihonjin kyöshü 京師法政學堂の日本人教習 (Les enseignants japonais du Collège de droit et administration de Pékin)» *Kokuritsu kuôiku kenkyûjo kijô* 國立教育研究所紀要 (Bulletin de l'institut National de Recherche Pédagogoique, 115 (mars 1988), p. 75-91.

Fuzhou fuzhi 福州府志 (Monographie de la préfecture de Fuzhou), rév. Xu Jingxi 徐景熹 *et al.*, éd. 1754 (Qianlong), Taibei, Chengwen chubanshe 成文出版社, *Zhongguo fangzhi congshu* 中國方誌叢書, «Huanan difang 華南地方», no. 72, 1967.

Gangyi 剛毅, *Muling xuzhi* 牧令須知 (*Vademecum* du préfet), 1889. Reprint Taipei, Wenhai chubanshe 文海出版社, 1971.

Gangyi 剛毅, *Xiyuan lu yizheng* 洗冤錄議證 (Traité pour laver l'injustice avec commentaires vérifiés), Jiangsu shuju 江蘇書局, 1891.

Gao Tingyao 高廷瑤, *Huanyou jilüe* 宦游紀略.

Gong Tingxian 龔廷賢, *Wanbing huichun* 萬病回春 (Guérison de dix mille maladies), Beijing, Renmin weisheng chubanshe 人民衛生出版社, 1994.

Gongzhong dang Yongzheng chao zouzhe 宮中檔雍正朝奏摺 (Mémoire au palais du règne Yongzheng), Taipei, Gugong bowuyuan 故宮博物院, 1977-1980, 32 vol.

Gongzhong dang'an 宮中檔案 (Archives du Palais): section «Gongzhong zhupi zouzhe 宮中硃批奏摺» (Mémoires au palais apostillés); catégorie «*junwu* 軍務 — *fangwu* 防務» (affaires militaires — défense frontalière).

Gongzhong dang'an 宮中檔案 (Archives du Palais): section «Gongzhong zhupi zouzhe» 宮中硃批奏摺 (Mémoires au palais apostillés); catégorie «*junwu* 軍務 — *junxu* 軍需» (affaires militaires — approvisionnement).

Gongzhong dang'an 宮中檔案 (Archives du Palais): section «Nongmin yundong» 農民運動 (Mouvements paysans); catégorie «*fan Qing douzheng*» 反清鬥爭 (luttes anti-Qing).

Gu Yanwu 顧炎武, *Rizhi lu jishi* 日知錄集釋, Taipei, Shijie shuju 世界書局, 1976.

Guoli Beijing Daxue ershi zhounian ji niance 國立北京大學二十週年記念册 (Brochure commémorative du 20e anniversaire de l'Université nationale de Pékin), Pékin,1919.

Hamaguchi Nobuko 浜口允子, «Shinmatsu Chokurei ni okeru shigikyoku to kengikai 清末直隷における諮議局と縣議會» (Assemblée provinciale et assemblées de district au Zhili à la fin de la dynastie Qing), dans Shingai kakumei kenkyû kai 辛亥革命研究會 (éd.), *Chûgoku kin gendai shi ronshû. Kikuchi Takaharu sensei tsuitô ronshû* 中國近現代史論集。菊池貴晴先生追悼論集 (Recueil d'articles sur l'histoire moderne et contemporaine de la Chine. Recueil d'articles en commémoration du professeur Kikuchi Takaharu), Tokyo, Kyûko shoin 汲古書院, 1985, p. 193-220.

Han Qi 韓琦, «Bai Jin de *Yijing* yanjiu he Kangxi shidai de Xixuezhongyuan shuo 白晉的易經研究和康熙時代的西學中源說» (Des recherches de Bai Jin sur le *Livre des mutations* et la théorie de l'origine chinoise des sciences occidentales de l'époque Kangxi), *Chinese Studies* 漢學研究, Taipei, vol. 16, n° 1, juin 1998, p. 193-220.

Han Qi 韓琦, «Gewu qiongliyuan yu Mengyangzhai –17-18 shiji zhi zhongfa kexue jiaoliu 格物窮理院與蒙養齋 -17。18 世紀之中法科學交流», *Faguo hanzi* 法國漢字 (4), Pékin, Zhonghua shuju 中華書局, 1999, p. 302-324.

Han Qi 韓琦, «Junzhu he buyi zhijian: Li Guangdi zai Kangxi shidai de huodong jiqi dui kexue de yingxiang 君主和布衣之間: 李光地在康熙時代的活動及其對科學的影響» (Relations entre le prince et ses sujets: les activités de Li Guangdi sous l'empereur Kangxi et son influence sur la science), *Tsing Hua Journal of Chinese Studies* 清華學報, Hsinchu, nouvelle série, vol. 26, n° 4, décembre 1996, p. 421-445.

Han Qi 韓琦, «*Shuli jingyun* duishu zaobiaofa yu Dai Xu de erxiangzhankaishi yanjiu 數理精蘊對數造表法與戴煦的二項展開式研究» (Briggs' *Arithmetica Logarithmetica* and the Binomial Theorem of Dai Xu), *Ziran kexue shi yanjiu* 自然科學史研究 (*Studies in the History of Natural Sciences*), vol. 11, n° 2, 1992, p. 109-119.

Han Qi 韓琦, *Kangxi shidai chuanru de xifang shuxue jiqi dui Zhongguo shuxue de yingxiang* 康熙時代傳入的西方數學及其對中國數學的影響 (L'introduction des mathématiques occidentales en Chine sous la période de Kangxi et son influence sur les mathématiques chinoises), thèse de doctorat, Institut d'histoire des sciences naturelles, Académie chinoise des sciences, Beijing, 1991.

Higuchi Hideo 樋口秀雄, *Hoku Shin ni okeru sho gaikoku no kyôiku jô no kôka ni kansuru chôsa* 北清に於ける諸外國の教育上の效果に関する調查 (Enquête en Chine du Nord sur les résultats des pays étrangers en matière de politique éducative), Tokyo, Takushoku kyoku 拓殖局, 1911.
Hôsei daigaku daigaku shi shiryô iinkai 法政大學大學史資料委員會 (comp. et éd.), *Hôsei daigaku shi shiryô shû. Dai jû ichi shû. Hôsei daigaku Shinkoku ryûgakusei hôsei sokuseika kankei shiryô* 法政大學史資料集。第十一集。法政大學清國留學生法政速成科科関係資料 (Recueil de documents sur l'histoire de l'Université Hôsei. Volume 11. Documents sur le cursus accéléré en droit et administration de l'Université Hôsei pour les étudiants chinois de l'empire des Qing), Tokyo, Université Hôsei 法政大學,1988.
Hu Bosu 胡伯素, «Beijing daxue zhi dizhi xi 北京大學之地質系» (Le département de géologie de l'Université de Pékin), dans *Beijing daxue sayi zhounian jinian kan*, p. 72-77.
Hu zhong tian 壺中天 (Le ciel à l'intérieur d'un pichet), in *Guben xiaoshuo jicheng* 古本小說集成 (recueil de romans classiques), Shanghai, Shanghai guji chubanshe 上海古籍出版社, 1990 (facsimilé de l'édition du XVIIe siècle).
Hua Yinchun 華印椿, *Zhongguo zhusuan shiliao* 中國珠算史料 (Matériaux pour l'histoire du boulier chinois), Pékin, Zhongguo caiwu jingji chubanshe 中國財物經濟出版社,1987.
Huang Fuqing 黃福慶, *Qingmo liu Ri xuesheng* 清末留日學生 (Les étudiants chinois au Japon à la fin de l'époque Qing), Taipei, Zhongyang yanjiuyuan jindaishi yanjiusuo 中央研究院近代史研究所, 1975.
Huang Aiping 黃愛平, *Siku quanshu zuanxiu yanjiu* 四庫全書纂修研究 (Études sur la publication et la révision de la Collection en quatre magasins), Pékin, Zhongguo renmin chubanshe 中國人民出版社, 1989.
Huang Liuhong 黃六鴻 (préface de 1694). *Fuhui quanshu* 福惠全書.
Huang Yi-long 黃一農, «Bei hulue de shengyin — Jieshao Zhongguo tianzhujiaotu dui liyi» wenti taidu de wenxian 被忽略的聲音 — 介紹中國天主教徒對禮儀問題態度的文獻 (Documents sur l'attitude des missionnaires chrétiens à l'égard du problème des rites: une voix négligée), *Ts'ing Hua Journal* 清華學報, nouvelle série, vol. 25, n° 2, juin 1995, p. 137-160.
Huang Yi-long 黃一農, «Qingchu Qintianjian ge minzu tianwenxuejia de quanli qifu» 清初欽天監各民族天文學家的權力起伏, *Xinshixue* 新史學, vol. 2, n° 2, 1991, p. 75-108.
Huangchao jingshi wenbian 皇朝經世文編, éd. 1873, reprint Taipei, Shijie shuju 世界書局, 1964.
Ji Dakui 紀大奎. *Shixue beiyu* 仕學備餘. Préface 1794.
Jiaoyu da cidian 教育大辭典 (Dictionnaire de l'éducation), Shanghai, Shanghai jiaoyu chubanshe, 上海教育出版社,1991.
Jiaoyu zazhi 教育雜誌 (Revue de l'enseignement), Shanghai, à partir de 1909.
Junji chu lufu zouzhe 軍機處錄副奏摺 (Copies des mémoires au palais du Grand Conseil), règne Yongzheng, catégorie «*junwu-renshi*» 軍務-人事 (affaires militaires — personnel).
Kageyama Masahiro 蔭山雅博, «Shimmatsu ni okeru kyôiku kindaika katei to Nihonjin kyôshû 清末と教育近代化過程と日本人教習» (La modernisation de l'enseignement à la fin des Qing et les enseignants japonais), dans Abe

Hiroshi 阿部洋 éd., *Ni-Chû kyôiku bunka kôryû to masatsu* 日中教育文化交流と摩擦 (Échanges et heurts sino-japonais dans le domaine de l'éducation et de la culture), Tokyo, Daiichi shobô 第一 書房, 1983, p. 11-12

Kang Youwei 康有爲, «Kang Nanhai zibian nianpu 康南海自編年譜»(Autobiographie chronologique de Kang Youwei), dans Zhongguo shixuehui 中國史學會 (ed.), *Wuxu bianfa* 戊戌變法 (La réforme de 1898), Shanghai, Shenzhou guoguang she 神洲 國光社, 1953, p. 150-151.

Kangxi chao hanwen zhupi zouzhe huibian 康熙朝漢文硃批奏摺彙編 (Recueil de mémoires au palais du règne Kangxi), comp. *Zhongguo diyi lishi dang'anguan* 中國第一 歷史檔案館. Pékin, Dang'an chubanshe 檔案出版社, 1984, 8 vol.

Kangxi zhengyao 康熙政要 (Principes politiques de Kangxi), Pékin, Zhonggongdangxiao chubanshe 中共 党校出版社, 1994.

Kobayashi Tomoaki 小林共 明, «Shinbu gakkô to ryû Nichi Shingoku rikugun gakusei 振武學校と留日清 國陸軍學生» (L'École Shinbu et les étudiants chinois de l'armée de terre au Japon sous les Qing), dans Shingai kakumei kenkyû kai 辛亥革命 研究會 (éd.), *Chûgoku kin gendai shi ronshû. Kikuchi Takaharu sensei tsuitô ronshû* 中國近現代 史論集。菊池貴 晴先生追悼論集 (Recueil d'articles sur l'histoire moderne et contemporaine de la Chine. Recueil d'articles en commémoration du professeur Kikuchi Takaharu), Tokyo, Kyûko shoin 汲 古書院, 1985, p. 277-309.

Kobayashi Tomoaki 小林共 明, «Shoki no Chûgoku tai Nichi ryûgakusei haken ni tsuite. Bojutsu seihen ki o chûshin to shite 初期の 中國對日留學生派遣について 。戊戌政變期を中心と して» (À propos du début de l'envoi d'étudiants au Japon par la Chine, au moment de la Réforme des Cents jours [1898]), *Shingai kakumei kenkyû* 辛亥革命 研究 (Recherches sur la révolution chinoise de 1911), 4 mai 1984, p. 1-16.

Lan Dingyuan 藍鼎元. *Luzhou gong'an* 鹿洲 公案. Préface 1729.

Leigong yaoxing fu 雷公藥性賦 (Vers de Leigong sur la nature des remèdes), Texte attibué à Li Zhongzi 李 中 梓, édition fac-similé d'une édition des Qing, Beijing, Zhongguo shudian 中國書店, 1986 (1991).

Li Guangdi 李光地, Chen Zuwu dianxiao 陳祖武點校, *Rongcun yulu, Rongcun xuyulu* 榕村語錄榕村續語錄, Pékin, Zhonghua shuju 中華書局, 1995.

Li Guilian 李貴連, *Shen Jiaben nianpu chubian* 沈家本年譜初編 (Chronologie biographique de Shen Jiaben), Pékin, Beijing daxue chubanshe 北 京 大 學 出 版 社, 1989.

Li Guilian李貴 連, «Jindai chuqi Zhongguo falü de biange yu Riben de yingxiang 近代 初期中國法律的變革與日本的影響» (Les transformations des premières lois chinoises de l'époque moderne et l'influence du Japon), dans Liu Junwen 劉俊文, Ikeda On 池田溫 (éds.), *Zhong Ri wenhua jiaoliu shi daxi [2]. Fazhi juan* 中日文化交流史大系 [2]。法制卷 (Série générale sur l'histoire des relations culturelles sino-japonaises [2]. Le système légal), Hangzhou, Zhejiang renmin chubanshe 浙江人 民出 版社, 1996, p. 184-220.

Li Guogou 李國鈞 *et al.*, *Zhongguo shuyuan shi* 中國書院史 (Histoire des académies en Chine), Changsha, Hunan jiaoyu chubanshe 湖南教育出 版社, 1994.

Li Qingyuan 李慶元, Guo Jinbin 郭金彬, *Zhongguo jindai kexue de zhuanzhe* 中國近代 科學的轉折 (Les détours de la science moderne en Chine), Xiamen, Lujiang chubanshe 鷺 江出 版社, 1992.

Li Shimao 李士懋, Tian Shuxiao 田淑霄 (éds.), *Binhu maixue jiesuo* 瀕湖脈學解索 (Explications sur l'étude des pouls selon Li Shizhen), Beijing, Zhongyi guji chubanshe 中醫古籍出版社, 1994.

Liang Qichao 梁啓超, «*Bianfa tongyi* 變法通議» (Proposition générale pour la réforme), *Shiwubao* 時務報, n°3, 29 août 1898.

Liang Qichao 梁启超, «Dongji yuedan 東籍月旦 (Compte rendu critique des ouvrages japonais)», *Yinbingshi wenji* 飲冰室文集 (Recueil d'essais du Studio du buveur de glace), *juan* 2, p. 80-82 (pagination multiple).

Liang Qichao 梁啓超, *Lun chengwenfa bianzhi zhi yange deshi* 論成文法編制之沿革得失 (Des succès et des échecs dans l'évolution de la composition du droit écrit chinois), dans *Yinbing shi wenji* 飲冰室文集 (Recueil des écrits du Studio du Suceur de glace), 16, 1904. p. 1-61.

Liang Qichao 梁啓超, «Lun xue Riben wen zhi yi 論學日本文之益» (De l'avantage d'apprendre le japonais), *Yinbing shi wenji* 飲冰室文集 (Recueil d'essais du Studio du Suceur de glace), p. 80-82 (pagination multiple).

Liang Qichao 梁啓超, *Yinbingshi wenji* 飲冰室文集 (Recueil d'essais du Studio du Suceur de glace), Shanghai, Zhonghua shuju 中華書局, 1942, 16 *juan*.

Ling Tianshi 凌天時, *Wenwu jinjing Lüli zhinan daquan* 文武金鏡律例指南大全 (Compilation du Miroir des fonctions civiles et militaires et de la Boussole du code pénal), Rongguan tang 榮觀堂, 1688.

Liu Chun 劉純, *Yijing xiaoxue* 醫經小學 (Etude élémentaire de la médecine), in *Zengbu zhenben yishu jicheng* 增補珍本醫書集成, vol. 8, Taipei, Shijie Shuju 世界書局, 1962.

Liu Chun 劉純, «Lanshi ji — yijia shiyao 蘭室集-醫家十要» (Dix préceptes pour les médecins — Collection de la chambre de l'orchidée), dans *Zabing zhili* 雜病治例 (Exemples de diverses maladies), facsimilé de l'édition de 1479 avec une préface de 1408, *Siku quanshu cunmu congshu* 四庫全書存目叢書 (Collection des livres recensés du *Siku quanshu*), 3/41, Taipei, Zhuangyan chubanshe 莊嚴出版社, 1995.

Liu Heng 劉衡, *Shuliao wenda* 蜀僚問答, éd. Chubei Chongwen shuju, 1868.

Liu Zhen 留眞 et Wang Huanchen 王煥琛, *Liuxue jiaoyu* 留學教育 (Les études à l'étranger), Taibei, Guoli bianyiguan 國立編譯館, 1980.

Lü Kun, «Zhenju yixue 振舉醫學» (Revitaliser le bureau médical), *Shizheng lu* 實政錄, in *Lüzi quanshu* 呂子全書 (Ouvrages complets de Lü Kun), Yunnan tushuguan 雲南圖書館, édition du début de la période républicaine.

Lüli jingyan gekuo 律例精言歌括, Pékin, éd. 1888 du Ronglu tang 榮錄堂.

Ma Zhonglin 馬忠林 (éd.), *Shuxue jiaoyu shi jianbian* 數學教育史簡編 (Précis de l'histoire de l'enseignement des mathématiques), Nanning, Guangxi jiaoyu chubanshe 廣西教育出版社, 1991.

Mao Lirui 毛禮銳, Shen Guanqun 沈灌群 (éd.), *Zhongguo jiaoyu tongshi* 中國教育通史 (Histoire générale de l'enseignement en Chine), Jinan, Shandong jiaoyu chubanshe 山東教育出版社, 1987.

Mei Wending 梅文鼎, *Meishi congshu jiyao* 梅氏叢書輯要, éd. Guangxu 1888, Longwen shuju 龍文書局, *shiyin ben* 石印本.

Miao Chunde 苗春德, *Songdai jiaoyu* 宋代教育 (L'enseignement sous les Song), Kaifeng, Henan jiaoyu chubanshe 河南教育出版社,1992.

Ming huiyao 明會要 (Recueil des institutions de la dynastie Ming), comp. Long Wenbin 龍文彬, éd. 1887, reprint Pékin, Zhonghua shuju 中華書局, 1956, 2 vol.

Ming jingshi wenbian 明經世 文編 (Recueil de textes sur l'administration de la dynastie Ming), comp. Chen Zilong 陳子龍, 1638, Pékin, Zhonghua shuju 中華書局, 1987, 6 vol.

Ming Qing shiliao 明清 史料 (Documents historiques des dynasties Ming et Qing), Pékin, Zhonghua shuju 中華書局, séries *yi*, *bing*, *ding*, *wu*, *ji*, *keng*, *xin*, 1987.

Mingshi 明史 (Histoire de la dynastie Ming), comp. Zhang Tingyu 張廷玉 *et al.*, 1739, Pékin, Zhonghua shuju 中華書局, 1984, 28 vol.

Minguo renwu da cidian 民國人 物大辭典 (Dictionnaire biographique de la République), Shijiazhuang, Hebei renmin chubanshe 河北人民出版社, 1991.

Miyazaki Ichisada 宮崎市定, *Rokuchū kōan: Shinchō chihō saibankan no kiroku* 鹿洲公案-清 朝地方裁判官の 記錄, Tokyo, Heibonsha 平凡社, 1967.

Muhan 穆韓, *Mingxing guanjian lu* 明刑 管見錄 s.d. (préf.1845), dans *Xiaoyuan congshu* 嘯園叢 書, *Linmin yaolüe* 臨民要略.

Nagai Kazumi 永井算巳, «Iwayuru Shinkoku ryûgakusei torishimari kisoku jiken no seikaku. Shinmatsu ryûgakusei no ichi dôkô 所謂清 國留學生取締規 則事件の 性格 。清 末留學生の 一 動向 (Nature de ce qui est appelé l'affaire des règlements de contrôle des étudiants chinois au Japon sous la dynastie Qing. Un mouvement au sein des étudiants chinois au Japon à la fin de la dynastie Qing)», dans Nagai Kazumi 永井算巳, *Chûgoku kindai seiji shi ronsô* 中國近代 政治 史論叢 (Recueil d'articles sur l'histoire politique de la Chine moderne), Tokyo, Kyukô shoin 汲 古書院, 1983, p. 135-172.

Neige dang'an 内閣檔案 (Archives du Grand secrétariat): section *Bingke hongben* 兵科紅本 (Mémoires de routine apostillés du département censorial du ministère des Armées); catégorie «défense frontalière (*fangwu* 防務) — combats et opérations militaires (*zhanzheng* 戰爭).

Nihon ryûgaku Shina yôjin roku 日本留學支那要人 錄 (Dictionnaire biographique des personnalités chinoises ayant étudié au Japon), Tokyo, Kôain seimubu 興亞院政務部, 1942.

Okada Asatarô 岡田朝太郎, «Xingfa zonglun 刑 法總論» (Introduction au droit pénal), *Zaodaotian daxue zhengfa licai ke jiangyi* 早稻田大學政法理財科講義 (Manuel de la section de Politique, droit et finances de l'Université Waseda), 1 (sept. 1906), p. 1-9 (pagination multiple).

Ôkuma Shigenobu 大隈重信, «Shinkoku no gyôsei kaikaku ni tsuite» 清 國の 行政 改革に 就て (À propos des réformes administratives de l'empire Qing), *Waseda gakuhô* 早稻田學報 (Bulletin de l'Université Waseda), 151 (1/9/1907), p. 1-5, (pagination multiple) [l'article est suivi de sa traduction en chinois «Lun gaige Qing guo xingzheng 論改革清 國行政»].

Pan Shaocan 潘杓 燦, *Weixin bian* 未信 編. Préface 1684.

Qi Jiguang 戚繼光, *Jixiao xinshu* 紀效新書 (Nouveau traité de règlements militaires), Pékin, Jiefangjun chubanshe 解放軍出 版社, «Zhongguo bingshu jicheng 中國兵書集成», no. 18, 1995.

Qian Baocong 錢寶琮 (éd.), *Zhongguo shuxue shi* 中國數學史 (Histoire des mathématiques chinoises), Beijing, Kexue chubanshe 科學出 版社, 1964.

Qian Baocong 錢寶琮 (éd.), *Song Yuan shuxue shi lunwen ji* 宋元數學史論文集 (Recueil d'articles sur les mathématiques des Song et des Yuan), Pékin, Kexue chubanshe 科學出 版社,1966.

Qin Jiushao 秦九韶, *Shushu jiuzhang* 數術九章 *(*Neuf chapitres d'écrits sur le calcul*)*, (1247), éd. *Zhongguo lidai suanxue jicheng* 中國歷代算學集成 (Collection complète des œuvres de mathématiques anciennes), édité par Tian Yinong 田一農, *Zhongguo lidai suanxue jicheng* 中國歷代算學集成 (Collection complète des œuvres de mathématiques anciennes), Jinan, Shandong renmin chubanshe 山東人民出版社, 1994.

Qing Guangxu chao Zhong-Ri jiaoshe shiliao 清光緒朝中日交涉史料 (Matériaux historiques sur les relations sino-japonaises sous l'ère Guangxu de la dynastie Qing), 1933, rééd. Taipei, Wenhai chubanshe 文海出版社, 1963.

Qing jingshi wenbian 清經世文編 (Recueil de textes sur l'administration de la dynastie Qing), comp. He Changling 賀長齡 et Wei Yuan 魏源, 1836. Pékin, Zhonghua shuju 中華書局, 1992, 3 vol.

Qing shi gao 清史稿 (Ébauche d'histoire Qing), comp. Zhao Erxun 趙爾巽 *et al.*, 1927, Pékin, Zhonghua shuju 中華書局, 1976-77, 48 vol.

Qingshi liezhuan 清史列傳 (Biographies de l'histoire de la dynastie Qing), éd. Wang Zhonghan 王鍾翰, 1928, Pékin, Zhonghua shuju 中華書局, 1987, 20 vol.

Qing shilu. Dezong Jing huangdi shilu 清實錄・德宗景皇帝實錄 (Annales de la dynastie Qing, Règne de Guangxu), Pékin, Zhonghua shuju 中華書局, 1987.

«Quan tongxiang fulao qian zidi hang yang youxue shu 勸同鄉父老遣子弟航洋遊學書» (Lettre recommandant aux anciens de notre province d'envoyer les jeunes étudier au Japon), *Youxue yibian* 遊學譯編 (Études à l'étranger et traductions), n°6 (avril 1903), dans Zhang Nan 張枬, Wang Renzhi 王忍之 (éds.), 1977, p. 380-393.

Quanguo zhongyi tushu lianhe mulu 全國中醫圖書聯合目錄 (Catalogue national des ouvrages médicaux chinois parus dans toute la Chine), Beijing, Zhongyi guji chubanshe 中醫古籍出版社, 1991.

Rong Qing 榮慶, Zhang Baixi 張百熙, Zhang Zhidong 張之洞, «Qing jiangli zhiguan youli youxue pian 請獎勵職官游歷游學片» (Proposition d'octroi de récompenses aux fonctionnaires qui effectuent des séjours d'étude à l'étranger), Reproduit dans Shu Xincheng 舒新城, t.1, p.187-189.

Sanetô Keishû 實藤惠秀, *Chûgokujin Nihon ryûgaku shi; zôho* 中國人日本留學史；增補 (Histoire des étudiants chinois au Japon, édition corrigée et augmentée), Tokyo, Kuroshio shuppan くろしお出版, 1981.

Shen Jiaben 沈家本, «Faxue shengshuai» 法學盛衰 (Prospérité et décadence de la science juridique), dans *Jiyi wencun* 寄簃文存 (Recueil de textes de [Shen] Jiyi [Jiaben]), 3, p. 40a-43b [inclus dans *Shen Jiyi xiansheng yishu* 沈寄簃先生遺書 (Œuvres de Shen Jiaben), Partie I, vol. 23], 1907a.

Shen Jiaben 沈家本, «Xue Dasikou yigao xu» 薛大司寇遺稿序 («Préface aux manuscrits posthumes du Grand Justicier Xue [Yunsheng]»), dans *Jiyi wencun* 寄簃文存, 6, p. 16a-17b [inclus dans *Shen Jiyi xiansheng yishu* 沈寄簃先生遺書, Partie I, vol. 24], 1907b.

Shen Jiaben 沈家本, *Da Qing lüli jiangyi xu* 大清律例講義序 (Préface aux cours sur le code impérial), dans *Jiyi Wencun* 寄簃文存, 6, p. 24a-26a, 1907c.

Shen Jiaben 沈家本, *Zhenbi lou congshu* 枕碧樓叢書 (Collection de la Maison de l'Oreiller de Jaspe) (1912), Pékin, Zhonghua shuju 中華書局, 1990.

Shen Tongsheng 沈桐生 éd., *Guangxu zhengyao* 光緒政要 (Somme politique du règne de Guangxu), Shanghai, Chongyitang 崇義堂, 1909.

Shu Xincheng 舒新城 (éd.), *Zhongguo jindai jiaoyu shi ziliao* 中國近代教育史資料 (Documents sur l'histoire de l'éducation moderne en Chine), Pékin, Renmin jiaoyu chubanshe 人民教育出版社, 1961.

Siku quanshu cunmu congshu bianzuan weiyuanhui 四庫全書存目叢書編纂委員會, dans *Siku quanshu cunmu congshu* 四庫全書存目叢書 (Collection des «Sommaires conservés» de la Bibliothèque en quatre magasins), Taipei, Zhuangyan wenhua shiye gongsi 莊言文化事業公司, partie «Maîtres» (Zi bu 子部), vol. 37, 1997.

Song Lian 宋廉, *Yuan shi* 元史 (Histoire des Yuan), Pékin, Zhonghua shuju 中華書局, 1976.

Sun Hong'an 孫宏安, *Yang Hui suanfa* yizhu 楊輝算法譯注 (Traduction en chinois moderne et commentaires des *Méthodes mathématiques de Yang Hui),* Shenyang, Liaoning jiaoyu chubanshe 遼寧教育出版社, 1997.

Sun Xingyan 孫星衍, *Sun shi citang shumu* 孫氏祠堂書目 (Catalogue des livres de l'autel des ancêtres de la famille Sun) (1810), édition *Congshu jicheng* 叢書集成, 1, 40, Shanghai, Shangwu yinshuguan 商務印數館, 1935.

Tadao Sakai, «Mindai no nichiyo ruisho to shomin kyoiku» 明代の日用類書と庶民教育 (Les encyclopédies familiales sous les Ming et l'éducation populaire), dans Hayshi Tomoharu 林友春 (éd.), *Kinsei chugoku kyoikkushi kenkyu* 近世中國教育史研究, Tokyo, Kokudosha (cars.), 1958, p. 27-154.

Taga Akigorô 多賀秋五郎, *Kindai Chûgoku kyôiku shi shiryô. Shin matsu hen* 近代中國教育史資料。清末編 (Matériaux sur l'histoire de l'éducation de la Chine moderne. Période de la fin de la dynastie Qing), Tokyo, Nihon gakujutsu shinkô kai 日本學術振興會, 1972.

Tahara Takanami 田原天南, *Shin matsu Min sho Chûgoku kanshin jinmei roku* 清末民初中國官紳人名錄 (Dictionnaire biographique des notables et fonctionnaires chinois de la fin de la dynastie Qing et du début de la période républicaine), 1917, Taipei rééd., Wenhai chubanshe 文海出版社, [1996].

Tang Ming Lü hebian 唐明律合編 (Édition conjointe des codes des Tang et des Ming).

Tian Tao 田濤 (éd.), *Riben Ôki Kan'ichi suozang Zhongguo faxue guji shumu* 日本大木干一所藏中國法學古籍書目 (Catalogue des ouvrages anciens sur le droit chinois conservés au Japon dans le fonds Ôki Kan'ichi), Pékin, Falü chubanshe 法律出版社, 1991.

Tian Wenjing 田文鏡 et Li Wei 李衛. *Qinban zhouxian shiyi* 欽頒州縣事宜 Changsha, Hunan sheng Hechi shuju 湖南省荷池書局, 1875.

Tian Yinong 田一農, *Zhongguo lidai suanxue jicheng* 中國歷代算學集成 (Collection complète des œuvres mathématiques anciennes), Jinan, Shandong renmin chubanshe 山東人民出版社,1994.

Tuo Tuo 脫脫 *et al.*, *Songshi* 宋史 (Histoire des Song), Pékin, Zhonghua shuju 中華書局, 1980.

Wang Guiqin 王桂芹, «*'Xisuan gangmu'* yu Yang Hui de shuxue jiaoyu sixiang 習算綱目與楊輝的數學教育思想» («Les principes sommaires relatifs à l'étude des mathématiques» de Yang Hui et sa conception de l'enseignement des mathématiques), *Shuxueshi yanjiu wenji* 數學研究文集 (Collection d'articles scientifiques sur l'histoire des mathématiques), vol. 4, Neimenggu daxue chubanshe 内蒙古大學出版社 et Jiuzhang chubanshe 九章出版社, 1993, p. 69-73.

Wang Huizu 汪輝祖, *Xu zuozhi yaoyan* 續佐治藥言. Postface 1785.

Wang Huizu 汪輝祖, *Zuozhi yaoyan* 佐治藥言 (Bons préceptes pour les assistants des magistrats), dans *Wang Longzhuang xiansheng yishu* 汪龍莊先生遺書 (Œuvres de Wang Longzhuang [Huizu]), 1795.

Wang Ji 汪機, *Yidu* 醫讀 (Lectures sur la médecine), 1669.

Wang Mingde 王明德, *Dulü peixi* 讀律佩觿 (Guide portatif du code pénal), [rééd. fac sim. *Siku quanshu cunmu congshu*], 1674.

Wang Renxiong 王人雄, *Yuanshi xianzhi* 元氏縣誌 (Chronique de la sous-préfecture Yuanshi), 1798.

Wang Xiangrong 王向榮, *Riben jiaoxi* 日本教習 (Les enseignants japonais), Pékin, Sanlian shudian 三聯書店, 1988.

Wang Xiaoqiu 王曉秋, «Jingshi daxuetang kaixue riqi kao» 京師大學堂開學日期考 (Examen de la date d'ouverture des cours à l'Université métropolitaine de Pékin), *Guangming ribao* 光明日報 (Clarté), 28 juin 1998, p. 7.

Wang Xiaoqiu 王曉秋, *Jindai Zhong Ri wenhua jiaoliu shi* 近代中日文化交流史 (Histoire des échanges culturels entre la Chine et le Japon à l'époque moderne), Pékin, Zhonghua shuju 中華書局, 1992.

Wei Xiumei 魏秀梅, *Qingji zhiguan biao* 清季職官表 (Tables des fonctionnaires de la fin des Qing), Taipei, Institut d'histoire moderne, Academia Sinica, 1977.

Wu Rulun 吳汝綸, *Wu Rulun chidu* 吳汝綸尺牘 (Correspondance de Wu Rulun), corrigé et ponctué par Xu Shoukai 徐壽凱, Shi Peiyi 施培毅, Hefei, Huangshan shushe 黃山書社, 1990.

Wu Tan 吳壇, *Da Qing lüli tongkao* 大清律例通考 (Examen général du code des Qing) (1782), rééd. ponctuée et annotée par Ma Jianshi 馬建石 et Yuan Yutang 樣有棠, Pékin, Zhongguo Zhengfa daxue 中國政法大學, 1991.

Wuyuan lu 無冤錄, préface de 1308.

Xiamen zhi 廈門志 (Monographie de Xiamen, éd. 1838), révisée par Zhou Gai 周凱 *et al.*, Taipei, Chengwen chubanshe 成文出版社, *Zhongguo fangzhi congshu* 中國方誌叢書, «Huanan difang 華南地方», no. 80, 1967.

Xiang Changsheng 項長生, «Woguo lishi shang zuizao di yixue zuzhi — zhairen yihui 我國歷史上最早的醫學組織-宅仁醫會 (La *Société de médecine pour héberger la bonté*, l'organisation médicale la plus ancienne de notre histoire), *Zhonghua yishi zazhi* 中華醫史雜誌, vol. 11, n° 3, 1981, p. 144-146.

Xiao Chaoran 蕭超然等 *et al.*, *Beijing daxue xiaoshi 1898-1949* 北京大學小史 (Histoire de l'Université de Pékin, 1898-1949), Shanghai, Shanghai jiaoyu chubanshe 上海教育出版社, 1981.

Xinmin congbao 新民叢報 (Mélanges du peuple nouveau), n° 9, Tokyo, 1902-1907.

Xu beizhuan ji 續碑傳記. compilé par Miao Quansun 繆荃孫, Jiangsu shuju 江蘇書局, 1893.

Xu Hao 徐灝 (ed.). *Mingfa zhizhang tu* 明法指掌圖 (*Tableaux pour saisir la loi en un clin d'œil*), Hubei Chongwen shuju, 1870.

Xu Lian 許槤. *Xiyuan lu xiangyi* 洗冤錄詳義, édition des bureaux du juge provincial du Guizhou, 1883.

Xu Naipu 許乃普. *Huanhai zhinan wuzhong* 宦海指南五種 (*Cinq ouvrages pour servir de boussole dans la mer de l'administration*). Préface 1859.

Xu Shiying 許世英, *Xu shiying huiyi lu* 許世英回憶錄 (Souvenirs de Xu Shiying), Taipei, Renjian shi congshu 人間世叢書, 1, 1966.

Xu Yue 徐嶽, *Shushu jiyi* 數術記遺 (Mémoire sur les traditions de l'art arithmético-numérologique), dans Tian Yinong 田一農, 1994.

Xue Huayuan 薛化元, *Wan Qing «Zhong ti xi yong» sixiang lun (1861-1900). Guan ding yishi xingtai de xihua lilun* 晚清「中體西用」思想論 (1861-1900) 官定意識型態的西化理論 (Débat sur la pensée du «savoir chinois comme essence, savoir occidental comme pratique» de la fin de la dynastie Qing (1861-1900). La théorie d'occidentalisation conçue par l'idéologie officielle), Taipei, Daoxiang chubanshe 稻鄉出版社, 1991.

Xue Yunsheng 薛允升, *Duli cunyi* 讀例存疑 (Doutes persistant à la lecture des articles additionnels), rééd. ponctuée par Huang Jingjia 黃靜嘉, Taibei, Chinese Materials and Research Aids Service Center, 1970.

Xuebu guanbao 學部官報 (Gazette officielle du ministère de l'Instruction), Pékin, 1906-1911, rééd. Taipei, Guoli gugong bowuyuan 國立故宮博物院, 1980.

Xuebu zouzi jiyao 學部奏咨輯要 (Compilation des mémoires et communications du ministère de l'Instruction), dans Taga Akigorô 多賀秋五郎, *Kindai Chûgoku kyôiku shi shiryô. Shin matsu hen* 近代中國教育史資料・清末編 (Matériaux sur l'histoire de l'éducation de la Chine moderne. Période de la fin de la dynastie Qing), 1972, p. 409-517

Yan Ansheng (Gen Ansei) 嚴安生, *Nihon ryûgaku seishin shi. Kindai Chûgoku chishikijin no kiseki* 日本留學精神史。近代中國知識人の軌跡. (Histoire des mentalités des étudiants chinois au Japon. La voie des intellectuels de la Chine moderne), Tokyo, Iwanami shoten 岩波書店, 1991.

Yan Dunjie 嚴敦杰, «Zhongguo shuxue jiaoyu jianshi 中國數學教育簡史» (Aperçu sur l'histoire de l'enseignement en Chine), *Shuxue tongbao* 數學通報, 1965, p. 44-48 et p. 46-50, 1965.

Yan Ruyu 嚴如熤, *Haifang jiyao* 海防輯要 (Traité de défense côtière), 1838, Taipei, Taiwan xuesheng shuju 臺灣學生書局, *Zhongguo shixue congshu* 中國史學叢書, no. 35, 1975.

Yanchang 延昌, *Shiyi xuzhi* 事宜須知. Postface de 1885.

Yanchang 延昌, *Zhifu xuzhi* 知府須知. Postface de 1885.

Yang Hui suanfa 楊輝算法 (Les méthodes mathématiques de Yang Hui), dans Tian Yinong 田一農, 1994.

Yang Rongxu 揚榮緒, *Dulü tigang* 讀律提綱 (Lignes maîtresses dans la lecture du code), inclus dans *Xuehai tang congke* 學海堂叢刻, 5, 1877.

Yang Shiqi 楊士奇, «Yijing xiaoxue xu 醫經小學序» (Préface à *l'Étude élémentaire de la médecine*), *Yijing xiaoxue* 醫經小學 (Étude élémentaire de la médecine), dans *Zengbu zhenben yishu jicheng* 增補珍本醫書集成, vol. 8, Taipei, Shijie Shuju 世界書局, 1962.

Yaoxing ge kuo sibai wei baihua jie 藥性歌括四百味白話解 (Annotation en *lingua franca* des *Rimes sur la nature de quatre cents remèdes*) Beijing, Remin weisheng chubanshe 人民衛生出版社, 1962 (1994).

Ye Dehui 葉德輝, *Shulin qing hua* 書林清話 (Notes sur l'histoire de l'édition), Taipei, Shijie shuju 世界書局, 1911 (1983).

Yizhong baiwu ge qianshuo 醫中百誤歌淺說 (Une lecture facile des *Rimes sur une centaine d'erreurs en médecine*), texte annoté par Ma Youdu 馬有度, Beijing, Renmin weisheng chubanshe 人民衛生出版社, 1989 (1993).

Yizong Jinjian 醫宗金鑑 (Miroir doré de la tradition médicale), Edité par Wu Qian 吳謙 *et al.*, Beijing, Renmin weisheng chubanshe 人民衛生出版社, 1963 (1990).

Yongle dadian 永樂大典 (Grande encyclopédie de l'ère Yongle), Pékin, Zhonghua shuju 中華書局, 1986.

«Yu tongzhi shu 與同志書» (Lettre aux camarades), *Youxue yibian* 遊學譯編 (Études à l'étranger et traductions), n°7 (mai 1903), dans Zhang Nan 張枬, Wang Renzhi 王忍之 (éds.), 1977, p. 393-400.

Yuan shi 元史 (Histoire des Yuan), de Song Lian 宋濂, éd. moderne Pékin, Zhonghua shuju 中華書局, 1976.

Zaodaotian daxue zhengfa licai ke jiangyi 早稻田大學政法理財科講義 (Cours de la section de Politique, droit et finances de l'Université Waseda), 1 (sept. 1906).

Zeng Shirong 曾世 榮, *Huoyou kouyi* 活幼口議 (Conseils de nourriture de l'enfant), fac-similé de l'édition de 1820, Beijing, Zhongyi guji chubanshe 中醫古籍出版社, 1985.

Zengbu zhenben yishu jicheng 增 補珍本醫書集成, Vol. 8, Taipei, Shijie Shuju 世 界書局, 1962.

Zhang Baixi 張百熙 et al., *Zouding xuetang zhangcheng. Xuewu gangyao* 奏定學堂章程。學務綱要 (Les statuts des écoles. Programme général de l'enseignement), Hubei xue wuchu 湖北學務處, 1904.

Zhang Jiebin 張介賓, *Jingyue quanshu* 景岳全書 (Ouvrages complets de Zhang Jiebin), Shanghai, Kexue jishu chubanshe 科學技術出版社, 1959 (1991).

Zhang Jixing 張集馨, *Daoxian huanhai jianwen lu* 道咸宦海聞見錄, Pékin, Zhonghua shuju, 1981.

Zhang Nan 張枬, Wang Renzhi 王忍之 (éds.), *Xinhai geming qian shi nian jian shilun xuanji* 辛亥革命前十年間時論選集 (Choix d'extraits de presse des dix années antérieures à la Révolution de 1911), Pékin, Sanlian shudian 三聯書店, 1960-1977.

Zhang Rui 張叡, *Yixue jieti* 醫學階梯, 1704.

Zhang Weiren 張偉仁, *Zhongguo fazhi shi shumu* 中國法制史書目 (Bibliographie de l'histoire du système juridique en Chine), Taibei, Zhongyang yanjiuyuan lishi yuyan yanjiusuo 中央研究院歷史語言研究所, 1976.

Zhang Xiumin 張秀民, *Zhongguo yinshua shi* 中國印刷史, (Histoire de l'édition et de la publication en Chine), Shanghai, Shanghai renmin chubanshe 上 海人民出版社, 1989.

Zhang Zhidong 張之洞, *Quanxue pian (Ji qita san zhong)* 勸 學篇(及其他三種) (Exhortation à l'étude [suivi de trois autres essais]), Pékin, Zhonghua shuju 中華書局, 1991, p. 1-201 (pagination multiple), [traduction française de Jérôme Tobar, «K'iuen-Hio P'ien. Exhortation à l'étude par Tchang Tchetong», *Variétés Sinologiques*, n°26, Shanghai, 1909].

Zheng Chenggong dang'an shiliao xuanji 鄭成功檔案史料選輯 (Sélection de documents d'archives relatifs à Zheng Chenggong), comp. Xiamen Daxue Taiwan yanjiusuo 廈門大學臺灣研究所 et Zhongguo Diyi lishi dang'anguan bianjibu 中國第一歷史檔案館編輯部, Fuzhou, Fujian renmin chubanshe 福建人民出版社.

Zhongguo yiji kao 中國醫籍考 (Études sur les ouvrages médicaux chinois), réimpression du texte du *Yiji kao* 醫籍考 compilé par Tamba no Mototane 丹波元胤 en 1826, Beijing, Renmin weisheng chubanshe 人民衛生出版社, 1956.

Zhongyi renwu cidian 中醫人物辭典, (Dictionnaire des personnalités de la médecine chinoise), compilé par Li Jingwei 李經緯 et Cai Jingfeng 蔡景峰, Shanghai, Shanghai cishu chubanshe 上海辭書出版社, 1988.

Zhu Jianping 竹劍平, Hu Bin 胡濱, «Shilun Qiantang xuepai 試論錢塘學派» (Étude préliminaire de l'école [de médecine] de Qiantang), *Zhejiang zhongyi xueyuan xuebao* 浙江中醫學院學報, vol. 9, n° 4, 1985, p. 36-39.

Zhu Lin 朱璘, Fuke nü mingjia — fang Qiu Xiaomei zhuren yishi" 婦科女名家-訪裘笑梅主任醫師 (Un entretien avec la célèbre gynécologue, le Dr. Qiu Xiaomei, chef de service), *Zhejiang zhongyi xueyuan xuebao* 浙江中醫學院學報, vol. 13, n° 3, 1989.

Zhu Shijie 朱世杰, *Siyuan yujian* 四元玉鑑 (Le miroir de jade des quatre origines) (1303), dans Tian Yinong 田一農, 1994.

Zhu Shijie 朱世杰, *Suanxue qimeng* 算學啓蒙 (Introduction à la science du calcul) (1299), dans Tian Yinong 田一農, 1994.

Zhu Shoupeng 朱壽朋 (éd.), *Guangxu chao Donghua lu* 光緒朝東華錄 (Recueil Donghua pour le règne de Guangxu) (1909), Pékin, Zhonghua shuju 中華書局, 1958.

Zhu Youxian 朱有瓛 (éd.), *Zhongguo jindai xuezhi shiliao* 中國近代學制史料 (Matériaux historiques sur le système d'éducation chinois de l'époque moderne), Shanghai, Huadong shifan daxue chubanshe, 1986.

Zhuang Jifa 莊吉發, *Jingshi daxuetang* 京師大學堂 (L'Université métropolitaine de Pékin), Taipei, Guoli Taiwan daxue 國立臺灣大學, 1970.

Zihe yiji 子和醫集 (Ouvrages médicaux de Zhang Congzheng), Beijing, Renmin weisheng chubanshe, 1994.

Zong Jizeng 宗繼增, *Dulü yide ge* 讀律一德個 (Guide-ânes de la lecture du code), Fanchuan yixin xuan 樊川怡心軒, 1887.

TABLE DES MATIÈRES

PRINTED ON PERMANENT PAPER • IMPRIME SUR PAPIER PERMANENT • GEDRUKT OP DUURZAAM PAPIER - ISO 9706
N.V. PEETERS S.A., WAROTSTRAAT 50, B-3020 HERENT